Kirsten Rüther · Afrika: genauer betrachtet

Kirsten Rüther

Afrika: genauer betrachtet

Perspektiven aus einem Kontinent im Umbruch

Edition Konturen

Wien · Hamburg

Bibliografische Information der Deutschen Bibliothek
Die Deutsche Bibliothek verzeichnet diese Publikation in der
Deutschen Nationalbibliografie, detaillierte bibliografische Daten
sind im Internet über http://dnb.ddb.de abrufbar.

Umschlaggestaltung: Georg Hauptfeld, dressed by Gerlinde Gruber
Umschlagbild: © Brigitte Reinwald, Orlando Towers in Soweto,
                    Johannesburg, Februar 2015
Layout: Georg Hauptfeld, dressed by Karin Kühtreiber
Lektorat: Christa Hanten

ISBN 978-3-902968-24-1

Druck: Druckerei Berger, 3580 Horn
Printed in Austria

Meinem Vater, Jonny Rüther,
für all die Liebe, Zuwendung und den guten Humor in unserem Leben
sowie im Gedenken an meine Mutter, Elke Rüther.

Inhalt

1. Willkommen in diesem Buch

Erst wenig, schließlich mehr

Es liegt weit zurück. Als ich vor ungefähr 25 Jahren mein erstes Seminar zur afrikanischen Geschichte belegte, wusste ich nichts über Afrika, seine Gesellschaften und deren Geschichtserfahrungen. In der Schule wurde über solche Themen nicht gesprochen. In den Medien hatte ich Nachrichten aus und über Afrika nur diffus und am Rande wahrgenommen. Nach und nach lernte ich, erst wenig, schließlich mehr, bis mir zu einem nicht eindeutig zu bestimmenden Zeitpunkt klar wurde, dass ich mich bereits in einer andauernden Beziehung zu einem mir einst kaum vorstellbaren Wissensgegenstand befand. Was mich in meiner anhaltenden Auseinandersetzung am meisten motivierte, waren die Überraschungsmomente, die Archive, wissenschaftliche Literatur und Begegnungen mit Bekannten, Freunden, KollegInnen und anderen Menschen vor Ort bereithielten. Ohne diese Momente könnte ich nicht Wissenschaftlerin sein. Aus der Ferne habe ich mich angenähert, immer wieder aufs Neue, denn was in Afrika zählt, sind in der Tat die Veränderungen, nicht der Stillstand. Es zählen die Begegnungen, aus denen immer wieder neue Sichtweisen resultieren. Zur Wissensbildung tragen Erfahrungen viel bei, daher sind diese, kursiv abgesetzt, auch als Anstöße in den Text integriert.

Dieses Buch ist weder ein objektives noch ein neutrales Buch – in mehrfacher Hinsicht. Vor allem fließen in den Text zahlreiche persönliche Erfahrungen ein, die ich seit meinem ersten Besuch in Südafrika 1996/97 machen durfte. In den meisten der vielen Länder auf dem Kontinent bin ich allerdings nicht gewesen. Schade, denn vor Ort zu sein, ist unersetzlich. Ich habe über Orte und Menschen, ihre Gegenwart und Geschichte, gelesen und so versucht, mir ein Bild von ihnen zu machen und ihnen näherzukommen. Es gibt Sehnsuchtsorte für mich und solche, die mich überhaupt nicht reizen.

Das Buch geht zudem bewusst selektiv vor und hat keinesfalls den Anspruch, alle in der Wissenschaftslandschaft vorhandenen Sichtweisen,

Themen und Fragen ausgewogen abzudecken. Darüber hinaus nimmt es die Welt des Persönlichen, Individuellen und Alltäglichen in ausgewählten Szenarien afrikanischer Gesellschaftstransformation ernst und macht sie zum Ausgangspunkt allgemeinerer Betrachtungen. Über den Schritt, Altbekanntes und Wohlvertrautes zu wiederholen und neu zuzuspitzen, soll dieses Buch hinausgehen. In erster Linie sollen womöglich vage geläufigen Themengegenständen, die unter das große Etikett „Afrika" fallen, mehr Dimensionen hinzugefügt werden. Mit dem Buch verbindet sich das Plädoyer, genauer hinzuschauen, vermeintlich Bekanntes oder scheinbar sofort zu Begreifendes nicht gleich in allgemeine Argumentationslinien und Schlussfolgerungen einzusortieren. Sollte es auf diese Weise gelingen, Leserinnen und Leser einzuladen, mehr über „Afrika" und seine Menschen in Erfahrung zu bringen, würde ich als Autorin dies mit großer Freude zur Kenntnis nehmen.

Ausgangspunkte: Relevanter Alltag und die Besonderheiten des „Normalen"

Welche Themen gehören in ein Buch über Afrika? In Zeiten, in denen Wissen über eine Vielzahl von Gegenständen stetig zunimmt und in denen klar auf der Hand liegt, dass es meist mehr als eine Erklärung für einen Zusammenhang gibt, häufen sich – fast wie in einer Gegenbewegung – die Einführungen und Überblicke, die auch zu „Afrika", einem grundsätzlich (fast) nicht möglichen Thema, den Markt sättigen. Vielfach wird suggeriert, dass sich das facettenreiche, vielschichtige Afrika entgegen allen besseren Wissens doch konsolidiert darstellen ließe und dabei auch Allgemeingültiges verbindlich und in knappen Kapiteln zu formulieren möglich wäre – ein kniffliger Punkt, der mich während der Konzeption dieses Buches lange Zeit beschäftigt hat. Eine weitere einschlägige Einführung hielt ich nicht für notwendig, einen autoritativen Überblick, der alle Mehrdeutigkeit durch Absolutheit erstickt, wollte ich nicht schaffen. Stattdessen hielt ich es für wichtiger, dem Besonderen auch besonderes Gewicht zu verleihen. Dazu sollen hier Perspektiven aufgefächert und Themenbereiche auch unter der Oberfläche sondiert werden, um unter Umständen auf überraschenden Pfaden fündig zu werden.

Aus all diesen Gründen finden Sie hier zunächst einmal keine strenge Chronologie. Dann wäre ich nämlich nicht umhingekommen, mit dem

Thema „Afrika als Wiege der Menschheit" zu eröffnen, vielleicht mit „Lucy" in Äthiopien, „Taung" in Südafrika oder „Toumai" in der Tschadregion. Ich hätte keine andere Wahl gehabt, als mit einem Kapitel zur Einbindung Afrikas in die frühneuzeitliche atlantische Ökonomie weiterzumachen, in dem ich hätte betonen können, dass sich in der Zeit zwischen dem 17. Jahrhundert und der Abolition die Rolle Afrikas nicht auf die des Sklavenlieferanten reduzieren lässt. Dem hätte ich ein weiteres Kapitel über den „Kolonialismus" anfügen müssen, um anschließend zum Punkt „Unabhängigkeiten" zu gelangen. Darüber hinaus hätte ich die viel diskutierten „implodierenden Staaten" in einer streng chronologischen Darstellung bedenken müssen, bevor neuerdings Aufbruch, gute Regierungsform und Umwelt die Leitthemen darstellen. Solche Abfolgen sind wichtig, wurden allerdings auch schon von anderen verfasst.

Als Wissensgegenstand jedoch hat Afrika noch einiges mehr zu bieten. In seiner langen Geschichte stecken ganz andere spannende und vor allem aufschlussreiche Themen, die neue Perspektiven auf das Große und Ganze eröffnen. Und das wollen wir doch: umdenken und neu begreifen. Tatsächlich interessiere ich mich ganz besonders für Alltag und sogenannte Normalität, die „Afrika" jenseits der Vorstellung von Katastrophen, Krisen und Kriegen so selten zugestanden werden oder nur, indem wir uns Alltag und Normalität in Afrika als etwas reichlich Deformiertes vorstellen. Alltag und Normalität lassen sich in vielen Bereichen darstellen, in denen Menschen ihr Leben bestreiten. Die Themen der einzelnen Kapitel in diesem Buch ergeben ein Spektrum für die genauere Betrachtung und enthalten Perspektiven aus einem Kontinent im Umbruch. Was in der Gegenwart besonders prägt und mit hoher Wahrscheinlichkeit die Zukunft signifikant mitbestimmen wird, wird prominent aufgegriffen und in Zusammenhänge gesellschaftlicher Entwicklung eingebettet. Auf den folgenden Seiten werden Sie eingeladen, sich auf Themen wie African Time, Migration, Stadt und Wohnen, Jugend, Religion, Gesundheit, aber auch Fotografie, Mode und einiges mehr einzulassen. Die einzelnen Themen sind wie Prismen, durch die es bei rechtem Lichteinfall entsprechend funkelt, in denen Perspektiven konvergieren, sich aber auch brechen und in viele Bedeutungshorizonte zerstreuen. Statt um die Definition der Anfänge einer Entwicklung, ihres spezifischen Verlaufs und ihrer Folgen geht es um parallele und ineinandergreifende Perspektiven, die miteinander schwingen und ein Ganzes ergeben, das sich erst nach eingehender Betrachtung offenbart. In den bekannten Kurzgeschichten José Luandino Vieiras stellt dies der Erzähler in einer Handlung fest, in der es um einen Papagei und einen Dieb geht. Der Anfang lässt sich nie ergründen. Über diesen können nur viele streiten. Ließe er sich doch ergründen, würde er sich erzählerisch oft kaum für die Eröffnung einer Sache eignen, die zu sagen ist.

▌ *Diese fantastischen Erzählungen, die Kimbundu-Traditionen des Erzählens verarbeiten, seien an dieser Stelle zur eingehenden Lektüre empfohlen. Sie machen lokale Kultur und Alltagserfahrung greifbar als „Literatur" der* musseques, *der Altstädte, in denen insbesondere die Armen leben, und als „Theater" auf den Straßen. Das galt nicht nur für das spätkoloniale und nach Unabhängigkeit strebende Angola, in dem die Erzählungen über eine zahlenmäßig kleine lesefähige Öffentlichkeit hinausreichten, sondern auch für kolonialkritische Menschen der Gegenwart, die bei der Lektüre erkennen, dass die Ungerechtigkeiten und Unmenschlichkeiten politischer Regime dargeboten werden, vermittelt über Handlungsweisen im Alltag der* musseques. *Die Erzählungen Vieiras spielen in den Armenvierteln, im Gefängnis und in den Kneipen der Stadt, wo unterschiedlichste Charaktere, Stimmen und Sichtweisen aufeinanderprallen und sich so miteinander verknäueln, dass es eine Wonne ist, sich lesend in dieses Getümmel zu begeben. Da ist die Geschichte der Großmutter, die mit ihrem Enkel ums Überleben kämpft. Da ist die Geschichte vom Papagei, den ein junger, körperlich behinderter Mann stiehlt, um die Stimme des Spottes zu tilgen, die eigentlich von anderen, auch von seiner Geliebten, angestachelt wird. Schließlich ist da auch der Streit um das Huhn und sein Ei, in den sich Straßenbewohner, Polizei und viele mehr einmischen. Die Erzählungen kommen trubelig daher, präsentieren ein Gewirr an Stimmen und sind darüber hinaus, ohne dass es explizit angesprochen würde, durchwirkt von den Spannungen, die Fremdherrschaft und Klassendifferenzierung hinterlassen.*

▌ *Mit diesem Textabschnitt ist ein weiteres Element der Darstellung eingeführt, das auf Sie wartet – kursiv eingerückt und etwas kleiner gedruckt. Abseits vom Haupttext des Buches wird kursorisch auf Literatur, filmische Produkte und Ausstellungen Bezug genommen und auf Darstellungsformen jenseits des rein akademischen Diskurses verwiesen. Denn Schriftsteller, so etwa sah es Charles*

Dickens, „haben das Vorrecht einzutreten, wo es sie gelüstet, durch Schlüssellöcher zu kommen und zu gehen, auf dem Winde zu reiten, alle Hindernisse, welche Entfernung, Zeit und Schauplatz bieten könnten, in ihrem Fluge auf und ab zu überwinden". Da sehen Historikerinnen alt aus. Mit einer literaturwissenschaftlichen Auseinandersetzung oder sogar Analyse soll dieses Element aber nicht konkurrieren. Vielmehr sollen mit diesen Einsprengseln Hinweise auf Imaginationen in Film, Ausstellung und Literatur angeboten werden, die ein Spannungsfeld eröffnen, um Gesellschaftliches mit anderen Augen zu betrachten. Literatur stellt zwar nicht die bessere oder schlechtere Geschichtsschreibung dar, produziert aber zum Teil Texte, die Sachverhalte zugänglicher und Komplexität lesbarer und erfahrbarer machen. Mit ihrer Fokussierung auf künstlerisch imaginierte Figuren gibt sie zudem den Blick auf Individuen frei und mag freier sein als die Wissenschaft, am Ende einer Darstellung auch einmal nicht mit definitiven Schlussfolgerungen oder Formeln der Verallgemeinerung aufzuwarten. So bieten Ausstellungen, filmische und literarische Produkte Kontrapunkte und Ergänzung zur Wissenschaft, füllen sprachlich und formal Räume, die Wissenschaft nicht primär betritt. Deshalb sind sie wichtig. Gerade der deutschsprachige Raum, darauf weist die Afrikahistorikerin Gesine Krüger im Forum „Geschichte der Gegenwart" bei der Vorstellung einer „Ferienlektüre" im Sommer 2016 hin, blieb aufgrund des frühen Abbruches weitgehender Beziehungen zu seinen ehemaligen afrikanischen Kolonien von jungen und zeitgemäßen Ausdrücken afrikanischer Popkultur vergleichsweise abgeschnitten, sodass populäre und erfolgreiche Kulturtrends, damit Entführungen in die Welt des Außergewöhnlichen wie des Banalen, hier weitgehend unbekannt sind. Gesine Krüger verdeutlicht das an der Graphic Novel Aya, verfasst von der in Abidjan geborenen und später nach Frankreich übersiedelten Marguerite Abouet und ausgestattet mit Zeichnungen von Clément Oubrerie. In dem Lesestoff eröffnen sich Perspektiven auf das Leben einer heranwachsenden Protagonistin nicht nur für herangewachsene LeserInnen.

Danke für die Diskussionen

Aller Wissenschaft zugrunde liegt das Diskutieren. Und so danke ich allen, die im Vorfeld dieses Buches mit mir diskutiert haben, insbesondere den Studierenden meiner im Sommersemester 2016 durchgeführten Lehrveranstaltung „Schon immer einmal wollte ich ein Buch über Afrika machen". Ihre

Freude, zur Entstehung dieses Textes beizutragen, hat mich sehr ermutigt. Über Wochen haben Lotte Katharina Blumenberg, Simone Kraus, Mirjam Zangerl, Dominik Spörker, Brit Peters, Patricia Zeindl und Sonja Steinbauer interessiert und kritisch mit mir diskutiert und ein nicht immer ausgegorenes „work in progress" produktiv begleitet. Ich danke außerdem meinen Masterabsolventinnen und Promovendinnen, die aus ihrer eigenen Auseinandersetzung mit Schreibprozessen heraus ernsthaft und wohlwollend die Auseinandersetzung mit mir gesucht haben. Ein herzlicher Dank geht so an Carolin Knoop, Katharina Gartner, Petra Karume, Sarah Hanisch, Lydia Burnautzki und Marthe Goufan. Ellen Grünkemeier und Martina Kopf verdanke ich zahlreiche Anregungen zu Romanliteratur und Filmen, auf die ich eigenständig nie aufmerksam geworden wäre.

Selbstverständlich schlägt sich in dem Text die Freude am Experimentieren mit Gedanken nieder, die ich in langen Jahren der Kollegen- und Mentorenschaft meinem akademischen Lehrer Helmut Bley abgucken durfte. Auch mein Verleger, Georg Hauptfeld, von Neugier beflügelt, ließ sich gern auf Diskussionen ein. Als Autorin konnte ich nicht besser aufgehoben sein.

Groß war meine Freude, dass Kolleginnen und Freunde ihre Fotobestände durchforstet haben, um Bilder für einzelne Themen dieses Buches zur Verfügung zu stellen. Birgit Englert und Katharina Gartner danke ich dafür. Auch Künstler und Archive haben sich bereit erklärt, Fotos zur Verfügung zu stellen. Ganz besonders danke ich Sabelo Mlangeni für seine Fotografien. Ich habe ihn mit meinen Wünschen brutal aus seinem Schaffensrhythmus herausgerissen. Inge Grau bin ich verpflichtet, weil sie sich neben der Verlagslektorin Christa Hanten so intensiv der Verbesserung meiner Texte gewidmet hat.

Schließlich danke ich meiner langjährigen Kollegin und intellektuellen Begleiterin Brigitte Reinwald dafür, dass sie das Umschlagfoto zu diesem Buch beigesteuert hat. Es zeigt zwei weithin sichtbare Kühlungstürme in Orlando in Soweto, die seit 1998 nicht mehr in Betrieb sind. Die farbenfrohe Bemalung springt sofort ins Auge. So präsentiert sich das kreative (Süd-) Afrika: Während auf einem Turm Werbung für eine Bank platziert ist, die neue Kunden ansprechen will, prangen auf dem anderen Turm stolz die Söhne und Töchter der Nation neben dynamischen Szenen, die für das Leben im Township stehen. Die Motive stellen Geschichte, Gegenwart und Zukunft eines Stadtgebietes durch Gesichter und Lebenswelten seiner Bewohner und

Bewohnerinnen dar. Wer einfach Freude am Bunten hat, ansonsten aber den ultimativen Kick sucht, kann sich hier im Bungeespringen versuchen und seinen Adrenalinhaushalt durcheinanderwirbeln.

Wer länger hinschaut und auch zuhört, wird erfahren, dass diese Türme 56 Jahre lang Teil eines Kraftwerkes waren, das für die ständig wachsenden Vororte der Stadt Strom, Wärme und Licht produzierte. Aus der Sicht derjenigen, deren Helden und Lebensszenen jetzt auf den Türmen zu sehen sind, hatte das Kraftwerk allerdings den kleinen „Schönhcitsfchler", dass ihre eigenen Häuser und Wohnräume nicht an die Stromversorgung angeschlossen wurden. Es lohnt also, genauer hinzusehen.

Literaturempfehlungen

Abouet, Marguerite/Clément Oubrerie: Aya. Leben in Yop City. Berlin 2014. *(Graphic Novel)*

Krüger, Gesine: Ferienlektüren (1), geschichtedergegenwart.ch/ferienlektueren-1/ eingesehen 3. August 2016.

Rüther, Kirsten: On the Bookshelf of my Study. Approaching African Literatures and Cultures from an Historian's Perspective, in: Gohrisch, Jana/Grünkemeier, Ellen (Hg.): Listening to Africa. Anglophone African Literatures and Cultures. Heidelberg 2012, S. 23–40.

Viera, José Luandino: Luuanda. Short Stories of Angola. London 1980. (orig. Lissabon 1963). *(Kurzgeschichten)*

2. Wissensproduktion, oder: Was machen eigentlich Afrikawissenschaftler? Und wo machen sie das?

Kaffeehausgespräche

Was Afrikawissenschaftler denn so machten, fragte mich eine neue Kollegin, kurz nachdem ich 2012 in Wien meine Stelle am Institut für Afrikawissenschaften angetreten hatte. Sie war Chemikerin, und wir kannten uns von einem Treffen für neu berufene Professorinnen in der Stadt. Was genau denn insbesondere in der historischen Afrikawissenschaft unser Arbeitsfeld sei und inwieweit wir über Möglichkeiten verfügten, mit unserer ganz spezifischen Expertise zum allgemeinen Erkenntnisgewinn in Bezug auf ein komplexes Weltgeschehen beizutragen, wollte sie wissen. Ich leite aus solchen Interessenbekundungen ab, dass Afrika nicht nur in Form von Schlagzeilen in den Medien existiert. Es gibt ein breites und nicht nur auf Krisen, Katastrophen und Versagen gerichtetes Interesse an Afrika, das über unpassende Begriffe wie „Stammesgesellschaft", „Primitivität", „Ursprünglichkeit" und „Unterentwicklung" hinausweist.

Womöglich haben wir an jenem Abend im Kaffee Alt Wien über einige der Themen gesprochen, die ich im Verlauf der nächsten Kapitel systematischer entwickeln werde. Genau kann ich das nicht mehr rekonstruieren. Jedenfalls diskutierten wir über den gar nicht so eindeutig definierbaren Wissensgegenstand einer Afrikawissenschaftlerin, jenes Un-Thema, von dem bereits im Willkommenskapitel die Rede war. Wir beschäftigen uns schließlich nicht mit allem, was auf dem Kontinent oder in allen seinen Ländern passiert. Wer sich den Spaß gönnen mag, kann gern einmal andere Erdteile aus dem Atlas ausschneiden und sie in die Umrisse Afrikas hineinlegen. Neben Nordamerika, das geradezu verschwindet, passt Indien noch locker mit hinein. Hinzufügen lassen sich Europa inklusive Skandinavien, dazu noch das hinsichtlich seiner Industrialisierungsgeschichte für europäisch-vergleichende Geschichtsschreibung so oft herangezogene Japan, und dazwischen ist immer noch Platz für weitere Länder und historisch bedeutsame Regionen. Vor Kurzem habe ich sogar

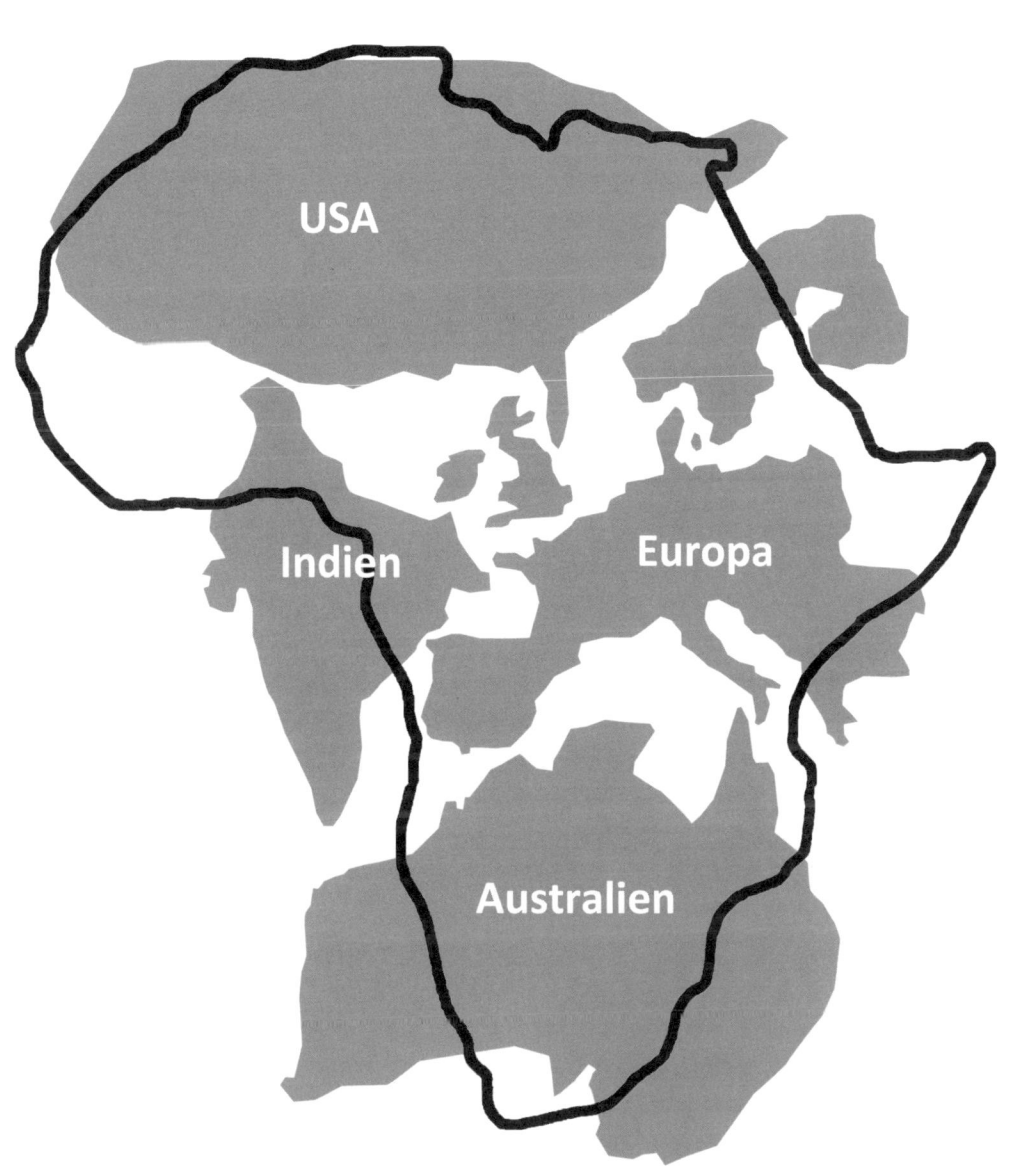

eine Karte gesehen, auf der in die Umrisse des afrikanischen Kontinents China, Großbritannien, Indien, Osteuropa, die USA, Italien, die Schweiz, Deutschland, Frankreich, die Niederlande, Belgien, Portugal und Spanien hineinprojiziert waren. Das sah allerdings ziemlich gedrängt aus, auch wenn die Gesamtfläche dieser Länder mit 30.102.000 km² immer noch unter der Gesamtfläche Afrikas von angegebenen 30.221.000 km² liegt. Dass sich niemand mit „ganz Afrika" befasst, ist auch nicht weiter schlimm. Denn wozu sollte eine solche Expertise sinnvoll sein? Wie wir alle wissen, ist „Afrika" ein Konstrukt, keine historisch in sich zusammengebundene Untersuchungseinheit.

Mich zum Beispiel interessieren insbesondere die Beziehungen und Verflechtungen, jenes Netz von Wechselwirkungen, das zu den Themen der Menschen und Gesellschaften in Afrika führt, aber auch von ihren Erfahrungen und Sichtweisen in ganz andere Bereiche verweist. Damit nimmt für mich Alltag einen großen Stellenwert ein, denn von dort aus lassen sich Wege des Verstehens und des Erkennens in die Welt der großen Politik, der mittel- und langfristigen historischen Veränderung, der globalisierten Kultur und zu anderem schlagen. Als argumentierende Wissenschaftlerin lote ich das Verhältnis zwischen mikroperspektivischen Dichten und Deutungen aus. Auch von hier aus lässt sich verallgemeinern und nach Entwicklungen suchen, die an andere fallspezifische Situationen anschlussfähig sind. Dabei sehe ich das Dilemma, dass „Afrika" viel zu oft für die Besonderheiten der Empirie herhalten muss, die Theorie aber anderswo gebildet wird und in der Tat meist von der europäischen Geschichtserfahrung abgeleitet wird. Das beruht auf der Notwendigkeit, dass Afrikawissenschaftler mit ihren Arbeiten immer noch ihren Gegenstand ganz grundsätzlich erläutern und einführen müssen. Obwohl das Wissen in den Afrikawissenschaften in den letzten sechzig Jahren sprunghaft zugenommen hat, müssen wir jenseits unserer Disziplin immer noch Bahnen brechen und grundlegende Sachinformationen bereitstellen.

Die sozial- und gesellschaftswissenschaftliche Auseinandersetzung mit Afrika ist erst im Zug der anstehenden Dekolonisierung als akademische Disziplin an den Universitäten entstanden. Anthropologie, ehemals Völkerkunde, und Sprachwissenschaft, die Afrikanistik, existierten früher schon, ganz zu schweigen von den zahlreichen Kennern, die als Kolonialbeamte,

Missionare und Reisende eine Vielzahl ihrer Beobachtungen schriftlich hinterließen und dieses Wissen oft direkt aus Gesprächen mit Afrikanerinnen und Afrikanern abgeleitet und überschrieben haben. Wissenschaftsgeschichtlich müssen sich die verschiedenen Disziplinen der Afrikawissenschaften mit jeweils spezifischem kolonialem und mittlerweile auch nach dem Ende des Kolonialismus angehäuftem Erbe auseinandersetzen. Diese Auseinandersetzung mit der eigenen Disziplin variiert „vor Ort" an afrikanischen Universitäten zumindest in ihren Schwerpunkten von solchen, die jenseits des Kontinents geführt werden und wurden.

In der jüngeren Auseinandersetzung mit Themen des Wandels in afrikanischen Gesellschaften weichen feste regionale Grenzen immer weiter auf. Der einst regional fixierte Blick hat sich im Zuge der jüngeren Globalisierung geweitet. Es interessieren Vergleiche, Verbindungen und Verflechtungen mehr als Afrika „an und für sich". Seit uns bewusst ist, dass Phänomene und Entwicklungen nicht an der Grenze eines Nationalstaates oder gar eines Dorfes, einer geografisch zu fixierenden Region haltmachen, wird es oft erst spannend, wenn man über das enger in Betracht gezogene Territorium hinausschaut, um Beziehungen nachzuspüren oder Bezüge festzustellen. Im besten Fall ergeben sich daraus innovative Reflexionen auf die Problemlagen der Welt.

Denn die Gesellschaften Afrikas waren auf vielfache Weise in die Bezüge der Welt eingebunden. Transatlantischer Sklavenhandel, vorkolonialer Handel mit Waren, die lange und letztlich intensive Christianisierung, Verbreitung des Islam durch die Sahara, Kolonialismus, europäische Denksysteme, Migration, Kapitalströme, Konsumgewohnheiten – diese Liste ließe sich lang fortsetzen. Herausfordernd bleibt, solche offensichtlichen Wechselwirkungen und gegenseitigen Beeinflussungen aus der Erfahrung afrikanischer Gesellschaften heraus zu betrachten. Was bedeuten Kapitaldurchdringung, Kolonialismus und Christianisierung aus der Perspektive afrikanischer Gesellschaften? Wie werden diese Erfahrungen sprachlich gefasst? Wie mag es uns gelingen, die dort in Eigenlogik geprägten Begriffe für diese Erfahrungen in eine sich global positionierende Wissenschaftssprache zu übernehmen? Es würde unseren Möglichkeiten der Differenzierung nicht gerecht, wohlmeinende, übelwollende oder begriffsstutzige Protagonisten der europäischen Geschichte für alle Zerstörung afrikanischer Kultur und politischer Strukturen verantwortlich zu machen und damit Menschen und Gesellschaften in Afrika die Position derjenigen zuzuweisen, die all dies lediglich „erlitten" hätten. Das würde europäischen Akteuren und aus Europa angestoßenen Entwicklungen übermächtige Wirkung zumessen, der afrikanische Akteure angeblich nichts entgegenhalten konnten. So einfach ist es nicht. Entwicklungen waren ambivalenter, vieles musste gerade in Phasen der Veränderung und des Übergangs ausgehandelt werden. Hierin liegen Komplexität und Ambivalenz gesellschaftlicher Entwicklung, die Afrikawissenschaftler untersuchen. Auf jeden Fall ist uns wichtig, Afrikaner und ihre Institutionen als geschichtsfähig Handelnde, Bezeichnende und Wirkende statt nur als erlebende, einbezogene und erleidende Opfer zu konfigurieren. So lassen sich Dimensionen aufblättern, so lässt sich Afrika in möglichst vielen Aspekten darstellen.

Wohnen und Arbeiten

Während meiner Archivarbeit in Pretoria 2002 und 2003 wohnte ich bei meiner Bekannten Kira und deren Sohn Leo (ihre Namen lauteten natürlich anders). Jeden Abend freute ich mich darauf, nach Hause zu kommen. Gemeinsam kochen, noch etwas Musik hören, herumalbern und – vor allem – sich über Dinge austauschen, die tagsüber passiert waren, so sollten Tage ausklingen. Kira wohnte in einem kleinen Stadthaus in einer Wohnanlage, durch die mehrmals am Tag Wachmänner patrouillierten. Ob diese besonders bewaffnet waren, kann ich mich nicht mehr erinnern. In späteren Jahren schienen mir Sicherheitsleute waffenbewehrter zu sein. Die alleinerziehende Mutter hatte ein winziges Haus, aber es war klar, dass ich als Jungforscherin mit knappem Gehalt auch noch Platz finden würde. Aus dem Wohnzimmer führte eine Glastür in einen Garten, der so klein war, dass allerhöchstens ein einziger Stuhl hineinpasste. Saß man draußen, verfingen sich allerdings von überall her rankende Gewächse in Gesicht und Haaren. Dieses Gärtchen war von einer hohen Steinmauer umgeben, doch es war schön, bei offener Tür vor dem Garten zu sitzen und nach draußen zu lauschen. Kira kam abends vom Institute for Democracy in South Africa (IDASA) zurück, ich aus dem Nationalarchiv neben den Union Buildings. Sie wollte dann vor allem wissen, welchen Geschichten ich tagsüber auf die Spur gekommen war. Damals begriff ich, dass wir als Historiker nicht in von Welt und Gegenwart abgewandten Akten wühlen, sondern imstande sind, dem archivierten Material Geschichte und

Bedeutung abzuringen. Diese Geschichten wiederum gehören Menschen, die selbst nicht ins Archiv gehen. Wir müssen, wir können, wir dürfen diese Geschichten erzählen, ohne dabei permanent und weltwissend alles zu erklären. Gemeinsam mit denjenigen, die zuhören, können wir uns fragen, was diese archivierten Geschichten wohl bedeuten. Solche Gespräche sind ein Anfang, Dinge neu zu betrachten.

Wissensproduktion ist etwas Dialogisches. Es stimmt, dass Schulbücher, Film, Werbung und Poster Wissen vermitteln und repräsentieren. Solche Medien stellen vor allem dann eine Basis für Wissensproduktion dar, wenn Menschen über sie zu reden und zu reflektieren beginnen. Der Anfang liegt jedoch davor: wenn wir mit jenen reden, deren Geschichte in Archiven, Bibliotheken, Büchern berührt wird, wenn wir mit jenen reden, die zu hören wagen. Sollten sich dabei unsere Sichten verquicken, entsteht Wissen. Dieses mag zwar lediglich im Raum stehen, ist aber allgemein verfügbar und frei zur Aneignung. In Theateraufführungen nicht nur in Nigeria ruft das Publikum hinein. Die Anthropologin Karin Barber spricht diesbezüglich von einer *knowledgeable community*, einer Gemeinschaft der Wissenden, die sich einmischt und an den Handlungen mitdreht.

Ist Wissen schließlich auf Papier zwischen Buchdeckel gebannt, wohin es nie ohne Zuschnitte, Zwischenschritte, Einfügungen, Veränderungen oder Streichungen gelangt, wird es für jene greifbar, die später oder aus der Ferne an einer wissensproduzierenden Kommunikation teilhaben möchten. Die Unmittelbarkeit der Redenden ist dann bereits verklungen, lässt sich aber weitertragen, wenn das Gelesene weitergedacht wird. Ein Buch ist ein Ort, in dem Wissen ruht. Dort überdauert es und kann zu gegebener Zeit neu aufgesucht und weiter mitgenommen werden.

An die Pole des Einmischens und der Ablage sind die Optionen des Erzählens und des Argumentierens angedockt. Wir entscheiden, ob Bekanntes noch einmal bestätigt werden soll oder ob wir anregen wollen, sich auf Neues einzulassen. Wir entscheiden, ob dargestelltes Wissen primär auf Formeln unmittelbar Wirtschaftswachstum versprechender Nützlichkeit und gewinn- oder zivilisations- oder gar entwicklungsorientierter Anwendbarkeit reduziert werden soll. Manche Erzähler wollen wach rütteln und auf Ungerechtigkeit hinweisen. Andere wollen einer zu erzählenden Sache eine Vergangenheit geben, um sie in die Zukunft zu verlängern.

Es macht einen Unterschied, wann und wo man Geschichte und Sinn-
gebung einsetzen lässt. Den postkolonialen Aufbruch von der Dekoloni-
sation her zu denken, ergibt andere Handlungsoptionen für afrikanische
Akteure, als aus dem Abbruch vorkolonialer Institutionen her zu denken.
Hier spielt auch die Befangenheit jedes Erzählers in seiner oder ihrer eigenen
Geschichte eine ausschlaggebende Rolle. Der Historiker Helmut Bley hat
darauf hingewiesen, als er von der Befangenheit in der eigenen Geschichte
sprach, unserer eigenen Geschichtsvergessenheit, die die übrige Welt fremder mache, als sie ist.

Archiv und Straße

*Geschichte und Gegenwart hängen voneinander ab. Das habe ich während
meines ersten Aufenthalts in Johannesburg gelernt. Dort konnte 1996/97
der meiner Freundin Claudia und mir gehörende Mazda 323 noch vor
der Wits University geparkt werden. In der Jorrissen Street gab es* car minders, *die mit wachsamem Auge die Autos vor Diebstahl schützten, sie sauber hielten und uns in jede noch so kleine Parklücke lotsten. Der älteste
unter ihnen hieß Sylvester. Er hatte einige jüngere Männer um sich, mit
denen gemeinsam er dieses Geschäft besorgte. Unser ziemlich alter Mazda
war sicher eines der am häufigsten gewaschenen Autos in der Stadt. Jede
Woche montags einigten wir uns erneut darauf, dass große Pflege nur am
Freitag anstand, sonst nur die ganz normale Wascherei. Und jeden Mor-
gen wurde beim Aussteigen überprüft, ob wir sorgfältig die Wegfahrsperre
angebracht, das Radio aus dem Wagen mitgenommen und diesen danach
abgeschlossen hatten. Während dieser* check- *und* double-check-*Aktivitäten haben wir uns ziemlich viel miteinander unterhalten. So erfuhren
wir, dass Sylvester eine Frau, seine Tochter und deren Kind unterstützen
musste, da der Schwiegersohn kein Geld verdiente und das Geld von Frau
und Tochter nicht ausreichte. Als Sylvester eines Tages mit geschwolle-
nem Gesicht und einer, wie mir schien, nicht gerade gut versorgten Kopf-
wunde zur Arbeit erschien, hörten wir, dass nachts bei ihm eingebrochen
worden war. Enorm aber war eines Tages die Aufregung, als meine Freundin und ich aus der Uni kamen und die Scheibe der Fahrertür eingeschla-
gen war:* „They broke into my madams' car!" *Wir waren konsterniert,
nicht nur, weil in das Auto eingebrochen worden war, sondern auch, weil*

wir ganz selbstverständlich als „Madams" tituliert wurden. Waren wir Madams? Wollten wir das sein? Etwa so wie in diesen Cartoons im Mail & Guardian, „Madam and Eve", von Zapiro, die täglich realkritisch südafrikanische Verhältnisse in Haus und Politik kommentierten? Für nach innen gerichtete Reflexion blieb im Moment jedoch keine Zeit, denn wir sollten unbedingt die Polizei rufen. Bemerkenswert war, dass die Männer unser Auto ohnehin fast täglich knackten, um es tipptopp herzurichten. Zwar achteten sie darauf, hinterher alles wieder zu verschließen, aber oft war eben auch von innen alles sauber gemacht, obwohl wir keinen Schlüssel zurückgelassen hatten. Einmal hatten sie sogar ihr Putzzeug bei uns im Kofferraum gelassen. Diese Art des Knackens war Usus und hatte uns gelehrt, dass auch andere an unserem Eigentum Anteil nahmen – um es zu versorgen. Sie diente der Verschönerung, dem Glanz des Wagens. Doch bei der zerschmetterten Scheibe auf der Fahrerseite handelte es sich um ein Delikt, das gegen die Regeln des Akzeptierbaren massiv verstieß und auch den Ruf der Dienstleister beschädigte.

Solche Gegenwart, die ich hier anekdotisch einflechte, steht für eine strukturell in südafrikanische Gesellschaft eingewobene Unsicherheit und das Teilen vom Eigentum anderer. Jeder macht sich daran irgendwie zu schaffen. Diese Gegenwart ließ mich meinen historischen Gegenstand, das Wirken Hermannsburger Missionare im 19. Jahrhundert, neu verstehen, den ich bis 1996/97 nur von einem unbedeutenden Ort in Deutschland aus betrachtet hatte. Nicht, dass die Kriminalität der 1990er-Jahre und die Berufsauffassung der car minders einfach in der Zeit rückprojizierbar wären, doch ich fing an, mir darüber Gedanken zu machen, wie sich das Teilen, Schützen und Aneignen von Dingen, die andere mitbringen, organisieren lassen, zumal in einer gesellschaftlichen Situation, die stark durch die Unabwägbarkeiten des Übergangs geprägt war. Sylvester und sein Team hatten zwar selbst kein Auto, aber sie verstanden viel mehr davon als Claudia und ich. Sie gingen auch sorgsamer damit um als wir. Auch im Zuge der Christianisierung – mein damaliges Forschungsthema – waren neue Güter, Ideen und Menschen ins Land gekommen. Unabwägbar war die Bedeutung, die diese Güter, Ideen und Menschen entfalten würden; unabwägbar war die Reaktion der Menschen vor Ort auf solchen Umbruch. Hatten Skepsis und Beflissenheit, die ich aus dem Aktenmaterial herauslas, etwas mit Sylvesters Agieren heute zu tun? Sylvesters

Thema und das der mit ihm arbeitenden jungen Männer war, im Übergang Ressourcen zu nutzen, Nischen ehrbarer Arbeit zu finden und dabei das eigene Überleben zu organisieren. Kulturimperialismus, ein Paradigma, mit dem ich mich auseinandersetzte, war nicht ihr Thema, zumindest nannten sie es nicht so. Vielleicht war Kulturimperialismus überhaupt eher ein Thema für eine Minderheit der Arrivierten, deren weiterer Aufstieg effektiv verhindert wurde. Für die Sylvesters der Geschichte bedurfte es anderer interpretatorischer Zugänge.

Mit dem Auto und diesen täglichen Erfahrungen pendelte ich lange Zeit von Johannesburg nach Pretoria ins Archiv, nachdem die Fahrten mit dem Minibus sehr mühsam und auch ein wenig gefährlich waren, aufgrund der vielfach vorkommenden Schießereien, in die ich allerdings nie geriet. Im Archiv sprachen Quellen, Gesagtes und Hinterlassenes nicht unmittelbar aus den archivalischen Tiefen zu mir, sondern tauchten vermittelt durch Zeit- und Erfahrungsschichten vor mir auf. Wenn ich fortan über Streit und Gewalt auf Missionsstationen im 19. Jahrhundert nachdachte, die in historischen Quellen dokumentiert waren, dachte ich auch an Konflikte und Gewalt, die mir in Sylvesters Erzählungen begegneten. Wenn ich über Konzepte wie „kulturelle Aushandlung im Kontext ungleicher Machtbeziehungen" während des Kolonialismus nachdachte, kamen mir unsere Diskussionen über das Autowaschen in den Sinn, die mir wie Teil eines Rituals, eines Spiels, einer freundlichen, wenn auch zeitintensiven Kommunikation, zugleich einer für den Unternehmer gewinnversprechenden Geschäftsbeziehung vorkamen. Gab es hier Kontinuitäten? Wo lagen die Brüche zwischen dem 19. Jahrhundert und dem Heute, in dem ich mich bewegte?

Der Afrikahistoriker Patrick Harries hat in einem Aufsatz seinen Weg in und durch ein Missionsarchiv in Lausanne dargelegt. Er situiert die Entstehung des Archivs in der schweizerischen Wissensgeschichte des 18. Jahrhunderts und beschreibt, wie sich heute – nach der Fahrt mit der Buslinie 3 vom Hauptbahnhof und dem Passieren verschiedener Straßen samt einem linken Buchladen – im Archiv die Tür in die afrikanische Geschichte öffnet. Einst gründeten von hier aus Männer, die Naturphänomene liebten und klassifizierten, der etablierten Kirche aber kritisch gegenüberstanden, eine Freikirche. Sie verglichen die in „dunklen" und „verlorenen" Alpentälern

Archiv und Straße: Sylvester und seine Crew jüngerer Männer mit der Autorin
in der Jorissen Street, Johannesburg
© *Claudia Kasten, 1997*

1996/97 gaben die Forscherin und die Fotografin ihren „goldenen Mazda 323"
gern in die Obhut dieser car minders. *Sylvester (3. v. l.) war der älteste und*
arbeitete mit mehreren jüngeren Männern an der Ecke Jorissen Street/Henri
Street. In späteren Jahren waren die Männer dort nicht mehr anzutreffen.
Männer, die Autos bewachten, wuschen und beim Einparken behilflich waren,
trugen später orangefarbene oder neongelb leuchtende Arbeitswesten, um ihre
Arbeit „offizieller" zu machen. Sylvester und seine Männer unterschieden sich
in ihrer Kleidung nicht von Passanten und Händlern, die sich mit ihnen auf den
Straßen aufhielten.

lebenden „primitiven" Bauern mit Menschen in Afrika, die sie mit ganz ähnlichen Attributen beschrieben. Beiden wollten sie Religion und Zivilisation bringen. Wer das Archiv heute nutzt, kann sich durch mehrere Schichten vorheriger Nutzer tasten, die mit jeweils zeitgebundenen Forschungsfragen „afrikanischen" Interpretationen des Christentums nachspürten. Das Archiv wurde im Kontext der schwierigen Befreiung von Mosambik benutzt und illustriert mit Postern, die entlang der Flure und in den Büros hängen, jüngere Vorstellungen von „Entwicklungszusammenarbeit" und Partnerschaft, die sich in die lange Geschichte des Archivs, der Mission und der Institutionen in Mosambik und Südafrika einschreiben.

Sozial- und kulturhistorisch kann ein Archiv inzwischen vieles sein: ein öffentlich unterhaltener Lagerort für behördliche Überlieferung, lokale Presse, Material von Hilfsorganisationen, Interviews, sogar Blechkisten, in denen Menschen Briefe, Zeitungsausschnitte, Tagebücher und geliebte Gegenstände aufbewahren. Solche Archive sind Räume, die Erfahrungen und Ambitionen manchmal ungeordnet, manchmal wunderbar arrangiert und oft problematisch kategorisiert als Informationen oder vorstrukturiertes Wissensarrangement darbieten. Einerseits müssen Forschende auf immer neue Einsichten gefasst sein, andererseits müssen sie sich gegen vorgegebene Strukturen wehren, um der Komplexität der zu erzählenden Geschichtsversion gerecht zu werden. Sonst lassen sich eingefahrene Geschichtsbilder niemals revidieren. Als Wissenschaftler und Wissenschaftlerinnen sind wir bestrebt, die Machart von Archiven zu begreifen. Nur so lassen sich Aussagekraft und die in jeder Überlieferung enthaltenen Machtstrukturen einschätzen. Ein breites Quellenspektrum und das Aufeinander-Beziehen diverser Stimmen sollen sich schließlich in eine geordnete Multiperspektivität fügen lassen, die sich als Wissen bezeichnen lässt.

Mit einem erweiterten Verständnis des Archivs geraten bestenfalls auch die einschlägigen analytischen Begriffe in Frage, die Anspruch auf Allgemeingültigkeit erheben. Dass alle relevanten Begriffe gesellschaftlicher Analyse aus der europäischen Geschichtserfahrung abgeleitet sind, ist eine der nie enden wollenden Herausforderungen nicht nur für die Afrikageschichtsschreibung. Gerade wenn sich der Rahmen historischer Betrachtungen verschiebt, wird die Spannung besonders virulent zwischen einerseits Gesellschaft und ihrem Wandel und andererseits deren sprachlicher Aufbereitung und Verarbeitung. Um einschlägige Begrifflichkeit kritisch zu wenden, sollten wir

Kategorien wie zum Beispiel Migration und Staat hinterfragen und korrespondierende Kategorien entwickeln. Nur so lassen sich letztlich große und strukturelle Phänomene in Sozialbeziehungen – und damit in die Gesellschaft – einbetten. Auch aus diesem Grund arbeite ich gern mit offenen oder beschreibenden Begriffsspektren: „Migration und Mobilität", „Gesundheit und Medizin", „Familie und Verwandtschaftsbeziehungen", „Staatlichkeit, politische Ordnung und ihre Institutionen". Die Auseinandersetzung mit Begriffen ist längst überfällig, wenn wir die Geschichte afrikanischer Gesellschaften nicht länger als eine Geschichte der Abweichung und der Marginalisierung betreiben wollen.

Ein neuer Ozean

Wer die Dynamiken der Wissensproduktion an einem Beispiel genauer betrachten möchte, dem sei die Dokumentation *Afrikas neuer Ozean/Le nouvel océan de l'Afrique* empfohlen, die 2007 im Auftrag des ZDF und in Zusammenarbeit mit arte produziert wurde. Sie ist im Internet auf YouTube abrufbar.

▌ *Die erste Filmsequenz mit Hintergrundmusik zeigt eine äthiopische Landschaft, über die zwei Hirten mit geschulterten Stäben gehen. Nach einer Totale von oben auf rauchende Krater und einer Nahaufnahme des rissigen Lavabodens, auf dem ein dürrer Baum steht, sowie weiterer Landschaftsbildern erklärt der Kommentator das Thema der Dokumentation: die Geburt eines neuen Ozeans in der Afar-Senke im Länderdreieck zwischen Äthiopien, Eritrea und Djibouti. Hier entfernen sich die arabische, die afrikanische und die somalische Kontinentalplatte voneinander, sodass die Erde aufreißt. Ein Bild schiebt sich ein, auf dem in großer Ferne auf einer Landschaftskuppe ein Messgerät und vier Forscher zu sehen sind.*
Geologen an der Universität von Addis Abeba seien nach einem Erdbeben mit der Stärke 5,5 auf der Richterskala alarmiert gewesen und hätten Kollegen weltweit benachrichtigt. Bald darauf traf ein internationales Forschungsteam in Äthiopien ein, darunter ein Spezialist für Radar- und Satellitenbilder sowie für Messungen per GPS. Er darf als Erster das Wort ergreifen. Anfangs habe er der Meldung wenig Bedeutung beigemessen, nach der Auswertung der Daten aber war das „so ein Moment, in dem man vor Schreck fast vom Stuhl fällt".

Auch seine Kollegin, eine Seismologin und Kopf dessen, was im Kommentar „Expedition" genannt wird, sei „ziemlich aufgeregt" gewesen. Nachdem diese beiden Spezialisten in der Dokumentation namentlich genannt wurden, erscheint ein Seismologe von der Universität Addis Abeba, der als zweite Person die Ausschläge des Seismografen erklärt und kurz interpretiert. Die „internationale" Kollegin transferiert die wissenschaftliche Erklärung in ein angemessenes Bild und beansprucht dafür etwas mehr Zeit als ihr äthiopischer Kollege. Als Kopf der „Expedition" erhält sie die meiste Redezeit. Hier kommt zum Ausdruck, dass Wissen in großer Kollegialität, aber nicht frei von Hierarchien produziert wird.

Alle Forscher, das wird mehrfach herausgestrichen, seien begeistert. Allerdings sind solche Gefühlsbekundungen bei den afrikanischen Kollegen, anders als bei den „internationalen", nicht ausdrücklich dokumentiert. Sie treten emotional eher zurückhaltend, wenn auch keineswegs weniger engagiert auf. Ob ihre Forschungsvisionen, um im Bild zu bleiben, weniger „erkundbar" waren oder sich diese Gewichtung aus der spezifischen medialen Aufarbeitung ergibt, ist schwer zu sagen, denn generell setzt sich die Dokumentation mit dem komplexen Netz der an Forschung und Wissensgenerierung Beteiligten angemessen auseinander.

An der Erdforschung in der Afar-Senke sind neben Seismologen, Geophysikern und Geochemikern auch Vermessungsingenieure lokaler Behörden und Piloten beteiligt, die für die technische Ausführung und Kommunikation zuständig sind. In einer Filmsequenz bedankt sich ein Wissenschaftler bei einem von ihnen für die akkurate Leistung. Ohne Fahrer und Guides und die von ihnen kurzerhand organisierten Kletterhilfen wäre er in einer anderen Szene nicht an sein auf dem Dach eines Regierungsgebäudes montiertes Messgerät herangekommen. In dieser Szene fungiert der Wissenschaftler selbst als Übermittler von Daten, die vom Dach heruntergerufen und von einem äthiopischen Kollegen auf ein Datenblatt übertragen werden, und „Staat" kommt als Akteur hinzu. Über weite Strecken jedoch kommt den „internationalen" Forschern die Rolle der Initiative Ergreifenden, Dankbarkeit Zeigenden und Zufriedengestellten zu, während Antrieb und wissenschaftlicher Ertrag für die afrikanischen Kollegen in der Dokumentation weniger sichtbar werden. Dass über lange Zeit zum Beispiel in Reiseberichten afrikanische Begleiter und diejenigen, die Expeditionen ermöglichten, systematisch aus Texten herausredigiert wurden, scheint überwunden. Sie bleiben allerdings auch hier nach wie vor im Hintergrund, und ihre Motivationen, Karriereambitionen oder die Verwertungsszenarien ihres Wissens bleiben schwer zu eruieren.

Ein kleiner filmischer Höhepunkt ist die Bewältigung einer Expeditionskrise, als der Staat sich einmischt (auf dessen Gebäuden bereits Messgeräte montiert waren). Die Behörden untersagen dem Team, eine bestimmte Region aufzusuchen, weil sie die Sicherheit der Forscher dort nicht garantieren können. Die Transhumanz (Wanderweidewirtschaft) der Hirten führt in dieser Jahreszeit dazu, dass keiner weiß, wo genau sie sich aufhalten. Sie können daher nicht über die geplanten Aktivitäten informiert werden und bei einem Aufeinandertreffen könnten sich Konflikte ergeben. Für das Team bedeutet das, die Pläne ändern zu müssen. In der gemeinsamen Diskussion darüber sind nicht nur die verschiedenen Interessen der beteiligten Experten zu berücksichtigen, sondern es zählt auch das Argument, dass die Forschungs- und Qualifizierungsarbeiten erfolgreich abgeschlossen werden müssen. Denn Forschung ist nicht altruistisch, sondern steht mit Karrieren, Drittmitteleinwerbung und auch Eitelkeiten, die hier als solche allerdings nicht zu erkennen sind, in engem Zusammenhang.

Mit den Hirtennomaden, die das Team immer wieder auf Phänomene aufmerksam machen, spricht einer der Wachposten, die das Team begleiten, der Fragen übersetzen kann. Ihn wiederum übersetzt der äthiopische Geologe für das Kamerateam, zum Schluss übersetzt der deutsche Kommentator. Teilweise wird direkt aus der Rede des befragten Hirtennomaden ins Deutsche in die Kamera übersetzt. In einer späteren Szene interviewt einer der Geologen aus Addis Abeba einen Jungen. Auch die Erwartungen der hier lebenden Menschen werden artikuliert: Forschung möge etwas hervorbringen, das den Menschen den Umgang mit der Natur erleichtere. Erwähnt wird auch ein Programm des Staates, das die nomadisierende Bevölkerung zur Sesshaftigkeit bewegen soll. Am Ende stellt sich heraus, dass die Gruppe doch relativ nah an das Gebiet heranreisen darf, in das sie die Behörden zunächst nicht hatten vorlassen wollen. Das zeigt, dass also auch Staatlichkeit in Wissensproduktion involviert ist.

Literaturempfehlungen

Afrikas neuer Ozean/Le nouvel océan de l'Afrique, ein Film von Natalie Reinking. ZDF/ arte 2007. (Fernsehdokumentation)

Barber, Karin: Preliminary Notes on Audiences in Africa, in: Africa 67: 3 (1997), S. 347–362.

Bley, Helmut: Die Befangenheit in der eigenen Gegenwart macht die übrige Welt fremder als sie ist. Ein Plädoyer für die Möglichkeit, Weltgeschichte mit universalen Kategorien zu betreiben, in: Calließ, Jörg (Hg.): Europa und das Fremde. Die Entwicklung von Wahrnehmungsmustern, Einstellungen und Reaktionsweisen in der Geschichte unserer Kultur. Loccum 1998, S. 272–284.

Harries, Patrick: Von der Information zum Wissen. Ein Missionsarchiv zu Afrika, in: Habermas, Rebekka/Przyrembel, Alexandra (Hg.): Von Käfern, Märkten und Menschen. Kolonialismus und Wissen in der Moderne. Göttingen 2013, S. 126–136.

Rüther, Kirsten: Geschichte(n) des Globalen: Weltbilder für Europa und ein aufgeschobener Paradigmenwechsel, in: Werkstatt Geschichte 56 (2010), S. 76–90.

3. Berühmt-berüchtigte African Time und die Obsession mit der Zukunft

Anstöße

African Time ist eine Art „Lektion", die insbesondere für Neulinge, denen Pünktlichkeit und uhrgetreue Zeitmessung wichtig sind, zum „Stein des Anstoßes" werden kann. Ich bin überzeugt davon, dass an dieser „Prüfung" abzulesen ist, wie weit man sich auf ein Land und dessen Gepflogenheiten einlassen will. Gut kann ich mich an meinen ersten Aufenthalt in Südafrika erinnern, als ich mit einer Person verabredet war, diese aber nicht erschien, weil ein Verwandter gestorben war und es zwei bis drei Wochen dauern sollte, bis über einen Termin für ein neues Treffen überhaupt gesprochen werden konnte. Wobei das ja nur zum Teil ungewöhnlich ist, denn der Tod eines Menschen reißt die Angehörigen tatsächlich aus der Zeit. Damals wollte ich dies kaum hinnehmen, doch oft hilft – das war unmittelbar zu bemerken – während der Abwesenheit einer Person eine andere mit Rat und Tat oder anderem, das gerade benötigt wird. Aus den Erzählungen eines in den USA lebenden nigerianischen Freundes weiß ich, wie es für ihn ganz selbstverständlich war, dass eine Hochzeit zweieinhalb oder auch drei Stunden später begann, als auf der schnörkeligen Einladung angegeben. Die Gäste wussten sich schon zu beschäftigen. Als das Brautpaar allerdings erst fünf Stunden später als angekündigt zur Kirche kam, ging dies doch entschieden über die Grenze des Annehmbaren hinaus. Zeit ist zwar dehnbar, aber nicht beliebig. Sie entsteht in Beziehungen. Ihnen wiederum ist eine gewisse Elastizität zuzumuten, unzulässig strapazieren darf man sie aber nicht.

Damit ist eines klar: African Time ist nicht gleichbedeutend mit Unpünktlichkeit oder gar Unberechenbarkeit. Vielmehr erfordert sie, mit den Dingen zu schwimmen – mal geht es schneller, oft auch langsamer. African Time bindet den Menschen in die Unwägbarkeiten des Alltags ein. Mit ihr umzugehen, setzt das Erkennen jenes Rhythmus voraus, der sich aus einem gemeinsamen Anliegen, etwaigen Hierarchien oder auch alltagsbestimmenden Mühen ergibt, die strenge Regelhaftigkeit befremdlich erscheinen lassen. Da nicht nur in Afrika Zeit jenseits ihrer Messbarkeit eine kulturelle – und in der Begegnung auch interkulturelle – Konstruktion bleibt, können daran soziale Beziehungen und Austausch abgelesen werden. African Time erinnert daran, dass es die Beziehungen sind, die dem strukturellen Charakter von Zeit seine besonderen Momente, Zäsuren und Begebenheiten verleihen.

Historisch waren in Berichten über sogenannte „Entdeckungsreisen" unterschiedliche Zeitrahmen oft ein Thema. Europäer reisten in der Regel mit begrenzten finanziellen Mitteln und setzten sich Erfolgshorizonte, die in zu kurz bemessener Zeit nicht zu erfüllen waren. Meist ließ die Erkenntnis nicht lang auf sich warten, dass gerade die Organisation von Flusspassagen, die Ausarbeitung der Route oder krankheitsbedingte Ausfälle immer wieder langwierige Verhandlungen über die Fortsetzung der Reise voraussetzten. Afrikaner hingegen reisten oft mit ihren Familien oder wollten diese entlang der Reiseroute besuchen. Oder ihre Bewegungslogik folgte den Interessen des Handels, den sie als Begleiter einer Karawane oder Reisegesellschaft nebenbei mit abzuwickeln versuchten. Tatsächlich waren sie bereit, Wochen, Monate oder sogar Jahre unterwegs zu sein, wenn es sich für sie lohnte. Wurden die Bedingungen des Reisens jedoch zu schwierig, kehrten sie um. Insbesondere bei Disziplinierungsmaßnahmen griffen sie auf dieses Handlungsrepertoire zurück. Das frustrierte die europäischen Entdeckungsreisenden, und sie beschwerten sich in ihren teilweise effizient vermarkteten Reiseberichten über Unpünktlichkeit, Langsamkeit und Unzuverlässigkeit.

„Werft eure Uhren weg – Ihr seid nun im Sudan!" So wurden wir lachend am Flughafen begrüßt. Als ich als Teilnehmerin einer Wiener Studienexkursion 2016 in Khartoum mit diesem Rat empfangen wurde, begegnete mir gleich im ersten Moment das Spiel mit den Klischees über kulturelle Differenz. Uns wurde aber auch das Angebot einer Freundschaft unterbreitet, die sich in den kommenden gemeinsam verbrachten Wochen entwickeln durfte. Mit unseren sudanesischen Reisebegleitern erlebten wir ein von uns gewünschtes und von ihnen umgesetztes Besichtigungsprogramm. Zudem passierten wir relativ problemlos oder nach meist nur kurzen Diskussionen die zahlreichen Checkpoints entlang der Straßen von Ort zu Ort.

Als wir uns nach einer langen Reise auf der Rückfahrt in die Hauptstadt befanden, bogen wir kurz vor den Toren der Stadt ab und fuhren durch weniger befestigte Straßen, die zumindest mir, müde, verstaubt und von der Sonne ausgezehrt, als Umweg erschienen. An einer Straßenkreuzung stieg einer unserer Reisebegleiter aus, offensichtlich hatten wir ihn näher an sein Zuhause herangebracht. So etwas war bei uns auf dem Land früher auch üblich – kleine Umwege, um die Mitfahrenden bis vor die Haustür zu bringen. Nachdem der beschwerliche Weg allerdings weiterging, kehrte meine staubig-klebrige Verdrossenheit zurück. Wir gelangten an ein nicht mehr als Brücke zu bezeichnendes Etwas, wo eine größere Furt zu durchfahren war. Doch der Bus sackte ab und musste zurücksetzen. Viele von uns verstanden überhaupt nicht, warum und wie wir den Fluss hier überqueren sollten. Wir stiegen aus, aber ein in seinen beruflichen Fähigkeiten ruhender Busfahrer und mehrere unserer Männer trauten dem Bus das Wagnis zu. Wie die Überquerung schließlich doch gelang, will ich gar nicht weiter beschreiben. Ziemlich genervt wunderte ich mich über die Sinnhaftigkeit dieses Umwegs, der in meinen Augen nur Zeit kostete. Nach diesem Abenteuer wurden wir in ein luxuriöses Haus gebracht, in dem wir uns stundenlang entspannen konnten. Zwar hätten viele sicher nichts dagegen einzuwenden gehabt, etwas früher im Gästehaus anzukommen, in dem wir drei Tage bleiben wollten, doch dieses Landhaus eines Freundes von Freunden, grün umsäumt von Palmen, die es in Khartoum nicht gab, war auch schön.

Selbstverständlich ist auch Pünktlichkeit etwas Erstrebenswertes. Vor vielen Jahren stand ich in Berlin Zehlendorf mit einem südafrikanischen Kollegen an einer Bushaltestelle nahe dem Archiv, in dem wir über die Vergangenheit forschten. Da es erst vor Kurzem aus „dem Osten" hierherverlagert worden war, wehte noch ein Hauch aus jenen DDR-Zeiten, die Deutschland so lange von seinem zweiten Teil getrennt hatte. Vor Tagen war an dieser Bushaltestelle randaliert worden und es dauerte freilich, bis die Stadtreinigung die Scherben entfernen wollte. Eines Morgens holte mein Kollege aus Stellenbosch den Fahrplan aus den Splittern heraus, der minutengenau alle Abfahrtzeiten verzeichnete – er wollte diesen als Souvenir mit nach Hause nehmen.

Minutengenaue Abfahrten haben in meinem Bekanntenkreis schon mehr als eine Person in Staunen versetzt, zuletzt als ich mit einem süd-

afrikanischen Freund nach einigen entspannten Tagen in Wien gerade noch rechtzeitig die Bahn zum Flughafen erwischte. „Ihr müsst den Zügen immer hinterherhetzen", schnaufte er, als wir uns am Praterstern auf Gleis 9, Abschnitt A-C gegenüberstanden. „In Afrika gibt's nur einen Zug am Tag, hier fahren mehr, aber Ihr müsst sie auf die Minute genau erwischen." Bei der Einfahrt des Zuges mussten wir uns ganz schnell verabschieden und hatten keine Zeit mehr, diese zum Nachdenken anregende Feststellung weiter zu besprechen.

Zeitlichkeit ist eine Struktur, auf die man in der Begegnung und Auseinandersetzung in einer nicht enden wollenden Anzahl von Einzelmomenten trifft. Ham Mukasa, Abgeordneter aus dem Königreich Buganda, reiste 1902 als Begleiter des *katikiro*, einer Art „Premierminister", zu den Krönungsfeierlichkeiten Edwards VII. nach Großbritannien und verfasste darüber einen dieses Genre begründenden Reisebericht in Uganda. Nach dieser Reise stellte er zwanzig Pendeluhren in sein Haus, die jeden Tag aufgezogen, aber nicht synchronisiert wurden. Einige Tausend Kilometer entfernt, im westafrikanischen Dahomey, hingen Ende des 19. Jahrhunderts zwei Kuckucksuhren im Empfangssaal des äußeren Palastes, wo – wie Edna Bay in ihrer Untersuchung zu Geschlecht, Politik und Kultur des Königreichs festhält – ungeduldige europäische Besucher oft lang warten mussten, bis sie zum König vorgelassen wurden.

Defizite

Solche Momente sind mehr als bloße Episode. „Afrika" und „die Zeit" stehen für viele Menschen in einem nicht immer geklärten Verhältnis. Heute wird Afrika häufig mit Rückständigkeit assoziiert, nicht nur mit einem Zustand der Vergangenheit, sondern sogar mit einem in einer Vor-Vergangenheit festgezurrten Zustand. Wie kam es dorthin?

Über Zeitmessung, Zeitvorstellungen und deren Veränderung im Verlauf der Geschichte afrikanischer Gesellschaften ist wenig bekannt. Generell galt wie in anderen vorindustriellen Gesellschaften auch, dass agrarisch wirtschaftende Gemeinschaften in Jahreszyklen dachten: Rhythmen wiederholten sich und Zeit wurde nicht linear gesehen. Jahreszählungen gab es nicht, wohl aber Benennungen kleinerer und größerer Ereignisse: „Als die Händler kamen", „Nach der Flut", „Im Jahr der vielen Früchte" – so etwas prägt sich ohnehin besser ins Gedächtnis ein. Zeit wurde außerdem in Altersklassen gemessen: Eine Altersgruppe umfasste Personen desselben Geschlechts zwischen drei und sieben Jahren und wurde bei der Initiation festgelegt. Ob es Zyklen ähnlich einer Woche oder eines Monats gab, ist auch nicht überliefert. Bei den Igbo in Nigeria wurde allerdings in Marktzyklen gerechnet, die vier bzw. acht Tage umfassten.

Eine Untersuchung zu Arbeitsverhältnissen in der südafrikanischen Kolonie Natal beschäftigt sich mit unterschiedlichen Zeitauffassungen, die der Grund für das vermeintlich vorzeitige Abbrechen von Dienstkontrakten war. „Es ist kein Mond mehr, gib uns unser Geld", war eine Forderung, der Arbeitgeber im 19. Jahrhundert häufig ausgesetzt waren – und die Keletso Atkins zum Titel ihres Buches inspirierte. Die Arbeiter brachten damit zum Ausdruck, dass es ihnen nicht einleuchtete, dass die Zeitrechnung in Monaten verlaufen sollte, die teils 30, teils 31, teils nur 28 Tage umfassten. Diese Männer bewegten sich in einer Welt, in der das Gros der Arbeit ohnehin in Tagwerk entlohnt wurde und es für sie oft nachteilig war, den Lohn für geleistete Arbeit erst nach so langer Zeit wie einem unzuverlässig zu berechnenden Monat zu erhalten. Dies hätte unter anderem eine funktionierende Ökonomie des Vertrauens ebenso wie eine langfristige Sicherheit des Arbeitsplatzes vorausgesetzt.

Afrikas Vergangenheit war von Gewalt geprägt. Und bis heute ist Afrika geplagt von gewaltsam unterbrochenen Verbindungen zu seiner Vergangenheit. Wohin mit dem zeitlich kurzen, in seinem Wesen jedoch vergleichsweise heftigen Kolonialismus? Nach seiner Beendigung ließ er sich nicht einfach auf den Müllhaufen der Geschichte werfen, schon gar nicht in die Tiefen eines zeitlichen Meeres versenken. Auch im Museum konnte man ihn nicht in von der Wirklichkeit getrennten Räumen ausstellen oder in Depots ablegen. Zwar waren koloniale Institutionen relativ schnell aufgelöst, aber Haltungen, Denken und Strukturen der Ungleichheit bestanden fort. Immer noch suchen Gesellschaften Afrikas in einer durch koloniale Zuschnitte enthistorisierten Tradition und Kultur Anknüpfungspunkte, manchmal auch eine Art Erlösung.

Dabei steht dieses „Afrika" längst an anderer Stelle, es will und kann in diese Vergangenheit ja nicht zurück. Was fehlt, ist eine gelungene Wiederinbesitznahme der Vergangenheit, denn zum Menschsein gehört die unbehinderte Verfügungsgewalt über eine eigene Geschichte. Dazu gehört ein Über-sich-Nachdenken in Rhythmen, Takten und Phrasierungen, wie der derzeit im südafrikanischen Human Sciences Research Council tätige Crain Soudien argumentiert. Es müsse möglich sein, in Verknüpfungen und alternativen Pfaden zu denken, die sich nicht darin erschöpfen, andere nachzuahmen oder zu parodieren, schon gar nicht Eroberer und Beherrscher. Nur so kann es gelingen, sich von einer schwierigen und gewaltgeprägten Vergangenheit zu lösen: nicht durch Negieren und Vergessen, sondern durch jene Wiederinbesitznahme, die den Umgang mit den von außen auferlegten, strukturell und psychologisch tief eingeschriebenen Stereotypen von Fremdheit und Andersheit ermöglicht.

Besessen von der Zukunft

Die Realität kapriziert sich obsessiv auf eine Zukunft. Sie folgt damit dem Bestreben des kolonialen Jahrhunderts und den ihm zugrunde liegenden Begegnungen, die Zeitlichkeit und vor allem sinnhaft organisierte Zeitabläufe aus den zu kolonisierenden Gesellschaften konsequent herausgeschrieben haben. Dem Kontinent und seinen Gesellschaften wurde die Geschichtsfähigkeit abgesprochen, zumal „Afrika", lässt man die muslimisch geprägten Gesellschaften außer Acht, so lange ohne Schrift auskam. Nach der damals gültigen Auffassung professioneller Geschichtsschreibung gab es ohne Schrift keine Geschichte. Der Anthropologe Eric Wolf hat vor Jahrzehnten auf dieses Problem verwiesen, dass Gesellschaften oder Akteure, die nichts Schriftliches hinterlassen haben, grundsätzlich als nicht geschichtsfähig betrachtet wurden – nicht nur in Afrika. Sich mit ihnen zu befassen, fiel infolge der Wissensorganisation des 19. Jahrhunderts sogar in eine andere als die geschichtswissenschaftliche Disziplin, nämlich die Anthropologie, die sich vorrangig den Gegenwarten und Unveränderlichkeiten nicht historisierter Gesellschaften widmete.

Ende des 19. Jahrhunderts ist auch die sogenannte „Erfindung von Traditionen" anzusetzen, in die afrikanische Gesellschaften hineingeschrieben und aus der sie bis heute in den Köpfen vieler Menschen nicht wieder herausgelassen wurden. Bis dahin war allen klar, dass Brauch und langsame Veränderung im Konsens derjenigen, die das Sagen hatten (meist alte Männer mit Status), die Art des Wandels bestimmten. Während der Kolonialzeit wurden ausgewählte Bräuche und Gewohnheiten als „Traditionen" festgefroren, woran vor allem Missionare und Kolonialbeamte beteiligt waren. Während in Europa beispielsweise der Schottenrock – bis dahin nicht besonders prominent oder symbolisch aufgeladen in der regionalen Kleidungskultur – als „traditionell überlieferte", „identitätsstiftende" und Clandifferenz markierende Tracht „erfunden" wurde, stärkte man in Afrika mit der Erfindung von Traditionen in einer Zeit großer Umbrüche die Vorrechte der Alten (alten Männer) und kooperationsbereiten Würden- und Autoritätsträger, mit deren Unterstützung sich der auf Kooperation angewiesene Kolonialstaat durchzusetzen hoffte. Die Erfindung von Traditionen war eine Festschreibung von oben, nicht eine „Imagination" von unten. Der Kolonialstaat entmachtete die vielen und privilegierte ausgewählte – insbesondere den fremden Herrschern genehme – Aspiranten auf zukünftige Macht. Versprechungen wurden geleistet, Erwartungen geschürt, doch dann folgten die Enttäuschungen. Dieser Mechanismus wirkte lange nach. Tradition wurde nach langem Widerstreben und bis in die Gegenwart hinein das eigentliche Terrain, auf dem Afrikaner und Afrikanerinnen als besonders beheimatet galten. Noch heute wollen Pauschalreisende am liebsten das „traditionelle" Afrika sehen – weniger das neue, das städtisch-dynamische, das Europa, China oder den USA so ähnliche.

Verbunden mit dieser Entfremdung der Menschen von ihrer Geschichte, sahen sich andere im Kontext von Kolonialismus agierende Gruppen bemüßigt, ihre eigenen Vorstellungen von Geschichte und Zukunftsvision in afrikanische Gesellschaften hineinzuprojizieren. So betrachteten sich beispielsweise Akteure von Zivilisierungsmission und christlicher Mission je nach Eigendiktion als auserwählt, verantwortlich oder beauftragt, „Licht" in ein wie auch immer konzipiertes „Dunkel" zu bringen. Da wurden etwa Bildungsangebote begründet, initiiert im Namen von Fortschritt und Aufklärung, deren Logik und Beschaffenheit sich selbstverständlich aus der Erfahrung und dem Geschichtsverlauf europäischer Gesellschaften ableiteten. Einer Vorstellung wie òlajú (Yoruba), die mit „Fortschritt", „Entwicklung", „Aufklärung" und „Wandel" von Migranten innerhalb Nigerias und in den Nachbarländern und deren Städten verbunden war, wurde kaum Beachtung geschenkt, als ob der Wunsch nach Veränderung nie aus Afrika selbst kommen könnte. In der Aufforderung, eine neue Zeit anzunehmen, die als Voraussetzung für Zivilisation und Ankunft in einer wie auch immer gedachten Zukunft oder Gegenwart galt, steckte die Aufforderung zum totalen Wandel, der im Inneren genauso wie nach außen sichtbar stattfinden sollte. Wichtiger noch: Er sollte von Experten, seien sie Missionare oder Entwicklungsagenten, bestätigt werden. Afrikaner und Afrikanerinnen überließ man also nicht selbst ihrem Gang in die Zukunft, sondern dieser wurde begleitet, von außen angeregt, permanent kommentiert und bewertet. Die Zielmarken waren immer schon vorgegeben, nie konnten sie frei und aus der historisch-prozessualen Spezifik afrikanischer Gesellschaften heraus definiert werden.

Galt im 19. Jahrhundert noch die Vorstellung, Fortschritt sei durch religiösen Wandel herbeizuführen, so sollte nach dem Ende des verheerenden Ersten Weltkrieges der Weg in die Zukunft unter neuerlich notwendigen Legitimationen des Kolonialstaates beschritten werden. Fremdherrschaft bedurfte seit dem von Woodrow Wilson 1918 verlesenen 14-Punkte-Programm einer neuen Agenda, die nun unter dem Etikett von „Fortschritt" subsumiert wurde. Fortschritt implizierte Wissenschaftlichkeit, die insbesondere in Planungswesen und Wohlfahrtsreformen mündete. Kolonialbürokratie sollte rationalisiert, ökonomische Ertragssteigerung bei einkalkuliertem Ressourcenschutz effizienter werden und die Lebensstandards der Menschen steigen. Seit den 1950er-Jahren, und einen weiteren Weltkrieg später, wurde Moderne zum Schlagwort, zum Konzept, zu einer eigenen Philosophie, die sich in den Köpfen der Menschen verfestigte. Modern zu sein, bedeutete so viel wie neu zu sein, sich zu wandeln. Was genau dieses Neue und dieser Wandel im Einzelnen bedeuteten, hing stark vom Kontext ab: Darunter konnte die Pflicht des Staates fallen, freie Elementarbildung zu gewährleisten und für eine verbesserte Infrastruktur wie beispielsweise Eisenbahn und Krankenhäuser oder generell für Sozialleistungen zu sorgen. Es konnte sich auf Mode und Konsum beziehen, aber auch die Übersiedlung in normierte Häuser, den Statusgewinn in der Kirche und vieles mehr umfassen. „Fasse dich kurz, wir müssen in Jahrzehnten schaffen, was Europa in Jahrhunderten erreichte", war daher eine Devise, die der Anthropologe Peter Geschiere noch 1971 in Kamerun in einigen Behörden auf Plakaten an den Wänden vorfand. Dies war ein emphatischer Gegenausruf zu der unter manchen Akademikern herrschenden Euphorie im Moment der Unabhängigkeit, dass Geschichte ganz „von Neuem" beginnen könnte. Der Moment der Freiheit eröffnete keine

Chancen, an vorkoloniale Wissens- und Traditionsbestände bruchlos anzuknüpfen. Danach ging es um Aufholen und Nachholen und damit um jene schwierigen Voraussetzungen dafür, sich als Gesellschaft in einer eigenen Zeitlichkeit zu platzieren, zumal in einer Zeit, in der gesellschaftliche Entwicklungen immer intensiver aufeinander bezogen waren.

Tatsächlich war die Meistererzählung der Moderne aufs Engste mit Vorstellungen von Entwicklung und einem steuerungsfähigen (politischen) Zentrum verbunden. Entwicklung wiederum galt als etwas, das den historischen Erfolgen, die in Europa erzielt worden waren, nachmodelliert war. Dabei war die lange Erfolgsgeschichte Europas gar nicht so lang, wie uns heute wieder bewusst wird. Die großen ökonomischen Entwicklungen, die beeindruckenden Reichsgründungen und die militärischen Expansionen hatten zuvor in Asien stattgefunden. Erst um 1500 setzte ein Erfolgsschub für Europa ein, der dennoch als lange, ja fast unendliche Überlegenheitsgeschichte Europas kultiviert wurde. Auch die Überwältigungsgeschichte in Bezug auf Afrika wurde in der europäischen Vorstellung historisch verlängert. Festgesetzt in der Erinnerung hat sich die koloniale Überwältigung von Latein- und Südamerika, die in der Frühen Neuzeit ihren Ausgang nahm. In Bezug auf Afrika erinnern wir uns nur selten, dass die Überwältigung extrem spät einsetzte. Sie ist im Grunde erst auf das letzte Drittel des 19. Jahrhunderts zu datieren – also ein kurzer, aber heftiger kolonialer Schlag, der sich von den kolonialen Engagements in Lateinamerika oder Asien merklich unterschied. Dennoch zählten in der Zeit der sogenannten Moderne allein europäische Entwicklungsvorbilder, dort gängige Normen und materielle Werte, die für allumfassend gehalten wurden. Das mag sich nun endlich wieder ändern.

Am Ende der River Road in Nairobi

Dass Zukunft nicht verheißungsvoll vor allen lag, lässt sich aus manchem Roman ableiten, der in der Hochphase dieser sogenannten „Moderne" verfasst wurde. So zeichnet Meja Mwangi in *Going Down River Road* die Figur des am Rande Nairobis lebenden Bauarbeiters Ben.

■ *Ben wird eingeführt als ein Mann, der sich den Zement aus seinen Haaren kämmen muss. Zementstaub, den er sich bei der Arbeit am „Development House", dem Haus der Entwicklung, einfängt, zersetzt seine Haare und ver-*

wandelt seinen Kopf in eine karge Wüste. Ihm ist klar, dass bei keinem der Männer, die wie er unermüdlich und erwartungsfroh an diesem Projekt arbeiten, auch nur ein einziges Haar übrig sein wird, wenn der Bau einst übergeben wird. Dieser steht eingerüstet rechts neben dem 13-stöckigen und offenbar schon fertigen Africa Hotel und soll einst das majestätische Conference Center winzig wirken lassen. Von den 20 geplanten Stockwerken ist gerade das vierte in Arbeit. Ben hat jetzt schon Schwindelgefühle, nicht weil er Höhenangst hätte, sondern weil er Angst hat, auch aus kleiner Höhe schon unsanft zu fallen. Die in der Nähe arbeitenden Regierungsangestellten werden zwar seit einigen Monaten nicht mehr bezahlt, sie können aber früher als die Bauarbeiter in die Pause gehen und sich daher zum Essen auf die Lattenkisten beim Kiosk setzen. Für die Arbeiter vom Development House bleiben keine Sitzgelegenheiten. Wer auf dem Boden arbeitet, bekommt allen Dreck und Schutt von oben in den Nacken; die anderen müssen sich mühsam hocharbeiten, denn es gibt keinen Aufzug für sie und der Kran ist nur für Lasten gedacht.

In den eigenen Wohnungen und dort, wo sie bei anderen mitwohnen, fehlt jede Infrastruktur. Es stinkt nach Urin und Erbrochenem. Nicht einmal waschen können sie sich morgens, bevor sie am Development House weiterschuften. Lebensmut und die Freude am Tricksen kommen ihnen nicht abhanden, doch dem täglichen Kampf ums Überleben können sie dennoch nicht entrinnen.

Am Ende des Romans ist das Development House grandiose 24 Stockwerke hoch. Die Arbeiter dürfen, wenn sie Glück haben, nun das Sunshine Hotel hochziehen. Allerdings wurden mittlerweile die Kioske abgerissen, an denen sie ihr Mittagessen bekamen. Doch mit leerem Magen lässt sich nicht bauen.

Nach der Erlangung der Unabhängigkeit wurde tatsächlich gigantisch und selbstbewusst gebaut – nicht nur in Kenia: Konferenzgebäude, Regierungs- und Verwaltungsgebäude, Universitäten, mehrspurige Straßen, Handelskammern, Banken und Hotels. Im Roman wird an einem „Haus der Entwicklung" gearbeitet. Es lässt diejenigen, die es mit ihrer Körperkraft errichtet haben, erschöpft, hungrig und ohne Aussicht auf ein leichteres oder würdigeres Leben zurück. Meja Mwangi schafft in seinem Roman ein Symbol, das einer kleinen Anzahl von Menschen einen Ort zum Verweilen bietet, doch denjenigen, die sich dafür abgerackert haben, keineswegs schöne Aussichten bringt. Die Erbauer sind Gefangene des Moments und können von Glück reden, wenn sie am Ende des langen Bauprozesses zum

Hilfsvorarbeiter aufgestiegen sind. Mehr wird sich nicht ergeben. Mit dem Development House wurde eine Zukunft projektiert, die für die Protagonisten des Romans unvorstellbar bleibt. Ihre Gegenwart mündet in einen Verlust: Freundschaft soll in Nachbarschaft aufgehen; statt an billigen Kiosken zu essen und in Bars zu lärmen, soll für viel Geld getrunken werden, aber nur, wenn auch gegessen wird. Und dann muss auch verhaltener gesprochen werden.

Vielfalt, Differenz und Gleichzeitigkeit

Die Gewissheit der Moderne wurde bereits in den 1970er-Jahren brüchig. Der Anthropologe Johannes Fabian hat seine Disziplin scharf dafür kritisiert, dass sie zwar davon ausgehe, in der sogenannten „Feldforschung" Gespräche auf Augenhöhe mit Befragten zu führen, die sich im selben Zeithorizont wie die Befragenden bewegten. Denn nur so lasse sich über dieselben Dinge reden. Doch in der anschließenden schriftlichen Ausarbeitung würden die Gesprächspartner als die Anderen festgeschrieben, die damit nicht nur in einer anderen Kultur, sondern auch in einer anderen Zeitlichkeit verortet würden.

Das Ende der Moderne-Gläubigkeit stellte einen Wendepunkt dar, Zeit alternativ zu denken. Die Gewissheit über die Existenz eines steuernden Zentrums geriet ins Wanken. Immer stärker setzten sich Auffassungen durch, nach denen es verschiedene Ausprägungen von Moderne gibt, die teils als alternative, andere oder lokale, aber auch als parallele oder multiple Modernen etikettiert wurden. In der Geschichtswissenschaft half das Modell der *shared history,* der geteilten Geschichte, verschiedene gesellschaftliche Entwicklungspfade in gemeinsam erfahrenen und dadurch Widerspruch produzierenden Welt- und Zeithorizonten zu verflechten. Vielfalt und Differenz der Erfahrungen erschweren heute die Erstellung eines klar umrissenen Bildes, wie die Welt in all ihren Verknüpfungen funktioniert. Sie ist offen, und das geht auf Kosten der zeitlichen Tiefe, in die wir Entwicklungen und Besonderheiten verfolgen. Die Welt ist weiter, aber auch flacher geworden, ohne dass dies von der Mehrheit der Zeitgenossen als Defizit empfunden würde. Afrika braucht jenseits der „African Time" immer noch das Recht auf seine eigene Geschichte.

Literaturempfehlungen

Atkins, Keletso E.: The Moon is Dead! Give Us Our Money! The Cultural Origins of an African Work Ethic, Natal, South Africa, 1843–1900. London 1993.

Bay, Edna G.: Wives of the Leopard. Gender, Politics, and Culture in the Kingdom of Dahomey. Charlottesville 1998.

Behrend, Heike: Ham Mukasa wundert sich. Bemerkungen zur Englandreise eines Afrikaners (1902), in: Behrend, Heike/Geider, Thomas (Hg.): Afrikaner schreiben zurück. Texte und Bilder afrikanischer Ethnographen. Köln 1998, S. 323–338.

Fabian, Johannes: Time and the Other. How Anthropology Makes Its Objects. New York 2014.

Geschiere, Peter/Meyer, Birgit/Pels, Peter: Introduction, in: Dies. (Hg.): Readings in Modernity in Africa. Oxford 2008, S. 1–7.

Heintze, Beatrix: Afrikanische Pioniere. Trägerkarawanen im westlichen Zentralafrika (ca. 1850–1890). Frankfurt/Main 2002.

Mukasa, Ham: Sir Apolo Kagwa Discovers Britain. Hg. Taban lo Liyong. London 1975. *(Reisebericht)*

Mwangi, Meja: Going Down River Road. London 1976. *(Roman)*

Peel, J. D. Y.: Olaju. A Yoruba Concept of Development, in: Journal of Development Studies 14 (1978), S. 135–165.

Soudien, Crain: Renaissances, African and Modern. Gandhi as a Resource?, in: Hofmeyr, Isabel/Williams, Michelle (Hg.): South Africa & India. Shaping the Global South. Johannesburg 2011, S. 126–149.

Wolf, Eric R.: Europe and the People without History. London 1982.

4. Migration und der Umgang mit Grenzen

Togotala – Brazzaville, und zurück

Der Anthropologe Bruce Whitehouse hat seine Forschungen zu Migration an einem Ort in Mali begonnen, den er Togotala nennt. Wie in vielen anderen Orten auch leben 10 bis 30 Prozent der Bevölkerung außerhalb, kehren aber in Intervallen oder irgendwann einmal wieder ganz zurück oder halten anderweitig Beziehungen aufrecht. Togotala verfügt über eine Busverbindung in die nächstgelegene Stadt, Bamako. Zweimal täglich kann man dorthin fahren, ohne dass am Busbahnhof ein genauer Abfahrtsplan aufgestellt wäre. Der Zukunft gegenüber zeigt sich der Ort aufgeschlossen, keine Frustration bei den Zurückgebliebenen. Die Mittel für den Wasserturm, den Bau der Klinik, die Telefonmasten und die Schulen haben die in Togotala lebenden Menschen selbst aufgebracht, nicht etwa der Staat. Auch die hier aktiven NGOs, muslimischen Hilfsvereine und Wohlfahrtsorganisationen tragen nur einen kleinen Teil zum Wohlergehen der Stadt bei. Es regt sich neben der Hoffnung auf Fortschritt auch der Geist der Zusammenarbeit. Das Ethos der Selbsthilfe ist akzeptiert.

Stark ist der Ort aufgrund der Handelsmigration der Soninke-Mehrheit in der Bevölkerung. Sie ermöglicht es, mit den Widrigkeiten des Überlebens in einer ökologisch fragilen Zone umzugehen. Die Mehrheit der sich außerhalb von Togotala bewegenden Soninke befindet sich aber weder in den USA noch in Frankreich, Spanien oder gar Dubai, Bangkok, Hongkong und Guangzhou. Die Mehrheit schickt Ressourcen aus Senegal, der Elfenbeinküste oder Burkina Faso sowie aus der Republik Kongo, genauer gesagt aus Brazzaville, noch genauer gesagt aus Poto-Poto, einem Stadtviertel von Brazzaville. Für die Medien ist die Migration von Togotala nach Brazzaville weniger interessant. Auch für die Politik und deren Berater bleibt das Phänomen trotz seiner eklatanten Sichtbarkeit zahlenmäßig wenig greifbar, weil es offiziell kaum dokumentiert ist.

In Brazzaville sind die Menschen aus Togotala Teil einer westafrikanischen Fremde, die sich als „malisch" oder aus Mali kommend versteht, auch wenn diese „Fremden" nicht zwangsläufig einen Pass aus Mali besitzen. Für die in Brazzaville und Poto-Poto lebenden Kongolesen zählt allein, dass diese Menschen aus dem Sahel kommen und im Gegensatz zu ihnen selbst muslimisch sind. Die Migranten wiederum festigen in der Ferne ihre Beziehungen untereinander mit sogenannten Scherzverwandtschaften, einem kulturellen Spezifikum ihrer Heimat, mit dem die Grenzen verschiedener Dörfer, Herkunftsregionen, Staaten, Sprachen und Ethnizitäten überwunden werden können.

Die ersten Menschen aus Westafrika kamen im Zuge der kolonialen Expansion der Franzosen nach Brazzaville, entweder als Zwangsarbeiter und Soldaten oder als freiwillig Rekrutierte, als Händler und auf Importwaren spezialisierte Kaufleute, die sich schnell eigene Handlungsspielräume zu schaffen verstanden. Hinzu kam in den 1950er-Jahren und zu Beginn der 1960er-Jahre deren Engagement im rechtlich kaum abgesicherten Handel mit Diamanten. Auch wenn er weder profitmäßig noch von den Absatzmengen her besonders ins Gewicht fiel, prägte er die Migrationsmuster der Folgejahre. Die Steine wurden in Städten wie Abidjan oder Monrovia verkauft, also nicht in der Republik Kongo, sondern näher an den Herkunftsregionen der westafrikanischen Migranten.

In der Republik Kongo etablierte sich zeitgleich eine von Einheimischen getragene bürokratische Elite. Die Güter, die sie für ihren Lebensstil benötigten, gelangten über Händler aus Mali, Guinea, Mauretanien und den Tschad ins Land. Man konnte sich das leisten und unterstrich damit seinen Status. Mitte der 1980er-Jahre änderte sich die Situation allerdings, als in der Republik ein wirtschaftlicher Niedergang einsetzte. Dieser gab den Ausschlag dafür, dass Konflikte und Vorbehalte unter den Kongolesen gegen die „Westafrikaner" in ihrer Mitte zunahmen.

Unter diesen wechselvollen Umständen Malier zu bleiben, setzt voraus, dass zum Beispiel die Regierung Initiativen der Botschaften und Konsulate in praktischen Angelegenheiten unterstützt. Aber auch Rundfunk und Fernsehen tragen mit Musiksendungen und speziell mit Sportberichterstattung zum Erhalt und zur Festigung eines Zugehörigkeitsgefühls zur „eigenen" Nation bei. Darüber hinaus gibt es diverse materielle Hin- und Rückflüsse zwischen den Beteiligten. So helfen beispielsweise *remittances,* Geldüberweisungen, Häuser zu bauen, in denen die Familie versorgt ist und mittels derer für die eigene Rückkehr vorgesorgt wird. Solche Häuser markieren ganz wesentlich die männliche Präsenz in Städten und markieren den Erfolg von Männern, die, solange sie noch „zu Hause" waren, dort kaum Anerkennung fanden. Außerdem tragen zum „Malisch-Bleiben" Heiratspraktiken und Verwandtschaftsvernetzungen bei. So werden Kinder nach Mali geschickt, im Extremfall schon kurz nach der Geburt, wo sie von Verwandten in Pflegschaft genommen werden und ihre biologischen Eltern nur selten sehen. Erziehung und Ausbildung im Rahmen einer sozialen Elternschaft sollen garantieren, dass die Kinder „malisch" werden und nicht kulturell in ihren Gastgesellschaften aufgehen. Die Beliebtheit des Nach-Hause-Sendens hängt meist vom sozialen und ökonomischen Status der Eltern ab, denn nicht alle können sich die Ausbildung ihrer Kinder in Mali leisten. Haltungen verändern sich allerdings auch, weil es nicht allen Migranten gelingt, in ihrem Herkunftsort mit neuem Besitz ansässig zu werden. Später werden solche Kinder unter Umständen zurückverheiratet, oder sie gehen nach Thailand, um von dort aus ins Familiengeschäft einzusteigen. Dorthin kann man als Familie natürlich auch den unverheirateten Bruder schicken, der zunächst beim Aufbau des Geschäfts in Brazzaville geholfen hat und sich dazu eignet, bei dessen Vergrößerung einen Außenposten zu übernehmen, von dem aus Waren importiert und exportiert werden können.

Über die Gefahren bezüglich der Zugehörigkeit und die Schwierigkeiten des Zugehörigkeitserwerbs bei Abwesenheit von „Zuhause" hat der Anthropologe Peter Geschiere gearbeitet. Mit der Bewegung verändern sich nicht nur die Einheit, zu der Personen einst gehörten, und die Zuschreibungen, die sie als Teil einer von anderen imaginierten Einheit erfahren. Vor allem erwächst aus der Bewegung die Notwendigkeit, dort, wo Menschen sich gerade nicht aufhalten, wohin sie aber gehören möchten, Platzhalter zu setzen und Präsenz zu markieren. Das wächst sich meist zu einer ressourcenintensiven Angelegenheit aus. Unter solchen Umständen kann besonders bei mobilen Menschen der Anspruch auf Bodenständigkeit und lokale Zugehörigkeit geradezu verzweifelt ausgeprägt sein. Bewegung, Netzwerke und deren Bedienung, das Markieren von Präsenz an bestimmten Orten und der Verlust dieser Präsenz bestimmen die Räumlichkeit historischer Transformation – oft im Zusammenspiel mit Grenzen und Begrenzungen, die auf wiederum andere Weise entstehen.

Migration ist ein altes Phänomen, das sich weit in die Geschichte und alten Wissensbestände afrikanischer Gesellschaften zurückverfolgen lässt. Mit der Globalisierung jedoch hat sich der Rahmen verändert, innerhalb dessen Menschen mobil werden und Räume ihres Handelns ausloten. Fernsehkanäle übertragen nicht nur Sendungen zwischen Mali und Kongo-Brazzaville, sondern sie senden in Senegal zum Beispiel Bilder eines reichen Europa. Dessen Fischfangflotten bedienen sich in jenen Gewässern, die einst senegalesische Familien vor Ort versorgt und ihnen einen kleinen Wohlstand garantiert haben. Senegalesische Politiker wiederum bleiben untätig, sodass sich die Menschen selbst auf den Weg machen. Auch hier gilt: Wer es schafft und zurückkehrt, baut Häuser, meist in den Städten, da den Rückkehrern in den Dörfern oft der Landbesitz versagt bleibt.

Bei der Behauptung und Verteidigung von Zugehörigkeit spielen die modernen Medien eine große Rolle, wie beispielsweise in den Untersuchungen des Soziologen Aly Tandian nachzulesen ist. Medien sind wichtig, wenn sich Menschen über das Meer aufmachen. Denn selbst wenn die Prepaidkarte leer ist, lässt sich ein Mobiltelefon noch anrufen. Mit verabredeten Zeichen und der Anzahl der Klingeltöne kann man mitteilen, ob zum Beispiel Schiffe der Küstenwache in der Nähe sind, die ausfahren, um Leute in Booten aufzugreifen. Den Frontex-Hubschraubern entgehen die Boote allerdings schlechter. Auch nachts in einem Schlauchboot voller Flüchtender in anderen Gewässern, wie dem Mittelmeer, hilft ein Handy nur bedingt zur Kommunikation des Standortes mit den italienischen Küstenbehörden. Haben diejenigen, die sich aufgemacht haben, es jedoch nach Europa geschafft, lassen sich via Handy oder Internet Bilder von weiblichen Verwandten übermitteln. Frauen in der Heimat sind tatsächlich hochgradig an Eheschließungen mit Migranten interessiert, selbst wenn diese bildungsmäßig oft unter dem Niveau der zurückbleibenden Frauen stehen. Die Versprechen der Migration sind enorm.

Von Port Sudan in die arabisch-muslimische Welt, und Frauen an die Universitäten

Diese Befunde erinnern mich an ein Gespräch, das ich in Port Sudan mit der Meeresbiologin Atawwif führte. Mir war schon bei früheren Universitätsbesuchen im Rahmen der erwähnten Studienexkursion der hohe Anteil weiblicher Studierender in den Bibliotheken aufgefallen. Atawwif erklärte mir, dass zu ihrer Studienzeit, vor 15 bis 20 Jahren, nur 20 Prozent der Studierenden Frauen waren, ihr Anteil jetzt hingegen bei 60 Prozent läge. Diese Entwicklung hänge damit zusammen, dass Männer heute jung außer Landes migrierten, weil sie in Saudi-Arabien oder Indonesien besser verdienen würden. Das Kabelfernsehen in sudanesischen Städten und das Unterhaltungsprogramm in dortigen Langstreckenbussen wird weniger durch europäische Sendungen als solche aus der arabisch-muslimischen Welt bereichert. Tatsächlich habe ich während meiner kurzen Reise Tom und Jerry sowie Mickey Mouse und Donald Duck als einzige mediale Importe aus Amerika entdecken können. Sie rannten und prügelten sich nicht nur auf Bildschirmen, sondern prangten auch an Häuserwänden, auf Einkaufstaschen und auf den Rückseiten der Rückspiegel von Überlandbussen. Sogar bei einer Musikdarbietung, die für unseren Empfang in Atbara vorbereitet war, sorgten sie für klamaukige Einlagen auf der Bühne. Leider konnte ich das Gespräch über diese Figuren mit Atawwif nicht vertiefen, doch bezüglich des hohen Frauenanteils in den höheren Bildungsstätten teilte sie mir mit, dass die Frauen an sudanesischen Universitäten ausgebildet würden, weil sie jetzt die schlechter bezahlten Jobs in der Heimat erhielten, die die abwesenden Männer nicht besetzten. Über Heiratsoptionen dieser Frauen und die neuen Geschlechterhierarchien sprachen wir nicht – der Besuch war einfach zu kurz und konnte mir nur erste Eindrücke vermitteln.

Primär scheint Migration ein Phänomen männlicher Mobilität zu sein, während Frauen daheim die Stellung halten und unter Umständen neue Spielräume ausloten. Im Bereich der Expertenmobilität gilt zumindest für den Gesundheitssektor, dass in erheblichem Maß auch ausgebildete Frauen mobil werden. Das hängt nicht zuletzt damit zusammen, dass in diesem Bereich sehr früh Frauen als professionelle Krankenschwestern ausgebildet wurden. Im Themenheft des *Überblick* zu „Migration – Ärzte für den Norden" aus dem Jahr 2005 wurde gleich im ersten Beitrag eine in Kenia staatlich geprüfte Krankenschwester vorgestellt. Sie arbeitete in England als Pflegekraft und ermöglichte ihrem Sohn die Ausbildung zum Fernsehjournalisten, nachdem sie ihm aus London eine Kamera geschickt hatte. Als die Missionen ihre Arbeit aufnahmen, hatten im Gesundheitsbereich Männer beruflich noch die Oberhand, doch mit der Professionalisierung des Pflegeberufs öffneten sich Perspektiven für die Frauen. Für Männer blieb es weiterhin schwierig bis unmöglich, im eigenen Land Arzt zu werden, und aufgrund von europäisch und christlich importierten Rollenvorstellungen der Geschlechter wurden sie aus rein pflegerischen Berufen allmählich herausgedrängt. Heute hängen reiche Länder von wandernden medizinischen Fachkräften ab, Familien in armen Ländern auch. So braucht Südafrika kubanische Ärzte für ländliche Gebiete, denn die eigenen gehen in die Städte. Aus diesen wiederum zog es 2004 fast zehntausend Mediziner nach Großbritannien, Australien, in die USA und andere Länder. Aus Kongo gehen Ärzte nach Südafrika, um sich von dort auf den Weg nach Europa zu machen, dessen Staaten wiederum NGO-Hilfe für Kongo organisieren. Beninische Ärzte arbeiten heute mehrheitlich in Frankreich, äthiopische in Washington DC. Dieses Karussell führt zum viel zitierten *brain drain*, zur Abwanderung hoch qualifizierter Arbeitskräfte, garantiert aber – gerade angesichts der Möglichkeiten heutiger Kommunikation – den Rückfluss materieller Güter.

Allein die bisher genannten Beispiele sind Grund genug, eine Geschichte Afrikas nicht als Abfolge von Ländergeschichten zu konzipieren. Auch wenn Afrika in von staatlichen Grenzen umgebenen Ländern verfasst ist, lassen sich seine Geschichte und Gegenwart tiefer begreifen, wenn man sich auf die Spuren derjenigen macht, die sich bewegen. Raum ist eine wichtige Bezugsgröße, um gesellschaftliche Veränderungen zu verstehen, doch es bleibt eine Herausforderung, die Räumlichkeit historischer Prozesse perspektivisch aufzuschließen.

Generationenübergreifend mobil, Verankerung in Bulawayo

Migration kennt weitere Szenarien, so zum Beispiel den generationenübergreifenden Umgang mit Mobilität. Er verdeutlicht, dass es in afrikanischen Gesellschaften ein verankertes, wenngleich sich wandelndes Wissen und Verständnis über die Räumlichkeit ihrer Handlungsoptionen gibt. In einer sozialwissenschaftlichen Untersuchung wertet Nontobeko Moyo die Überlebensstrategien simbabwischer Familien aus. So hütet die neunzehnjährige Valerie in Bulawayo das Haus der Mutter, die nach ihrem 14. Geburtstag in einem Kaufhaus arbeitete. Nach der Unabhängigkeit verbesserte sich die Schulsituation in Simbabwe, der Mutter gelang eine nachträgliche Ausbildung zur Buchhalterin. Auf der Abendschule lernte sie ihren Mann kennen, einen ehemaligen Freiheitskämpfer der ZIPRA, der von einer kleinen staatlichen Rente lebte. Um der Tochter die Ausbildung zu finanzieren, handelte die Mutter am Wochenende Reifen von Botswana nach Simbabwe. Mit dem wirtschaftlichen Kollaps ging der Vater nach Südafrika, Geld nach Bulawayo blieb nun aus. Auch die Mutter ging nach Johannesburg, von dort mit einem verlosten Visum in die USA. Valeries Geld kam zum Zeitpunkt ihrer Befragung von dort. Ihre Mutter hätte sie gern an der University of Cape Town gesehen, doch Valerie weigerte sich damals mit der Begründung, sie müsse sich um das Haus der Familie in Bulawayo kümmern. Diese Familie konstituiert sich gemäß den Bedingungen der Kapitalströme, wobei die junge Valerie offensichtlich eine Strategie der Verankerung verfolgt. Die Erwartungshaltung zum sozialen Aufstieg, aus der heraus für die Mutter die Notwendigkeit der Migration erwächst, übernimmt die Tochter in dieser Momentaufnahme nicht.

Migration als eine Bewegung zu verstehen, mit der eine Person von A nach B geht, ließe die Komplexität des Phänomens außer Acht. Migrationsgeschichten belegen, dass hinter jeder Migration eines Individuums die Entscheidung und das Mitwirken einer ganzen Familie stehen. Migration erfolgt in Abschnitten. Oft bewegen sich Menschen zunächst in kleineren Radien, bevor sie eine große Reise antreten. Eine solche zu bewältigen, erfordert Stopps und Zwischenstationen, die sich über längere Zeit erstrecken können. Strategien des Überlebens und des erhofften sozialen Aufstiegs vollziehen sich über Generationen hinweg, wobei die Erfahrungen der einen Generation als Wissen an die nächste weitervermittelt, aber nicht unhinterfragt übernommen werden. Gleichzeitig sind Migration und Mobilität kein ersehnter Zustand an sich. Bewegung wird unterbrochen von Phasen, in denen Menschen, gewollt oder ungewollt, an Orten verharren und nicht weiterkommen oder weiterwollen. Wir haben uns daran gewöhnt, allein der Migration nach Europa besonderes Augenmerk zu schenken. Dabei ist Europa nicht das zahlenmäßig ausschlaggebende „Ziel" der Mehrheit afrikanischer Migranten. Die meisten Menschen migrieren immer noch innerhalb Afrikas.

Literarische Verarbeitung

Es verwundert nicht, dass ein solches Grundthema menschlicher Existenz auch literarisch verarbeitet und kommentiert wird, vielfach in Erzählungen

oder Romanen. An dieser Stelle sei daher auf eine kleine Auswahl hingewiesen. Tatsächlich lassen sich aus der Literatur noch einmal eigene Fragen
nach der Bedeutung von Migrationsdynamiken ableiten, die dem historisch-
empirischen Blick zunächst entgehen.

■ *In mehr als einer Kurzgeschichte von Autorinnen wie Chimamanda Ngozi
Adichie oder von Schriftstellerinnen, die sich im Kollektiv der Zimbabwe Women
Writers betätigen, werden wohlsituierte Frauen in den Ländern des Nordens, oft
in den USA, „geparkt". Sie führen dort ein konsumfreudiges Leben und können
sich Extravaganzen leisten, wie es scheint. Andere Protagonistinnen wiederum
entbinden ihre Kinder dort, um ihnen das Privileg eines amerikanischen Pas-
ses zu verschaffen. Aber diese Frauen sind einsam. In vielen Texten weicht die
Faszination des Fremden der Erkenntnis, dass mit der eigenen Mobilität Leben
und Erfahrungen oberflächlich werden. Die fiktionalen Texte betonen die emotionale Komponente, die von der Forschung zu Mobilität und Migration oft ver-
nachlässigt wird. Aufschlussreich ist in diesem Zusammenhang, dass, folgt man
diesen Texten, physische Mobilität ohne das Moment der Abkoppelung von der
Realität der Gesellschaften, zwischen denen sie sich bewegen, gar nicht denkbar
ist. Verbindung und Entkoppelung erscheinen so als zwei Seiten einer Medaille,
der sich Geistes- und Sozialwissenschaftler zu oft nur von einer Seite nähern.*
Zu denken ist auch an die Romane von Tahar Ben Jelloun. In Partir *wird das
Warten junger Männer fiktionalisiert, die von ihrer Bar am marokkanischen
Strand fast auf das verheißungsvolle Europa hinüberschauen, den Weg aber
nicht antreten können. Ebenso eindrucksvoll zeigt der Roman* Au pays *die
Geschichte des schweigsamen, sich durch tiefe Menschlichkeit auszeichnenden,
in der Welt seiner Gedanken verfangenen Mohammed Ben Abdallah. Er teilt
sich kaum noch nach außen mit und seine Familie weigert sich, Paris nach seiner
Pensionierung zu verlassen, um mit ihm in sein Dorf zurückzugehen. Dort wartet ein Haus mit zahlreichen Zimmern auf den entschlossenen Rückkehrer, mit
einem riesigen Sessel, in dem er die Bequemlichkeiten des Alters als Familien-
oberhaupt genießen wollte, das er nie war. Der Sessel wird zum weichen Sarg,
in den er – vereinsamt und störrisch – immer weiter hineinrutscht, bis er stirbt.
Mohammed Ben Abdallah sieht, doch ohne Teilhabe an seinem Herkunftsort
oder seinem Lebensumfeld in Frankreich.*
*Au pays ist Fiktion, im Sinne einer großen Allegorie auf das sich nach lan-
ger Bewegung neigende Leben, doch in Korrespondenz mit dem äußerst rea-*

len Thema der Teilhabe von Migranten an der Gesellschaft. Die nach innen gerichtete Erzählung offenbart den arbeitsamen Migranten als Person, die sensibel und differenziert beobachtet, die Umstände des Lebens reflektiert und in der Lage ist, die eigene Migrationserfahrung lebensgeschichtlich einzuordnen. Trotzdem hat Mohammed nicht an der Gesellschaft teil, weder in Frankreich noch in Marokko, weder in der Moschee noch im Freundeskreis, und auch nicht in der Familie. Gerade nach der Rückkehr prasseln viele Stimmen auf ihn ein, die des Erzählers, eines djinn, und in einem Zeitsprung zurück die eines politischen Aktivisten. Auch unter ihnen versinkt die innerlich geführte Auseinandersetzung der Hauptfigur fast völlig und provoziert deshalb die Frage, ob Mohammed Ben Abdallah als Subalterner überhaupt sprechen kann. Zuhören kann ihm ohnehin niemand, da er sich so wenig nach außen einbringt.

Einer anderen Schriftstellerin, Fatou Diome, geht es um die Thematisierung von Hoffnungen, Lebensstrategien und Erkenntnisgewinn zurückbleibender Mütter, Schwestern und Geliebter, weil Söhne, Brüder und Geliebte mit ihrem Weggang vom „Bauch des Ozeans" regelrecht verschlungen werden. Anders als in der Forschung, die Rückflüsse und Imaginationen der zu erreichenden Welten betont, widmet sich Fatou Diome den Illusionen, Lügen und Enttäuschungen. Sie hat auch die Geschichte eines senegalesischen Paares geschrieben, das heiratet, weil er homosexuell ist und sie gar nicht heiraten will. Aufgrund seiner Randstellung in Senegal wandert das Paar schließlich nach Strasbourg aus, wo sich ihre Gemeinsamkeiten alsbald auflösen und sie, die nun Memoria heißt, auf den Straßen Europas so ihr Geld verdient, dass sie todkrank „nach Hause" gebracht werden muss. Doch in Senegal wird sie von niemandem erwartet, weil unter anderem während ihrer Abwesenheit zu wenig Geld geflossen ist. In der Forschung gibt es eine Tendenz, sich mit der Überwindung von Grenzen, mit Hin- und Rückflüssen ebenso wie mit Vernetzungen zu beschäftigen. Darüber wird häufig das Phänomen der Abkoppelung übersehen, zumindest in den Hintergrund gerückt. Fatou Diome öffnet in ihrer Fiktion diese Perspektive wieder.

Die Liste der literarischen Verarbeitungen, in denen Figuren damit umgehen, dass die Welt entgrenzt scheint, ließe sich lange fortsetzen. Alle Bewegung ist möglich, eröffnet Optionen und birgt neue Herausforderungen. Sie hat aber auch Orte und ist durch Grenzziehungen geprägt, die viele Räume unüberwindbar machen.

Migrationsmuster, Grenzen und *Flows*

Gegenwärtig scheint es, als könnten wir uns in Diskussionen immer nur auf eine Seite konzentrieren: entweder auf Mobilität und Globalisierung oder auf Grenzen und Abschottung. Dass beide Themen zusammengehören, inklusive der Orte, an denen sie sich materialisieren, haben nicht nur die Ereignisse des Sommers 2015 gezeigt, als Tausende Flüchtende die Länder Europas durchquerten, um insbesondere in Österreich, Deutschland und Schweden Aufnahme zu finden. Gleichzeitig wurde die Diskussion um Verstärkung der Grenzen auf einem Kontinent intensiviert, auf dem man glaubte, die Grenzen nach innen fast abgeschafft zu haben.

Grenzen wirken in verschiedene Richtungen und für unterschiedliche Gruppen auf verschiedene Weise. Beispielsweise zeigt die sehenswerte Dokumentation *7915 KM* von Nikolaus Geyrhalter, wie in Dakar die Motorräder der Rallye Paris-Dakar verschifft werden, um sie an die Herkunftsorte der Teilnehmer zurückzutransportieren. Am Strand sieht man, wie Senegalesen Fischerboote instand setzen. Hier sagt der Volksmund: „*Barça ou Barsaax*", nach Barcelona gehen oder sterben – und Tausende machen sich auf den Weg. Allerdings gelingt ihnen das Durchqueren des Raumes weit schwieriger als den gleichsam durch die Wüste schießenden Rallyefahrern, denn die Grenzen Europas sind vor die Küste Senegals verlegt worden. Aus der Luft von Frontex entdeckt und schließlich von senegalesischen Küstenschiffen aufgebracht, werden Migranten dort bereits vor Ort aufgegriffen, weil sich die Grenze zu Europa für sie erfahrbar unmittelbar an ihre Küste verlagert hat. Die Richtung Paris-Dakar bleibt durchlässiger als umgekehrt.

Staatsgrenzen, die uns auf Kartenbildern so autoritativ entgegentreten, markieren Kontroll- und Interventionsräume von Obrigkeiten. Nicht nur auf dem afrikanischen Kontinent wurden sie willkürlich gezogen, sodass sich vorkoloniale politische Einheiten oder Ethnien diesseits und jenseits einer Grenze wiederfanden. Für die europäische Geschichte war das durchaus auch der Fall und gab Anlass für Kriege. Sicher begrenzten koloniale Grenzziehungen die Beweglichkeit vorkolonialer Personenverbandsstaaten, die sich im Gegensatz zu territorial gedachten Staaten dadurch auszeichneten, dass eine Menschgruppe und ihre politische Organisation wandern konnten. Die kolonial gezogenen Grenzen wurden von den unabhängigen Staaten weitgehend unverändert übernommen. Soweit der Staat seine

Souveränität geltend machen kann, lassen sich diese Grenzen mit Pässen überwinden, aber auch im Schmuggel und Schleichhandel. Grenzen müssen überhaupt erst einmal kontrolliert werden – was nicht allen staatlichen Akteuren gleichermaßen gelingt. Hier liegt das Problem: Nicht die Existenz der Grenze verursacht die meisten Probleme, sondern die Schwäche des postkolonialen Staates. Vor dem Hintergrund der zahlreichen Konflikte in Afrika spielten bislang zwischenstaatliche Grenz- und Territorialstreitigkeiten zwar eine prominente, jedoch vergleichsweise untergeordnete Rolle.

In Bezug auf Afrika dominiert in unseren Breitengraden nach wie vor eine koloniale Machtfantasie: Auf einer Konferenz in Berlin im ausgehenden 19. Jahrhundert seien von europäischen Kolonialmächten künstlich Grenzen gezogen worden. Damit wurden in der Realität Territorien gemäß einer bürgerlich-europäischen Auffassung von Rechtsstaatlichkeit abgegrenzt oder sogar als fremdes Element in Afrika eingeführt. Doch ist die Beharrung auf dem Topos der Künstlichkeit der Grenzen in Afrika auch dem Diskurs geschuldet, dass „in Afrika", anders als etwa in Europa, die Natur Gesellschaften räumlich präge. Koloniale und postkoloniale Grenzziehungs- und Konstruktionsakte werden oft nicht ernst genommen, als blieben sie ewig fremd. In der Analyse postkolonialer Konflikte galt lange Zeit, dass kolonial ererbte Grenzen postkolonial Krieg und Konflikt verursachten. Dieser Befund ist revidiert: Konflikte sind bis auf wenige Ausnahmen innerstaatlich, reichen jedoch über Grenzen in Nachbarstaaten hinein, sodass sich in der Folge regionale Konflikte um Hegemonie, Sicherheits- und Destabilisierungszonen sowie Rückzugsräume widerständiger Gruppen entwickeln. Daher lässt sich die Wirksamkeit fixer Grenzen in Afrika auch anders betrachten: Grenzen eröffnen Verständigungs- und Manövrierräume, auch Möglichkeiten der Herrschaftsverdichtung *nach innen*, und sie reglementieren den Zugang *von außen*. Das wirkt sich aus in Gesellschaften, die langzeithistorisch von Mobilität, Flexibilität und Durchlässigkeit geprägt sind und eigentlich mittels der Kunst des Ausweichens mit zahlreichen politischen, ökonomischen oder umweltbedingten Krisen umzugehen wussten.

Ökonomisch sind viele Menschen in Wirtschaftsweisen eingebunden, die über Regionen hinweggreifen und nationale Grenzen überschreiten. Zum Beispiel handeln Frauen aus dem simbabwischen Bulawayo Autoreifen aus dem angrenzenden Kongo-Kinshasa ein, die sie in Sambia verkaufen, um sich dort mit Altkleidern zu versorgen. Diese Kleider können auf dem simbabwischen Land verkauft oder Verwandten zur weiteren Verwendung überlassen werden. Ein Teil kommt in den Handel mit Südafrika, von wo aus wiederum Schuhe und Küchengeräte nach Bulawayo gelangen. Diese überlebensnotwendigen und räumlich gespreizten Aktivitäten werden oft wenig erhellend als „informell" bezeichnet, was die Räumlichkeit dieser Wirtschaftsweise überhaupt nicht thematisiert. Unabhängig davon, ob dieser Begriff den Kern dieser Handelstätigkeiten trifft, gilt eines: Wenn nationale und Regionen abgrenzende Grenzen strikt poliziert oder gar dicht gemacht werden, verlieren solche Menschen ihre Manövrierräume. Allerdings sind diese „Spielräume" für sie und ihre Familien oft überlebensnotwendig, weil sie sich über Grenzen hinweg in Handelsnetzwerken bewegen und dabei Familienmitglieder aufsuchen, um zum Beispiel den Zusammenhalt zu stärken oder eigene Interessen gegen andere durchzusetzen. Wenn Kriege Grenzen unpassierbar machen und es gefährlich wird, bestimmte Räume zu betreten, verlagern sich solche wirtschaftlichen und Beziehung herstellenden Aktivitäten räumlich entsprechend. Auch der Aktionsradius wird dabei größer. Teile der Familie werden in ferne afrikanische Länder oder gar in die USA geschickt, um den Ressourcenfluss in Gang zu halten.

Kapital und Arbeitsmöglichkeiten haben sich hinter weit entrückte Grenzen zurückgezogen, und die Menschen müssen nachrücken, oft unter schwierigen Bedingungen, gerade weil die Grenzen anderer gegen sie wirken. In politisch, ökonomisch oder klimatisch fragilen Räumen sind räumliche Flexibilität und die Offenheit von Grenzen eine wichtige Ressource, um sich den Unwägbarkeiten des Alltags, der Politik und des Klimas zu stellen. Intensivierte Vernetzungen produzieren immer auch sogenannte Löcher – Regionen und Bereiche, die von der Netzwerkbildung ausgeschlossen werden. Historiker wie Frederick Cooper weisen darauf hin, dass das Kapital seit Langem Afrika verlässt. Mit den intensivierten Vernetzungen werden bestimmte Großregionen abgekoppelt und deren Bevölkerungen müssen mobil werden, um an die vielversprechenden Knotenpunkte heranzukommen.

Während der Kolonialzeit wurde Afrika intensiv in globale ökonomische Zusammenhänge eingebunden. In Siedlergesellschaften bildeten sich sogenannte *frontiers* – Grenzräume, verschiebbar in der Ausdehnung und in ihrer Unübersichtlichkeit durch besondere Gewaltsamkeit geprägt. Später wurden als Ergebnis zunächst austarierter Machtverhältnisse fixe Grenzen definiert, auch wenn deren Kontrolle immer ein heikler Punkt blieb – und in der Priorität auch nicht immer hoch angesetzt. Seit der Unabhängigkeitsphase verlagern sich die wirklich wichtigen Grenzen weiter. Selbst wenn den Menschen Wasser und Elektrizität zur Verfügung gestellt werden, müssen sie oft weite Wege zurücklegen, um erfolgreich am Welthandel – als mehr als Marginalisierte oder Verlierer – partizipieren zu können.

Literaturempfehlungen

Adichie, Chimamanda Ngozi: The Thing Around Your Neck. London 2009. *(Kurzgeschichten)*

Ben Jelloun, Tahar: Verlassen. Berlin 2006 [orig. Partir. Paris 2006]. *(Roman)*

Ben Jelloun, Tahar: Zurückkehren. Berlin 2010 [orig. Au pays. Paris 2009]. *(Roman)*

Cooper, Frederick: What is the Concept of Globalization Good For? An African Historian's Perspective, in: African Affairs 100 (2001), S. 189–213.

Diome, Fatou: Kétala. Paris 2009. *(Roman)*

Diome, Fatou: Celles qui attendent. Paris 2013. *(Roman)*

Geschiere, Peter: The Perils of Belonging. Autochthony, Citizenship, and Exclusion in Africa and Europe. Chicago 2009.

Geyrhalter, Nikolaus: 7915 KM. Auf den Spuren der Rallye nach Dakar. Wien 2008. *(Dokumentation)*

Moyo, Otrude Nontobeko: Trampled No More. Voices From Bulawayo's Townships About Families, Life Survival, and Social Change in Zimbabwe. Boulder 2007.

Staunton, Irene (Hg.): Women Writing Zimbabwe. Harare 2008. *(Kurzgeschichten)*

Tandian, Aly: Formes et figures migratoires des Sénégalais en Europe méditerranéenne. Liège 2006.

Der Überblick, Migration – Ärzte für den Norden, 2005.

Whitehouse, Bruce: Migrants and Strangers in an African City. Exile, Dignity, Belonging. Bloomington 2012.

5. Rhythmen der Stadt und des Wohnens

Flanieren oder nicht?

Die Städte in Afrika wachsen. Es wird erwartet, dass im Zeitraum zwischen 2000 und 2030 die städtische Bevölkerung von 294 Millionen auf 742 Millionen anwächst. Das käme einer Urbanisierungsrate von 3,3 Prozent gleich, die weltweit derzeit die höchste wäre. Afrika liegt damit voll im Trend, denn seit 2008 lebt die Mehrheit der Weltbevölkerung in Städten. Wo sich ein so drastischer Wandel vollzieht, entstehen zwangsläufig Unübersichtlichkeit oder sogar Chaos, daraus wiederum ein weiteres Expandieren der Städte.

Alles, was in der Stadt passiert, wird von Menschen gemacht. Gerade wenn Staat und Munizipalität vor den Herausforderungen kapitulieren, Straßennetze nicht erneuern und weder Krankenhäuser noch Ladenzeilen in Schuss halten, sind es die Menschen selbst, die zur Infrastruktur werden. Sie bewegen sich im städtischen Raum, eignen ihn sich an und werden dabei von jenen beobachtet, die sie brauchen und Ressourcen zu verteilen haben. Aus diesen Bewegungen und Beobachtungen heraus ergeben sich Arbeitsmöglichkeiten, Chancen, eine Bleibe zu finden, aber auch die eigene städtische Existenz, so zumindest sieht es der Stadtanthropologe AbdouMaliq Simone. Und in der Tat: Wie kommt man in einer Stadt von einem Punkt zum anderen? Was sind die Orte, an denen Menschen sich zum Wohnen „niederlassen"?

Um von einem Ort an einen anderen zu gelangen, um gleichsam an Orten zu verweilen, hat in den späten 1990er-Jahren die Figur des Flaneurs wieder an Beliebtheit gewonnen. Er ist Teil der europäischen Geschichte: Männlich, bürgerlich und langsam durch die Gegend spazierend, schweift er genießend und zum Zeitvertreib umher, um seine Präsenz in der Großstadt zu markieren. Der Flaneur ist der Held der Moderne im Großstadtgetriebe. Seine Bewegung ästhetisiert und verklärt Chaos und Mangel. Da er sich kein sozialkritisches Programm auf etwaig wehende Fahnen geschrieben hat, klagt er nicht an. Sein Gang durch die Stadt, der Sehnsucht entspringend, sich seiner selbst zu vergewissern, wird zur fantastischen Sensation, offen für das Entdecken und Erkunden, stets erpicht darauf, sich angesichts der Erfahrung der Masse seiner Individualität zu versichern. Eine solche Bewegungsphilosophie hatte etwas Koloniales, wenn sie – soweit diese Kategorie überhaupt gelten soll – auf „afrikanische Städte" angewandt wurde. Zeitgemäßer und vor allem wissenschaftlicher spricht man von sogenannten *transect walks*. In ihnen geht eine Gruppe, meist aus Forschern und lokalen Anwohnern bestehend, einen vordefinierten Weg entlang, um im Rahmen eines Erkenntnisprojekts Wissen zu generieren, an dem möglichst alle Beteiligten gleichen Anteil haben. Beim Abschreiten und Gehen wird beobachtet, gefragt, zugehört und unter Umständen sogar eine Wissenskartografie erstellt. Es ist allerdings nicht nur vorteilhaft, wenn das Begehen europäischer Städte strikt anders definiert wird als derselbe Akt in Städten auf dem afrikanischen Kontinent. Lässt sich durch jene Städte nicht auch schlendern und flanieren?

An einem Wochenendtag bewegten wir uns durch die architektonisch kolonial geprägte Innenstadt von Durban, einer südafrikanischen Stadt am Ozean. Dieser Gang war eine Freude, kein lauter Protest, mit der wir als Gruppe durch die Stadt gingen, kein toyitoyi, jener Tanz auf den Straßen, der andere einschüchterte. Für einen Nachmittag wollten wir Präsenz markieren, wo man sich sonst kaum allein, ohne Auto oder mit offen getragenem Mobiltelefon bewegen mochte. Wir wollten Straßen und Plätze wieder zu einem auch von uns begehbaren öffentlichen Raum machen, für ein paar Stunden nur, wollten sehen und uns vergewissern, was die Stadt architektonisch zu bieten hatte für alle, die dort lebten, arbeiteten, zu Besuch waren oder sich zu anderen Zwecken dort aufhielten. Endlich wieder nahmen wir die alten Häuserfassaden zur Kenntnis, die natürlich durch Reklameschilder überdeckt waren und denen hier und da eine Renovierung nicht geschadet hätte. Wir wollten wissen, wo das Kino war, wo der Markt, wo man auf öffentlichen Plätzen grillen konnte. Tatsächlich trafen wir eine Gruppe von Menschen, Familien, Verliebten und eine Truppe von Burschen, die das taten. Unser Weg führte uns auch nach Little Cato Manor, wo das Wohnen sehr beschwerlich ist. Hierhin geht es sich besser mit Leuten, die dort bekannt sind. Bei Unbekannten lässt sich sonst nicht einschätzen, ob sie nicht doch Spitzel sind, die später der Polizei berichten und dann die Häuser niederreißen lassen. Bei Unbekannten lässt sich auch nicht sagen, ob sie nicht an der nächsten Straßenecke bewaffnet auf einen lauern (wobei wahrscheinlich mehr „Bekannte" als „Unbekannte" überfallen werden). In Little Cato Manor musste erst einmal Vertrauen hergestellt werden.

Gehen lässt sich auch durch die Geschichte einer Stadt. Die Architekten und Stadtplaner Sofie Boonen und Johan Lagae führen das am Beispiel von Lubumbashi exemplarisch vor, indem sie aus dem visuellen Archiv der Stadt fotografisch in Standbildern festgehaltene „Szenen" und deren Originalbildunterschriften auswählen und durch ihre Erläuterungen wieder in Bewegung setzen. Bei der Betrachtung des Bahnhofs lässt sich so daran erinnern, dass Lubumbashi über die Eisenbahn stärker an Städte und Küsten in Simbabwe, Mosambik und Südafrika angebunden war als an Kinshasa, die Hauptstadt Kongos. Arbeitsmigranten in den Minen waren, abhängig vom Rang ihrer Tätigkeit, in Behausungen untergebracht, die sie nach Vertragsende wieder verlassen mussten. Ein Foto von Arbeitern vor ihrer temporären Bleibe regt an, den Weg mitzudenken, den diese Männer zurücklegten. Mancher Blick über die Stadt und in die Straßen hat Fotografen ermuntert, menschliche Tätigkeiten und weite Landschaft festzuhalten, in der ideal durch koloniale Ideologien vorgegebene Ordnung in der Realität vor Ort durchbrochen wird. Die Landschaft liegt da, doch um sie zu begreifen, muss der Blick mobil werden, muss schweifen. Gänge durch die Stadt unternehmen auch Autoren in einem Sammelband, den Edgar Pieterse und AbdouMaliq Simone herausgegeben haben. In einer Zusammenstellung aus akademischen und künstlerischen, erzählend und visuell repräsentierenden Narrativen, die durch Räume leiten, in denen Menschen sich einrichten, stranden oder über ihren Aufbruch nachsinnen, werden auch hier Szenarien vorgestellt und analysiert, die mit Etiketten wie „Slum", „Informalität" oder „Unordnung" nicht begreifbar zu machen sind.

Johannesburg im Februar 2015: Schlendern ist Luxus

Einer meiner jüngsten Gänge durch die Stadt fand in Johannesburg statt, unter anderem durch die Stadtteile Yeoville und Hillbrow, ursprünglich „weiße" Stadtteile, die in den 1980er-Jahren infolge eklatant fehlenden Wohnraums und erster Anzeichen dafür, dass das Apartheid-Regime an Durchsetzungskraft verlor, zu sogenannten „grauen Gebieten" wurden. Phaswane Mpe hat in seinem ersten Roman diesen Ort aus der Sicht eines aus der Provinz

Limpopo zugewanderten Studenten beschrieben, der dort versucht, Ausbildung und ein vorübergehendes Zuhause zu finden. Seit mehreren Jahren sind gerade diese immer schon dynamischen Stadtteile Schauplätze gewaltiger Umbrüche – nicht zuletzt aufgrund der migrantischen Bevölkerung, die sich dort ansiedelt, ihre Geschäfte betreibt und das Gebiet mit Hoffnungen, Träumen und Enttäuschungen belebt.

Wir trafen uns, wieder als Gruppe, ungefähr eine Stunde vor Sonnenuntergang am Ponte-Turm. Dieser ist in der Stadt weithin sichtbar: rund, innen hohl und mit Werbung oberhalb der 54. Etage. Als er 1975 gebaut wurde, war er eine noble Adresse und das höchste Wohngebäude in Afrika. Für einige Jahre leuchtete Coca-Cola-Werbung, dann Vodacom in Grün und Blau, heute in Rot – genau wie damals, als ich den Turm zum ersten Mal sah, nur jetzt für eine Telekommunikationsfirma. In den 1990er-Jahren erwarb das Gebäude ein berüchtigtes Image: Innen türmte sich Müll über mehrere Stockwerke auf. In der Umgebung gaben Banden den Ton an. Es war gefährlich – nun ist es wieder anders.

Als Stadt, in der Wohnraum Mangel darstellt und sich historisch die Mehrheit der Menschen ohnehin kaum eine Anwartschaft auf das Bleiben ausrechnen konnte, ist das Besetzen von Gebäuden kein neues Phänomen. Gebäude und Wohnungen sind zwar marode und mögen ohne Elektrizität und Fenster dastehen. Das heißt aber nicht, dass sich nicht Menschen dort aufhalten können – aus Protest oder reiner Not. Wo ist da manchmal der Unterschied zu benennen? Stadtverwaltungen und Städteplaner zögern in vielen Städten nicht, solche Strukturen abzureißen, um das Stadtbild den Vorstellungen einer geordneten Stadt anzugleichen. Das passiert mit Häusern an den Rändern der Stadt eher als mittendrin. Die *Operation Murambatsvina* in Harare im Jahr 2005 ist diesbezüglich intensiv diskutiert worden, war aber nicht die einzige. In Simbabwe kam hinzu, dass in den betroffenen Stadtgebieten politische Opposition vermutet wurde. Die Regierung hoffte, diese durch den Abriss zu zerstreuen und im wahrsten Sinn des Wortes zu zerschlagen. Yeoville und Hillbrow zählen mittlerweile wahrscheinlich zu den Destinationen, von denen aus Rücküberweisungen an andere Orte erfolgen, um dort Häuser zu bauen, die Zugewanderte und Durchreisende in Johannesburg selbst nicht errichten.

Vom Treffpunkt am Gemeinschaftszentrum *Dlala Nje* ging es los, zunächst auf eine der hoch gelegenen Terrassen der Stadt: Yeoville Ridge. Nickolas

Bauer und sein Geschäftspartner Mike Luptak, unsere hier lebenden Stadt-
führer, erklärten den Blick über Johannesburg, der bei Sonnenuntergang
besonders beeindruckt. So von oben gesehen, stellt sich schon einmal das
Gefühl ein, die Stadt ließe sich mit dem Blick ordnen, kontrollieren oder
gar einnehmen. Bis vor einiger Zeit hätten sie dort Sundowner mit ihren
touristischen Gästen getrunken. Mittlerweile gilt der Ort als *sacred space*,
als Raum des Heiligen. Daher bekamen wir eine Flasche Wasser in die Hand
gedrückt, denn auf dem Plateau wimmelte es vor Leuten, die dort mit ihren
Pastoren oder Propheten beteten, viele in Kirchenkleidung in Weiß oder
Blau. Zionisten, Mitglieder der größten der unabhängigen christlichen Kirchen in Südafrika, in ihrem für sie typischen grünen Gewand, habe ich nicht
gesehen. Das kann wohl auch als Anzeichen dafür gewertet werden, dass auf
der kammartigen Ebene viele Christen beten, die aus anderen Ländern zuge-
wandert sind und ihre eigenen Träume, Nöte und religiösen Formen mitgebracht haben. Viele der herumliegenden Scherben stammten von Flaschen,
in die Träume, auf Papier geschrieben, eingeschlossen waren. Die Propheten
zerschlagen diese Gefäße an der höchsten Stelle der Stadt, damit die Träume
und Wünsche aus der Flasche entweichen und sich optimal entfalten können.
Das ist alles andere als romantisch-verklärte Religions-Esoterik. Hier geht
es ganz konkret um Not und Macht, um Angst und Verbrechen – Alltagsbewältigung. Von den Gebeten auf Yeoville Ridge profitieren im besten Fall
diejenigen, die geträumt haben und dort beten – ebenso wie die Pastoren
und Propheten, die für ihre Dienste entlohnt werden.

Der Sozialwissenschaftler Obvious Katsaura bezeichnet Johannesburg
phänomenologisch als *„iniquitous city"*, als Stadt, in der Menschen inmitten unsäglicher Konzentration von Wohlstand, menschlichem und sozialem
Leid täglich mit Bösartigkeit, Ungeheuerlichkeiten und Unwägbarkeiten
aller Art umgehen müssen, oft fern des eigenen Herkunftsortes, vielleicht
sogar heimatlos gemacht im Rahmen der *Operation Murambatsvina*. Geister und religiöse Akteure versprechen, diesbezüglich einen Dienst zu leisten.

Dann schlenderten wir an den Westminster Mansions vorbei, einem – wie
häufig in diesen Stadtteilen – sehenswerten Architekturbeispiel, unmittelbar
neben einer Beton-Ruine in der Nähe des Wasserturmes. Diese soll sich dort
schon in den 1970er-Jahren befunden haben. Eine der Besucherinnen aus
unserer Gruppe, Stella, hatte als junge Architektin einmal eine Bar und eine
Disko daraus gemacht. Heute werden diese Beton-Strukturen von den neu

in der Stadt Angekommenen als Unterschlupf genutzt. Ihre Habseligkeiten, meist nicht mehr als ihre Klamotten und vielleicht einige Decken zum Unterlegen, werden regelmäßig von der Polizei verbrannt und die Leute woanders hingebracht. Das Ergebnis ist, dass in der Nacht darauf neue Durchreisende dort ihr Lager aufschlagen.

Solche Ausführungen ließen Erinnerungen emporkommen. Die meisten in unserer Gruppe aus Flaneuren, Schlenderern und ganz besonderen Transect Walkers waren hier vor 40 Jahren jung gewesen, irgendwann aber weggezogen. Nur manche waren bis zum Schluss geblieben, weil hier ihr Zuhause war und sich ihre Häuser ohnehin nicht mehr verkaufen ließen, nachdem vielerorts keine Miete mehr gezahlt wurde und ein gewisser Verfall an den Gebäuden einsetzte. In dieser Gruppe betrachteten wir nicht nur ein Stadtbild, das heute infolge städtischer Erneuerung wieder aufgewertet wird, sondern reisten in die Räume erinnerter Erlebnisse. Die neuen Anwohner, die uns herumführten, hatten sich vor Kurzem ganz bewusst entschieden, hier und nicht an einem Ort wie dem viel hipperen Maboneng zu leben. Sie glaubten daran, dass auch hier wieder eine lebens- und bewohnenswerte Umwelt entstehen könnte, auch wenn es aufwendig und anstrengend wäre, einen Stadtteil wieder in Schuss zu setzen und dessen Infrastruktur wiederherzustellen. Da störte es auch nur wenig, dass die historischen Abläufe, die uns die Tourguides erzählten, manchmal neu erfunden oder einfach falsch waren. Die Gruppe der hier einst jung Gewesenen hatte ihre eigenen Abläufe ohnehin im Kopf. Manche hatten sogar Filme gemacht oder Serien für das Fernsehen der Post-Apartheid-Jahre produziert. Die Verbindung zu dem Ort war da, um Jahreszahlen streitet man da nicht.

Auf dem weiteren Weg und nach dem Überqueren einer entsetzlich breiten Straße kamen wir zu einem Swimmingpool. Wie wir erfuhren, wird er heute in der Hauptsache von Kirchen genutzt, deren Kongregationsmitglieder, um getauft zu werden, ins Wasser getaucht werden.

Die Flanierenden dieses Spätnachmittags konnten sich erinnern: Hier fand die Entrassifizierung des Schwimmbades statt. Unter Anführung eines Gewerkschaftsmitglieds war eine Gruppe von Menschen zum Pool gegangen, in dem nur Weiße rechtmäßig schwimmen durften (und für Nicht-Weiße ganz kurze Benutzungszeiten festgelegt waren). Nun sprangen alle gemeinsam in den Pool. Der Demonstrationsanführer konnte allerdings nicht schwimmen – sich nicht einmal über Wasser halten. Fast wäre er heroisch ertrunken, wenn ihn nicht die Mitdemonstrierenden herausgefischt hätten. Was für eine Geschichte!

Die Straßen sind voll von Geschichten und Erinnerungen, der Pool auch. Sie sind allerdings weder die Geschichten noch die Erinnerungen aller. Einige aus der Gruppe konnten sich an die Begebenheit im Schwimmbad nicht mehr erinnern (oder hatten nie davon gewusst), und die Menschen, die heute in der Gegend leben, sind ohnedies mit eigenen Geschichten gekommen und erzählen ihre eigenen Eindrücke über Straßen, Pool und Häuser. Wer sich selbst einen Eindruck davon machen will, wie Johannesburg aus der Warte derjenigen erzählbar ist, die irgendwann einmal in die Stadt hinzugekommen sind, dem sei der Dokumentarfilm *Conversations on a Sunday Afternoon* von Khalo Matabane empfohlen, dessen Ausgangspunkt in einem Park in Abel Road in Hillbrow liegt.

▪ *Zu Beginn des Films liest Keniloe den Roman* Links *von Nuruddin Farah. Darin wird der Krieg in Somalia thematisiert. Weder Mensch noch Stadt gehen unbehelligt aus der Gewalt und dem Verlust von Vertrauen sowie von Hab und Gut hervor. In der beschriebenen Stadt Mogadishu können sich die Menschen nicht frei und ohne Angst bewegen. Die Hauptfigur, Jeebleh, ist aus den USA angereist. Ihm ist der Ort, an dem seine Mutter begraben ist, nicht bekannt, er muss ihn erst finden. In unregelmäßigen Abständen drangen in die Behaglichkeit seiner Wohnung verstörende Nachrichten – medial vermittelt – aus dem Land seiner Herkunft. Der romanlesende Keniloe ist tief erschüttert von der Gewalttätigkeit der meist jugendlichen Milizionäre, die der Roman minutiös seziert.*

Während seiner sonntäglichen Lektüre im Park trifft Keniloe auf Fatima, eine in leuchtendes Blau gekleidete Frau aus Somalia. Sie erzählt ihm, dass sie 1993 geflohen ist, nachdem ihr Vater und ihr Bruder in Mogadishu umgebracht wurden und auch sie nur überlebte, weil sie für tot gehalten wurde. Ihre Mutter, nach deren Verbleib sie brieflich von Johannesburg aus forscht, hat sie seit ihrer Verbringung ins Krankenhaus nach Nairobi und ihrer anschließenden Flucht nach Südafrika nie wieder gesehen. Als Fatima nach drei Sonntagen nicht mehr im Park erscheint, macht sich Keniloe auf die Suche nach ihr. Er möchte Fatimas Geschichte aufschreiben, findet aber nicht die richtigen Worte. Auf seiner Suche trifft er zahlreiche Menschen, die als Migranten, Zugewanderte und Geflohene – aus Ländern wie Burundi, Kongo, Kenia, Äthiopien

und Uganda oder auch aus dem heutigen Serbien oder Hongkong – in Süd-
afrika leben. Sie alle tragen ihre eigenen Geschichten über Gewalt, Diskrimi-
nierung, Krieg und verhinderte Partizipation an der Gesellschaft in sich und
sind dennoch entschlossen, zu überleben. Ihre Geschichten sind ein Teil von
Johannesburg, man muss sich nur aufmachen, dieses Johannesburg sehen und
mehr als die bereits bekannten Stimmen hören zu wollen.

Johannesburg war stets ein Tiegel, in den Arbeiter, politisch Verfolgte,
Ganoven, Missionare und Fliehende von weither kamen, mit und ohne den
Wunsch, zu bleiben, mit und ohne die Möglichkeit des sozialen Aufstiegs.
Dieser Tiegel war nie ein Schmelztiegel. Die Menschen und ihre Familien,
die dort gelebt hatten und mit denen ich durch die Straßen spazierte, waren
ohne Groll, etwas verloren zu haben. Sie waren weitergezogen. Einige hatten ihre Wohnungen verkaufen können, andere hatten sie verloren, weil
irgendwann der Verkauf extrem schwierig wurde. Ab dann galt das Bleiben
als widerständig. Die meisten hatten Karriere gemacht. Der Weg durch Hillbrow und Yeoville war übrigens trotz all dieser Zeitsprünge nicht schwer,
denn die Straßennamen wurden nie verändert.

Einkehren (bei Nacht)

Jede Bewegung durch die Stadt braucht Zwischenstopps, daher kehrte
unsere Gruppe zweimal ein. Den ersten Halt machten wir in einem kongole-
sischen Restaurant, wo gewissermaßen als Vorspeise unseres späteren Menüs
Hühnchenleber mit Zwiebeln serviert wurde. Im zweiten Restaurant gab es
den Hauptgang: Fisch, wie er in Kamerun gegessen wird. Quer zu unserer
Tafel, nahe am Eingang, befand sich ein Tisch, an dem die wirklich wichtigen
Leute saßen: Männer mit Sonnenbrillen, der wichtigste in der Mitte, jüngere
um ihn herum, die wiederum schöne Frauen an ihrer Seite hatten, um ihre
Männlichkeit zu zieren. Auf dem Tisch standen weder Wasser noch Fisch,
sondern Champagner, Whisky und andere hochkarätige Getränke. Hillbrow und Yeoville hatten in ihrer langen Geschichte immer auch ein sich
wandelndes, sehr reges Nachtleben, aus dem heraus die Geschichten von
Musik, Tanz und Alkohol oder Sex und Kriminalität jenseits der einschlägigen Archive rekonstruiert werden können. Das hier war eine Szene, die gut
in ein entsprechendes Buch gepasst hätte.

Weiter die Straße hinab ging es am Kino vorbei und über den Markt, der früher keiner war. An einer Außenwand hingen Unmengen von Zetteln: Mietgesuche für ein Bett, Angebote, ein halbes Bett zu vermieten, wenn ein einzelnes für manche Geldbörsen unerschwinglich ist. Diese Praxis kennen wir ja auch aus der Geschichte unserer eigenen Minenstädte, sei es im Ruhrgebiet, in Wales, in Cornwall oder anderswo.

Den Blick von oben schweifen lassen

Nachdem wir mit dem Taxi zum Ausgangspunkt zurückgefahren waren, konnten wir den Ponte-Tower noch einmal genauer betrachten: In fast 500 Wohnungen leben dort ungefähr 3.000 Menschen. Der Zugang ist nur über strikte Sicherheitsregeln möglich, und das über 24 Stunden. Ähnliches gilt auch für die Autos auf den – zugegeben: etwas streng riechenden – Parkdecks, die ebenfalls unter Aufsicht eines Sicherheitsdienstes stehen. Und die Regeln gelten für Besucher, die nur mit dem Daumenabdruck des Gastgebers durch ein Drehkreuz in das Gebäude gelangen, nachdem sie namentlich in ein Buch eingetragen wurden. Die Prozedur des Aufschreibens von Namen, Ausweis-, Laptop- und Kameranummern ist in Südafrika, dem Land mit einst „starkem Staat", ohnehin sehr beliebt. Wie wir hörten, müssen Besucher, die über Nacht bleiben wollen, sogar vorher angemeldet werden. Wer zwischen 10 Uhr abends und 9 Uhr morgens angetroffen wird, ohne registriert zu sein, muss 50 Rand Strafe zahlen. All diese Regeln sollen verhindern, dass aus dem Gebäude wieder ein „Slum" wird. Sie sind auch Ausdruck für eine gewisse Affinität zur Bürokratie, die hier den Menschen Jobs verschafft.

Die Bilder aus dem Apartment im 51. Stock waren atemberaubend. Der Blick ordnet sich neu. Die sonst so unzähmbare Stadt liegt einem bei Nacht in leuchtenden Spuren zu Füßen. Nun, nicht völlig leuchtend, denn in einigen Gebieten war die seit Jahren eingeführte Stromabschaltung deutlich sichtbar, sodass der Blick sich im Dunkel verlor. Ansonsten: hochragende Gebäude, hell erleuchtet, und Straßen in gelb-rotem Licht, mit relativ wenig Verkehr, wie ich fand. Natürlich dringen die Geräusche der Stadt auch nach oben – ganz abgesehen von Liebe, Streit und sogar Schüssen, die manchmal aus Nachbarwohnungen zu hören sind. Trotzdem hat man hier oben das Gefühl von Freiheit, die Strapazen des mit Regeln gespickten Zugangs schon wieder vergessen. Ich machte ein paar Fotos mit dem Handy und schickte sie einer Konferenzgruppe hinterher, mit der ich zwei Tage zuvor in Soweto gewesen war – davon gleich mehr.

Tags darauf erfuhr ich im Gespräch mit einem Freund, dass das Gebäudemanagement versucht hatte, Wohnungen an Studierende der Universität von Johannesburg zu vermieten. Der damals zuständige Rektor für Studierendenangelegenheiten war in Kenntnis der Geschichte des Gebäudes auf den Vorschlag nicht eingegangen. Er blieb skeptisch, ob sich die Zustände wirklich geändert hätten. Mögliche Gefahren und Vertrauen in Gegenwart und zukünftige Entwicklung abzuwägen, bleibt ein Balanceakt.

Entehrte Männlichkeit und die Einrichtung in der Erinnerung

Auch die Tour durch Soweto zwei Tage zuvor war eine organisierte Tour, allerdings mit anderen Teilnehmern und Teilnehmerinnen. Sie fand im Rahmen einer Konferenz statt, die eine Gruppe von Nachwuchswissenschaftlern afrikanischer Universitäten aus Simbabwe, Südafrika, Nigeria, Kenia, dem Tschad, Marokko und Tansania nach Johannesburg gebracht hatte. So bunt durchmischt, hielten wir es durchaus für angemessen, die Männer und Frauen dieser Gruppe als die „Afrikanische Union" zu bezeichnen. Mit dem Bus eines südafrikanischen Tourunternehmers ging es durch Diepkloof, vorbei an gepflegten, teils ohne große Sicherheitsvorkehrungen einsehbaren Häusern. Unmittelbar danach fuhren wir durch andere Straßen, in denen noch die für die Township-Architektur der Apartheid so typischen *matchbox houses* stehen. Kurz darauf sahen wir das riesige Einkaufszentrum, betrieben von Richard Maponya, einem Multimillionär der Stadt, der mittlerweile gefühlt die Hälfte des Townships aufgekauft hat und den Leuten aus Soweto Arbeitsplätze bietet. Im Rahmen der Tour wurde auch über Danny Jordaan erzählt, den Präsidenten des südafrikanischen Fußballverbands, dem gefühlt die zweite Hälfte des Townships zu gehören scheint. Diese extrem Erfolgreichen, ehemals oft Widerstandsaktivisten, haben in Gebieten wie Diepkloof ihre repräsentativen Residenzen, leben dort aber nur tageweise. Sie verfügen über weitere Wohnsitze mit Kino, Schwimmbad und „einfach allem", wie vermutet wird, hinter hohen Mauern in anderen Stadtteilen von Johannesburg. An einem Vormittag in der Mitte der Woche erschien diese während der Apartheid für Millionen Menschen entstandene stadtplanerische Brutalität, in der Menschen auf Abstand gehalten wurden, fast leer. Zum Un-Ort wurde, was sich unseren Blicken bot, durch die breiten, langen Straßen mit Beleuchtungen, die „Apollos" genannt werden und ad hoc Bilder von überdimensional großen Gefangenenlagern durch den Kopf schießen lassen. Die nachts kontrollierenden Lichtkegel dieser „Straßenlaternen" forderten zur Bewegung im Unsichtbaren auf, zur Umgehung der Regeln bei permanent gefürchtetem Auftauchen der Polizei und ihrer Panzergefährte. „Versteck" und „Geheimnis" schienen sich, lauschte man den Ausführungen des Tourguides, im Denken der Leute hier über das Ende der Apartheid weit hinaus gehalten, vielleicht sogar verstärkt zu haben.

In Soweto ist heute eine höchst professionelle Erinnerungslandschaft installiert, die zeigt, wie die Menschen mit Mut, unter großen Opfern und nach langem Leiden die Apartheid überwanden. So findet sich am Walter Sisulu Square zum einen das riesige Soweto-Hotel, zum anderen wird der Freedom Charter gedacht, die dort 1955 angenommen wurde, als es in Kliptown noch keinen architektonisch repräsentativen Platz gab. Ein sichtbar in den Boden eingelassenes Gitterraster erinnert an das unnachgiebige Regime. Darüber zieht sich ein durch rote Ziegelsteine markierter alter Fußweg, auf dem die Menschen gingen und das Regime zu Fall brachten. Das Gebäude in der Mitte des Platzes erinnert zumindest im ersten Moment an die Nachbildung eines Turms von Great Zimbabwe. Das jenseits der Bahnlinie angrenzende *informal settlement* ist über eine Eisenbahnüberführung zu erreichen. 5.000 bis 6.000 Menschen lebten dort seit teilweise drei Generationen, berichtet ein junger Anwohner, aber auch Neulinge aus Somalia und Simbabwe hielten sich derzeit unter ihnen auf. Man lasse sie, solange sie sich an die Regeln hielten. Mittlerweile gibt es für mehrere Familien gemeinsam zu nutzende Chemieklos, die zweimal in der Woche abgeholt werden. Aber die kleinen Kinder fallen hinein, wenn ihnen keiner hilft. Das klingt beinahe metaphorisch, denn wer hier „festsitzt", hat Probleme mit dem Aufstieg. Und dass Familien hier bereits über Generationen leben, stimmt nachdenklich. Auch der Weg für die Kinder in die 15 Minuten entfernte Schule wird als Beschwerlichkeit beschrieben. Hier steckt definitiv etwas fest.

Der Tourguide hatte uns mit einer überaus eindringlich fröhlichen Diktion, unterlegt von einem unglaublichen Maskulinitäts-Narrativ, nach Soweto gebracht. Er schwärmte von der Respektabilität des Ortes, insbesondere von der Vilakazi Street verkörpert, aus der mehrere Nobelpreisträger hervorgegangen sind, darunter der historisch mittlerweile völlig verklärte „Mandela".

Heute befinden sich dort angesagte Restaurants und Verkaufsstände, die dem Image Sowetos förderlich sind und das Geschäft am Wochenende brummen lassen. Ansonsten stand Soweto für Apartheid, und Apartheid wiederum für einen Angriff weniger auf die Menschlichkeit – so hatte es den Anschein – als vielmehr auf die Männlichkeit. Sogar die städtisch geführten Trinkhallen, die *beerhalls,* sollen vergiftetes Bier ausgeschenkt haben, das den Männern in den Minen und in der Stadt die Potenz nehmen sollte. Deshalb, so der Tourguide, brannten die Leute sie auch nieder, die Ruinen waren teilweise immer noch am Straßenrand zu sehen. In den Shebeens, in „illegalen Kneipen" der Townships, verhielt sich das grundsätzlich anders. Dabei gibt es dort auch heute noch ziemlich toxische Mixturen, die den Männern ganz sicher Potenz und Augenlicht nehmen können. Es stellte sich der Eindruck ein, als stecke das Land fest in dieser Phase der Apartheid, die alles erklären soll, als lasse es sich nicht darüber hinaus bewegen. Ein ausgeprägter, an diesem Mittwoch jedoch wie sedimentiert wirkender Erinnerungsprofessionalismus, zotige Männersprüche und etliche Hinweise auf in Lebensmitteln enthaltene und an Straßen erwerbbare potenzsteigernde Mittel waren Strategien, diesen Teil der Geschichte zu bannen – ganz anders als auf der Tour durch Yeoville und Hillbrow, wo die historischen und gegenwartsbezogenen Bezüge anders waren.

Die Besucher aus der „Afrikanischen Union" waren hörbar aufgebracht. Sie sahen nicht ein, dass so viel Aufhebens um die ärmlichen Behausungen in Soweto gemacht wurde, die es schließlich in jeder afrikanischen Stadt gäbe. Wie könne es angehen, dass darüber hinaus Südafrikaner immer Leistungen vom Staat fordern würden, statt die Dinge selbst in die Hand zu nehmen? Aus anderen Ländern und anderen Geschichtsverläufen kommend, hatten sie eigene Ansichten, mit Herausforderungen strategisch umzugehen. Aus ihren Ländern gingen immerhin viele nach Südafrika, denen ich unter anderem am Tag darauf in Yeoville und Hillbrow begegnete oder die man in den *Conversations* sehen kann, weil dieses Land Hoffnung, Arbeit und einen Ort ohne Krieg verspricht. Die Aufstiegswilligen müssen ziemlich konsterniert sein, wenn ihnen hier Lethargie und äußerste Armut begegnen – ein Widerspruch zu ihren eigenen Ambitionen, eine Realität, aus der sie sich gerade befreien wollen.

Zum Abschluss besuchten wir noch das Hector Pieterson Museum. Das Foto, das zeigt, wie der sterbende Hector, gerade einmal zwölf Jahre alt, von einem Freund getragen wird, als sie und ein ebenfalls junges Mädchen während des Soweto-Aufstandes 1976 schreiend vor den Schüssen der Polizei fliehen, ist um die Welt gegangen. Auch hier dominierte das eigenwillig angelegte Narrativ unseres Tourguides. Hector Pieterson sei tot, sei verschollen, nachdem er das Land verlassen musste. Zurück blieb – zum Glück, wie der Touristenführer bemerkte – eine schwangere Freundin, sodass es heute einen Sohn in Südafrika gäbe. Die Frau auf dem weltberühmten Foto war die Schwester von Hector Pieterson. Ursprünglich war sie bei Führungen am Memorial beteiligt, benötige jetzt aber eine Auszeit, weil alles sie überwältigt und überanstrengt habe. Die Erinnerungen seien hochgekommen. Es ist bezeichnend, was sich sagen lässt und was beschwiegen werden muss. Das politische Ende der Apartheid lässt sich erzählen, ebenso lässt sich eine verloren gegangene Männlichkeit wieder behaupten. Der Umgang mit schmerzhaften Erinnerungen aber ist jenseits der professionellen Installationen oft weit schwieriger.

Stadt als Forschungsfeld

Dass Städte in Afrika ein forschungsfähiges Terrain geworden sind, kommt den Forschenden eigentlich recht nah, die oft selbst aus städtischem Umfeld stammen oder zumindest akademisch dort sozialisiert wurden. Die Lebenswelten und Rhythmen jenseits der Stadt zu imaginieren, sich ihnen anzunähern, muss über viel größere Distanz erfolgen. Gerade wenn man sich alltagsbezogen mit afrikanischen Gesellschaften auseinandersetzen möchte, fällt bei der Betrachtung bäuerlicher Gesellschaften eines häufig auf: Diese standen zwar im Kontext jeweils spezifischer Kolonialismen, doch den Familien war oft wichtiger, die Kinder durchzubringen oder mit den Nachbarn auszukommen und Steuereintreibern aus dem Weg zu gehen, anstatt sich kolonialkritisch so zu äußern, wie uns das verständlich wäre. In der Stadt ist das oft unmittelbarer, daher stellt gerade für die Geschichtsschreibung des Widerstandes oder der Gewerkschaftsaktivitäten die Stadt den primären Ort des Forschens dar.

Dass es für Afrikaner und Afrikanerinnen historisch betrachtet so lang fast unmöglich war, einen rechtlich abgesicherten Status in der Stadt zu erlangen, unterscheidet sie von anderen Weltregionen. Diese Rechtsunsicherheit und vielfache Verhinderungspolitiken waren häufig ein Antriebsmotor, sich weiterzubewegen und neue Räume für eigene Handlungsintentionen zu erschließen oder zumindest den Versuch dazu zu unternehmen. Die Rück-kehr aufs Land blieb häufig eine Option, denn dort befanden sich die Res-sourcen zum Überleben. Deshalb wurden Beziehungen und Netzwerke aufrechterhalten, in die das Land weiterhin eingebunden blieb. Allerdings hat sich gerade Migration, die die Städte betrifft, in den letzten Generatio-nen massiv geändert. Viele heute in der Stadt lebende Menschen sind alles andere als Migranten vom Land. Sie leben dort seit mehreren Generationen oder befinden sich auf der Durchreise zu anderen Orten. Trotzdem bleibt die Absicherung jenseits der Stadt vielerorts eine gängige Strategie. Um bei-spielsweise in einer Stadt wie Dar es Salaam zu überleben, gehörte es zu den Erfolgsstrategien, ein Haus im Zentrum zu haben und gleichzeitig eine Farm in peri-urbaner Zone. Heute ist die Farm zum Zweck der Versorgung weni-ger wichtig. Meist ist es lukrativer, auf solchem Grund und Boden in große Bauten zu investieren oder das Land zu verkaufen – selbst wenn man keine Eigentumsurkunde besitzt.

Dass die Stadt nicht als Ort für Afrikaner und Afrikanerinnen angese-hen wurde, spiegelte sich nicht nur in der Aufteilung von Raum und dessen Funktionen während des Kolonialismus wider, sondern wurde städtepoli-tisch auch nach der Erlangung der Unabhängigkeit beibehalten. Modernisie-rung war das Mantra. Auch die neuen Regierungen blieben den kolonialen Grundsätzen treu, einerseits Arbeiter zu stabilisieren und achtbar zu machen, andererseits Arme und nicht normgerecht Wohnende aus den zugänglichen Gebieten zu verbannen, bis 1970 erste Ernüchterungen der Frustration Raum gaben, dass Städte wohl doch nicht als Zentren von „Entwicklung" in Afrika zu begreifen seien. Damit gingen auch Investitionen in städti-sche Infrastruktur massiv zurück. Noch 1983 musste der Geograf Anthony O'Connor umständlich erklären, warum er überhaupt ein Buch über Städte schreibe – das fiel in die Zeiten der Strukturanpassung und diverser Versu-che, Ländlichkeit und Landwirtschaft weltwirtschaftlich in Wert zu setzen, sich von den Städten abzukehren und zu hoffen, Mobilität zwischen Stadt und Land auf ein Minimum zu reduzieren. Das ist freilich heute anders.

Der Stephansdom in Wien, auch 2015

Wie es der Zufall wollte, bekam ich Ende 2015 und damit einige Monate nach meinen Fußmärschen durch Soweto, Yeoville und Hillbrow Besuch eines Kollegen aus Simbabwe. Er ist Archäologe an einer südafrikanischen Universität, und wir wollten ein Partnerschaftsabkommen zwischen unseren Universitäten vorantreiben. Auch wir gingen zu Fuß. Innocent gefiel die monumentale Architektur, vor allem an der Ringstraße, wo die Universität so wunderbar eingepasst sei. Als Absolvent einer guten katholischen Missionsschule in Simbabwe war er in der Geschichte des Habsburger Reiches ohnehin sehr gut beschlagen. Das in Kindheitstagen trocken Erlernte nun „live" zu sehen, rief den Schulstoff von einst wieder wach. Besonders gefielen ihm als Archäologen die ältesten Teile der Hofburg, speziell das Schweizer Tor, und der Stephansdom, in den wir kurz hineinschauten. Anerkennend äußerte er sich darüber, was hier entstanden sei, zu etwa derselben Zeit, als in seiner Heimat Great Zimbabwe gebaut wurde. Ob die Menschen voneinander gewusst haben? Wie ähnlich ihr Wissen gewesen sein musste!

Literaturempfehlungen

Beall, Jo: Invention and Intervention in African Cities. Berlin 2011.

Boonen, Sofie/Lagae, Johan: Scenes from a Changing Colonial "Far West". Picturing the Early Urban Landscape and Colonial Society of Cosmopolitan Lubumbashi, 1910–1931, in: Stichproben. Wiener Zeitschrift für kritische Afrikastudien 28 (2015), S. 11–54.

Farah, Nuruddin: Links. Frankfurt/Main 2005. *(Roman)*

Katsaura, Obvious: Redeeming the Iniquitous City? Religious and Ritualistic Mediation of Violence in Johannesburg (Vortrag auf dem Volkswagen-Workshop "Postdoctoral Fellowships in the Humanities in Sub-Saharan Africa and North Africa", 16. bis 20. Februar 2015, University of the Witwatersrand, Johannesburg)

Matabane, Khalo: Conversations on a Sunday Afternoon. 2005. *(Film/Dokumentation)*

Mpe, Phaswane: Welcome to Our Hillbrow. A Novel of Postapartheid South Africa. Scottsville 2001. *(Roman)*

O'Connor, Anthony: The African City. Melbourne 1983.

Pieterse, Edgar/Simone, AbdouMaliq (Hg.): Rogue Urbanism. Emergent African Cities. Johannesburg 2013.

Potts, Deborah: 'Restoring Order'? Operation Murambatsvina and the Urban Crisis in Zimbabwe, in: Journal of Southern African Studies 32: 2 (2006), S. 273–291.

Simone, AbdouMaliq: People as Infrastructure, in: Nuttall, Sarah/Mbembe, Achille (Hg.): Johannesburg. The Elusive Metropolis. Durham 2008, S. 68–90.

6. Jugend – Kompass und Positionsbestimmung einer Gesellschaft

Jugend „in Anwartschaft"

Ich sehe sie entlang der Straßen: Schulkinder in Uniformen, die Mädchen in weißen Blusen und die Jungen in ebenso weißen Hemden. Die Krägen ihrer Kleidung sind gesteift, die Röcke und Hosen gebügelt, manche blau, manche dunkelrot, oft auch schwarz. Während ich selbst in einem farblich undefinierbaren Mazda 323 sitze, gehen die Kinder zu Fuß in großen Gruppen nach Hause. Auch ich bin aus einem geburtenstarken Jahrgang. Lange Anmeldezeiten für Sportvereine und große Klassenstärken in der Schule waren „normal". Wir waren immer viele, aber nicht so viele wie die Kinder hier. Wahrscheinlich waren auch unsere Schulwege, die damals selbstverständlich zu Fuß zurückgelegt wurden, wesentlich kürzer. Seit Jahren versetzt mich dieses Bild der aus der Schule kommenden Jungen und Mädchen immer wieder in Erstaunen. Die Kinder gehen oft über Stunden auf staubigen Straßen und sehen so ordentlich aus. Und sie winken mir zu. Afrikanische Gesellschaften sind junge Gesellschaften. Hier auf der Straße wird mir klar, dass ich aus einer der vielen alternden Gesellschaften in Europa komme. Wir machen uns anders sichtbar, und unsere Bevölkerungspyramiden sehen völlig anders aus. Zudem ist mir bewusst, dass diese Schulkinder in ihren Schuluniformen für die vielen stehen, die zur Schule gehen, nicht für jene vielen, die – aus welchen Gründen auch immer – aus dem Bildungssystem ausgeschieden sind, obwohl das Recht auf Schule seit 1994 in der südafrikanischen Verfassung verankert ist.

Altersmäßig gilt ein großer Anteil der Weltbevölkerung, insbesondere auf dem afrikanischen Kontinent, als Jugend. Die Hälfte der Weltbevölkerung, ca. 3,3 Milliarden Menschen, ist unter 25 Jahre alt, davon werden 1,5 Milliarden der Altersgruppe zwischen 12 und 24 Jahren zugeordnet. Außergewöhnliche 86 Prozent dieser jungen Bevölkerung leben in Staaten mit niedrigem oder mittlerem Einkommen. In absoluten Zahlen wächst die Gruppe der jungen Menschen in Afrika schneller als in anderen Erdteilen. Von 46 Ländern, in denen mindestens 70 Prozent der Bevölkerung jünger als 30 Jahre sind, liegen nur sieben nicht im subsaharischen Afrika.

Die altersmäßige Kategorisierung heranwachsender Jungen und Mädchen als „Jugend" ist allerdings umstritten. In der sozialwissenschaftlichen Literatur ist daher unter anderem von Alcinda Honwana das Konzept der *waithood* eingeführt worden, was sich als „Anwartschaft" übersetzen lässt. Der Terminus betont jene Phase des Übergangs zwischen Kind-Sein und Erwachsenenalter, die sich durch Anwartschaft auf letzteres inklusive der damit verbundenen Rechte und Pflichten auszeichnet. Jugendliche sind keine Kinder mehr, aber auch keine Erwachsenen. Noch übertragen die derzeitigen Erwachsenen ihnen keine Aufgaben gesellschaftlicher Vollverantwortung oder die ökonomischen Strukturen verhindern, dass sie als vollwertige Mitglieder einer Gesellschaft agieren können. Aufgrund dieses Anwartschaftsstatus sind Jugendliche bei aller Heterogenität als Gruppe zu erkennen. Nicht nur in Afrika wird dieser Vollstatus, der zur Teilhabe an politischen und ökonomischen Entscheidungsprozessen ermächtigt, immer weiter hinausgezögert. Denn erwachsen zu sein, sollte heißen, seinen sozialen und anderen gesellschaftlich definierten Pflichten nachkommen zu können und im Gegenzug dafür Mitwirkungsrechte und Entscheidungskompetenzen in Anspruch nehmen zu dürfen. Dazu müssen Menschen in der Lage sein, Familien aufzubauen, wofür sie wiederum materielle Mittel benötigen. Dazu muss ein Bildungsweg so beendet sein, dass eine Person ökonomisch unabhängig agieren kann. Dazu muss der Weg in anerkannte politische Ämter offen stehen.

Vielfach verhält es sich heute jedoch anders. Obwohl ein 35-Jähriger Kinder haben mag und mit einer Frau lebt, muss er nicht zwangsläufig als erwachsen gelten. Das ist zum Beispiel der Fall, wenn die Brautgabe nicht entrichtet wurde oder – wenn es sich um eine Frau handelt – der Vater der Kinder oder dessen Familie seine Nachkommen nicht zu versorgen bereit ist. Selbst wenn jemand als Kind schon gearbeitet und zum Familieneinkommen beigetragen hat, heißt das nicht automatisch, als „erwachsen" zu gelten. Die Übernahme von Arbeitspflichten gilt als soziale Pflicht, in die Kinder hineinwachsen: Wasser holen, mehr an Haushaltsarbeiten beteiligt werden, Ehe und Mutterschaft. Frühere Generationen haben diesbezüglich durchaus andere Erfahrungen gemacht. Während der Kolonialzeit wurden unter allen Kolonialmächten junge Männer zwangsrekrutiert. Das entfernte sie aus

Jugend in Anwartschaft: Schülerinnen auf dem Weg zur Parade am 48. Nationalen Jugendtag in Limbe, Kamerun
© *Katharina Gartner, 11. 2. 2014*

Schülerinnen mit dem Moto-Taxi auf dem Weg zu „ihrer" Parade. Die Mädchen marschierten als „Bachelorettes" und peppten zu diesem Anlass ihre Schuluniformen, hier aus weißen Blusen, blau karierten Röcken und einer Krawatte bestehend, kreativ auf – zum Beispiel durch Netzstrümpfe. Die gelb-grün-roten Reifen, in den Nationalfarben Kameruns, werden sie bei ihrer Darbietung kunstvoll schwingen. Moto-Taxis sind übrigens in dieser kleinen Stadt das Hauptverkehrsmittel, das von Menschen aller Altersstufen genutzt wird. Die Taxi-Fahrer sind meist männlich, aber nicht zwangsläufig „jung". Nicht alle Schüler gehen also zu Fuß!

der Gemeinschaft und versetzte sie meist in dominant männlich geprägte Umgebungen, wo sie ihr soziales Zusammenleben kreativ und provisorisch organisieren mussten, oft unter Zwang. Im südlichen Afrika konnten und mussten Männer in die Minengebiete am Witwatersrand. Dort wartete harte Arbeit auf sie, sie mussten Geld verdienen und erfuhren Gewalt. All dies versetzte sie perspektivisch aber auch in die Lage, „zu Hause" eine Familie gründen, zum Einkommen und zu den Landbearbeitungsmöglichkeiten der Familie beitragen zu können. Bei aller Unfreiwilligkeit der Migrationserfahrung eröffnete die Abwesenheit ihnen daher Verhandlungsspielräume. Aus Jungen und Heranwachsenden wurden in ihren Familien und eventuell im Dorf voll partizipationsfähige Männer. Am Staat durften sie, obwohl sie im Krieg für die Kolonialmacht kämpfen mussten, allerdings nicht als vollwertige „Bürger" partizipieren.

Tatsächlich bot der Aufenthalt in der Ferne Möglichkeiten, sich der unmittelbaren Kontrolle der „zu Hause" lebenden Männer vorübergehend zu entziehen. Viele lokale Oberhäupter und Dorfälteste stellten deshalb sicher, dass das in den Minen verdiente Geld auch aufs Land zurückfloss. Der Historiker William Beinart berichtet, dass sich in den 1920er-Jahren in der Transkei junge Männer in Gruppen organisierten, wie zum Beispiel den *indlavini*, einer Weiterentwicklung der älteren Organisationsform der *amabhungu*. In diesen Vereinigungen bündelten Männer im wahrsten Wortsinn ihre Kräfte. In Stockkämpfen brachten sie ihre Männlichkeit, Kultur und Kreativität zum Ausdruck. Sie stellten über das Zugehörigkeitsideal auch Hierarchien her, denn die Söhne traditioneller Autoritäten und Dorfoberer waren die Anführer oder Ersten in diesen Gruppen. Gewerkschaftliche Tendenzen waren bei den *indlavini* nicht zu beobachten. Auch die Kontrolle über ihre Löhne konnten sich die ländlichen Haushalte weiter sichern. Damals schrieben, individuell motiviert, viele Wanderarbeiter Briefe an die Daheimgebliebenen. Als Mittel, den Ressourcenfluss zu kontrollieren und sich mit Informationen auf dem Laufenden zu halten, wie die Afrikahistorikerin Gesine Krüger eindrücklich nachweist. Auch das war eine Art, „erwachsen" zu werden, die angesichts der Entscheidung vieler Menschen heute, aus verschiedenen Gründen nicht mehr in die Herkunftsdörfer zurückzukehren, in grundsätzlich anderen Bahnen läuft.

Die verlängerte Phase der Anwartschaft erfordert heute hingegen meist Kreativität und Erfindungsreichtum seitens der „Jugend", die insbesondere

am Rand der formalen Systeme von Ökonomie und Staat ihre Handlungs-
räume findet. Jugendliche „in Anwartschaft" wissen, dass ihre Chancen
nicht aus dem Staatssystem heraus erwachsen, sondern sich nur dann ergeben, wenn sie selbst aktiv werden. Wer also nicht, wie in Europa häufig
beobachtet, ohne eigene Wohnung immerhin noch ins „Hotel Mama" oder
in das ehemalige Kinderzimmer zurückgehen kann, wird Straßenverkäufer
oder fährt in Dar es Salaam, Tanga, Nairobi oder Mombasa ein von lauter
Musik beschalltes *matatu*, einen jener in Ostafrika so beliebten Minibusse.
Das ist nicht per se schlecht, doch die zentrale Frage ist, ob man von dort
gesellschaftlich aufsteigen kann und wie lang das dauert.

Das Spannungsfeld zwischen Konflikt und der Kreativität des Überlebens

Wenden wir uns nun von diesem spezifisch ausgewählten und hier nur
skizzenhaft dargestellten historischen Wandlungsszenario zu sogenannten
scammers. Diese Trickbetrüger sind in manchen kamerunischen Internet-
cafés zu treffen, aber auch anderswo. Wie von Bettina Frei dargelegt, sind
sie darauf erpicht, schnelles Geld zu machen. Dafür wollen sie für sich vom
Reichtum anderer kleine Scheibchen abzweigen. Für Kamerun ist es seit den
1980er-Jahren problematisch, Jugend gesellschaftlich zu integrieren. Damals
beschnitten strukturelle Anpassungsprogramme die Höhe der Staats-
ausgaben, was den Rückgang von Jobmöglichkeiten zur Folge hatte. Die
betrügerisch agierenden *scammers* überschreiten konventionell anerkannte
gesellschaftliche Normen, denn sie kommen schnell zu Geld, auf meist ille-
galem Weg und unter Umgehung etablierter Netzwerke der Macht und des
Handels. Dabei hilft ihnen das Internet mit seinen vielfältigen kommunikativen Ressourcen und den Informationen, die es bereitstellt.

Nachdem es für junge Männer in ihrer unmittelbaren Umgebung nur
wenige Möglichkeiten des respektablen Broterwerbs und des sozialen Aufstiegs gibt, bieten sie zum Beispiel im Internet angeblich verwaiste Hunde-
welpen zum Verkauf an. Auf diese Weise Käufer in europäischen Ländern zu
locken, soll eine gute Masche sein. Lassen sich potenzielle Kunden auf den
Handel ein, werden während des Verkaufsprozesses Geldsummen fällig. Das
Ganze heißt im Englischen *to chop money*, was sich als Geldabspalten von
einem größeren Betrag übersetzen ließe. Bei diesem „Geldabspalten" han-

delt es sich um ein von jugendlichen Akteuren favorisiertes Äquivalent zum „Geldessen", mit dem sich Funktionäre, Polizei und Militär zum Beispiel bei Straßenkontrollen Geld verschaffen. „To chop money" bedeutet in der Regel aber auch, das Geld schnell wieder auszugeben. Das meiste wird unmittelbar zum eigenen Überleben und zur Befriedigung der Bedürfnisse von Familie, Verwandtschaft und anderen Netzwerken gebraucht. Hingegen bildet es keine Basis für einen planbaren, gar aufbauenden Wohlstand, fast nie befördert es die soziale Mobilität der jungen Menschen und sie verschaffen sich mit dieser Art des Gelderwerbs auch keine Anerkennung. *Scamming* gehört deshalb zu den vielen Arten, schlechtes oder „schmutziges" Geld zu machen, das häufig nicht einmal in sozialen oder ökonomischen Transaktionen eingesetzt werden darf, weil es Unglück bringt oder weil diejenigen, die wissen, woher das Geld stammt, die Annahme strikt verweigern. Der Traum, mit dem schnell gemachten Geld ins Ausland zu gehen, um dort eine respektable Arbeit anzunehmen oder zu studieren, zerplatzt meist ganz schnell.

Ein anderes Beispiel: Junge Frauen kaufen Schönheitsprodukte in Südafrika, um sie in Mosambik zu verkaufen. Um Steuern zu umgehen, müssen sie den Grenzbeamten sexuelle Dienste anbieten, danach können sie die Produkte verkaufen und – wenn die Strategie aufgeht – irgendwann einmal profitreicher verkaufen in anderen, unter Umständen mehr abgesicherten Branchen. Zahlreiche dieser Behelfs- und Überlebensökonomien, mit denen sich junge Menschen durchschlagen, sind an die Städte gekoppelt, in die sie verstärkt wandern.

Hinzu kommt heute, dass Jugend von politischen Entscheidungsprozessen ausgeschlossen bleibt – und dies in einer Zeit, in der den jungen Menschen aufgrund auch ihnen zur Verfügung stehender globaler Kommunikationstechniken und Informationsflüsse die Zusammenhänge ihrer lokalen Situation mit weltweiten Entwicklungen deutlich bewusst ist. In den 1960er-Jahren brachten junge Politiker koloniale Regime zu Fall, um anschließend die Macht zu übernehmen. In einem Überblicksartikel fasst die Afrikawissenschaftlerin Birgit Englert Literatur zusammen, die darlegt, dass bereits in der ersten Dekade nach der Unabhängigkeit Politiker, die die junge Generation repräsentierten, als gefährlich für die Herrschenden wahrgenommen wurden. Die ersten Präsidenten unabhängiger afrikanischer Staaten waren allesamt sehr jung, machthungrig manche, auf Ausgleich bedacht andere. Sie sind heute vielerorts ein Beispiel dafür geworden, wie ehemals jugendliche Aufsteiger – man denke an einen Robert Mugabe in Simbabwe – nachfolgende Generationen in eine Jugend in Wartestellung verwandelt haben. In Bezug auf Südafrika spricht man von den *young lions,* den jungen Löwen – sie brachten die Apartheid zu Fall. Diese Jugend stellt eine positiv konnotierte, kämpferische Jugend dar, in deren Tradition sich heute, im Jahr 2016, eine Generation von Jugendlichen stellt, die jüngst auf dem Campus demonstrierte. Zunächst ging es darum, mit der Forderung „fees must fall" ein gerechteres Bildungssystem zu bewirken, danach mit der Ausweitung des Slogans auf „Rhodes must fall" darum, koloniale und fremdherrschaftliche Elemente aus ihrem Gesichtsfeld zu entfernen. Auch sie können dem Dilemma nicht entrinnen, dass sich auch hier, mehr als 25 Jahre nach dem Ende der Apartheid, erst wird zeigen müssen, ob jugendlicher politischer Aktivismus Ausbildungsmöglichkeiten tatsächlich verändern kann.

In politischen Kontexten öffnen die Alten oft keine Aufstiegsperspektiven für die Jungen. In den nordafrikanischen Revolutionen des Arabischen Frühlings wurden insbesondere junge Menschen auf den Straßen und Plätzen aktiv, die jedoch nicht in die politisch konsolidierten Systeme aufgenommen wurden. Hier wurde der Jugend gar nicht erst die Möglichkeit des gesellschaftlich anerkannten Vollstatus als Mitbestimmende zuerkannt. Das verhielt sich historisch anders als beispielsweise bei den Generationen, die als junge Menschen im Befreiungskrieg in Simbabwe sozialisiert worden waren. Dort machten in den Jahren 1967 bis 1980 junge Kombattanten die Erfahrung, die Zukunft des Landes dirigieren zu können. Nach der staatlichen Unabhängigkeit stellte sich erst allmählich die Erkenntnis ein, dass speziell Frauen nichts gewonnen hatten. Oral History-Projekte wie das von Irene Staunton und – zehn Jahre später – von den im Kollektiv der Zimbabwe Women Writers aktiven Frauen zeichneten Erfahrungen auf, anhand derer sich nachvollziehen lässt, wie Frauen, nachdem sie für die Freiheit ihres Landes gekämpft hatten, sukzessiv ernüchtert wurden. Sowohl im Staat wie in der Gesellschaft (Familie) wurden sie in konventionelle Rollen zurückgedrängt, allerdings als Erwachsene, nicht als „Wartende". Ihr heutiger Ausdruck liegt im literarischen Schreiben, immerhin wurde nach dem Ende des Befreiungskrieges in Schulbildung und eine Verlagslandschaft investiert. Heute beschränken sie sich weniger darauf, Lebenserfahrungen und Daten anderer Frauen zu erheben. Statt Zeugnis abzulegen, bearbeiten sie Probleme und Erfahrungen in literarischer Form.

Besonders konfliktreich verhält sich das Spannungsgefüge zwischen Kind-Sein und Erwachsenenstatus bei ehemaligen Kindersoldaten, nachdem „Kind-Sein" und die Funktion des Kombattanten von den sozialen Rollen her völlig auseinandergefallen sind. Ehemalige Kindersoldaten sind häufig nur äußerst schwierig zu integrieren. In dem von Alcinda Honwana und Filip de Boeck herausgegebenen Band über Lebenswelten von Jugendlichen betonen mehrere Fallstudien, dass sie zwar Neues herstellen, doch sowohl das Alte wie das Neue auch wieder zerstören. Gleichzeitig gibt es eine generelle Furcht vor der Jugend, die zum Aufbegehren neigt. Dabei ist eine solche kausale Verknüpfung zahlenmäßig nicht unmittelbar herzuleiten. Dies mag ein Beispiel verdeutlichen, das Anne Menzel näher untersucht hat und das uns nach Bo-Town in Sierra Leone führt. Der Bürgerkrieg ist hier zwar seit 2002 beendet, doch die Erfahrung, dass Kinder als Soldaten zu Tätern wurden, lässt sich damit nicht ausradieren. In Bo-Town betätigen sich seit dem Ende des Krieges zahlreiche Ex-Kombattanten als Motorradfahrer, die mit dem Transport von Personen ihren Lebensunterhalt bestreiten. Die jungen Männer mieten ein Gefährt von einem Händler, manchmal zu guten, oft auch zu weniger guten Konditionen. Diese Händler agieren als Patrone, die den jungen Männern einen Start ins Erwerbsleben ermöglichen. Von dem in den seltensten Fällen als exorbitant zu bezeichnenden Gewinn, der oft nicht einmal die Tagesmiete deckt, versuchen die jungen Männer, die sonst nicht an Ressourcen kommen, zu leben. Bei schlechten Verträgen sind Versicherungen durch den Fahrzeughalter nicht bezahlt oder Sicherheitsvorkehrungen am Motorrad nicht in Ordnung. Werden Fahrer in einer Kontrolle von der Polizei aufgegriffen, landen sie häufig im Gefängnis und der Patron muss sie auslösen. Tut er das nicht, springt die nach Kriegsende gegründete Bike Riders Development Association ein, eine Art Gewerkschaft. Sie hat eigene Patrone, setzt sich für Motorradfahrer ein und subsumiert deren Start ins Erwerbsleben bezeichnenderweise unter dem Begriff „Entwicklung". Die Betätigung als Motorradfahrer wird in der Forschung durchaus als kreativ eingeschätzt, weil hier junge Männer ihr Schicksal in die Hand nehmen und nicht auf Wohlfahrts- und Wiedereingliederungsprogramme des Staates warten.

Solchen Programmen begegnen Männer sogar häufig mit Skepsis, in der Meinung, dass Frauen bevorzugt werden, während Motorradfahrer von solchen Ressourcen ausgeschlossen bleiben. Also brauchen sie Patrone.

Allerdings haben die Motorradfahrer keinen besonders guten Ruf. In der Bevölkerung heißt es, sie seien rücksichtslos, gewaltbereit und brutal. Diese Charakterisierung hängt damit zusammen, dass sie mit dem Image der Ex-Kombattanten in Verbindung gebracht werden. Zwar gehen die Motorradfahrer einer gewerblichen Tätigkeit nach, können aber das Image des jugendlichen Soldaten, der seine Grenzen völlig überschritten hat, nicht abschütteln. Dieses ohnehin schon problematische Image verschärft sich aufgrund der Prekarität ihrer Jobs und der ihnen nachgesagten Fahrtechnik sogar noch (obwohl nicht nachgewiesen werden kann, dass Motorradfahrer häufiger Unfälle verursachen als andere, und obwohl kein Motorradfahrer aus dem Umfeld der Forscherin tatsächlich in eine Vergewaltigungsklage involviert war). Einigen scheint der Aufstieg zu gelingen, indem sie zum Beispiel selbst Patron werden. Ob anderen der Aufstieg und damit der Eintritt in den anerkannten Erwachsenenstatus gelingen wird, muss sich noch zeigen. Deutlich zu Tage tritt aber der Unterschied zu den Matatu-Fahrern in Ostafrika, deren Image nicht durch Krieg und Gewalt belastet ist.

An einem Dienstag

Dass sich der Übergang vom Kind-Sein zum Erwachsenen nicht allein in Aspekten von Ökonomie, Kreativität und Erfindungsreichtum oder politischer Ermächtigung erschöpfend begreifen lässt, macht der nigerianische Schriftsteller Elnathan John in seinem 2015 erschienenen Erstlingsroman *Born on a Tuesday* klar. Vom Kind zum Jugendlichen und Erwachsenen zu werden, hat immer auch und für viele vorrangig ein komplexes individuelles Gepräge, zumal in Gesellschaften, in denen Menschen weder materiell noch sozial besonders abgesichert sind. Der Protagonist des Romans ist ein Junge, der sein Alter nicht in Jahren benennen kann, sich aber erinnert, zu Beginn der Handlung, die auf das Jahr 2003 datiert wird, ungefähr zehn Mal gefastet zu haben. Als Endpunkt wird das Jahr 2010 gesetzt. Aus der Perspektive von Dantala („an einem Dienstag geboren"), dem seine Eltern den Namen Ahmad gaben, wird eine Orientierungsreise durch politisch, biografisch und ideologisch schwieriges Gelände erzählt. Er muss in einem Kontext struktureller, physischer und politischer Gewalt aus einer Fülle gesellschaftlich angebotener, in ihrem Kern aber nicht unmittelbar erfassbarer Deutungsangebote wählen.

■ *Dantala, der für manche seiner Freunde ohne Richtung erzählt, so wie der Harmattan wehe und den Staub hin- und her verteile, gehört zunächst einer Gruppe von Jungen in Nordnigeria an, die sich in Bayan Layi für den Wahlkampf der „Kleinen Partei" rekrutieren lassen. Sie leben unter einem seine Äste schützend ausbreitenden* kuka tree, *einem Affenbrotbaum, und schlafen auf Kartons. Nur wenn es regnet, ziehen sie unter das hervorstehende Zinkdach eines Ladengeschäftes, in dem Reis verkauft wird. Die „Kleine Partei" gibt ihnen Geld, damit sie die Plakate der „Großen Partei" abreißen oder ab und zu ein Auto demolieren. Verantwortlich für die Aktionen der Jungen ist jenseits der sie anstiftenden „Kleinen Partei" der beste Freund des Protagonisten, Banda. Die Jungen verfolgen auch Diebe, denen sie zum Beispiel Nägel ins Fleisch bohren. Gleich zu Beginn des ersten Kapitels stirbt der erwischte Dieb noch am selben Tag, nachdem er seinen Peinigern entflohen ist. Er nannte sich Idowu, doch diesen Namen nahmen ihm seine Verfolger nicht ab. Die Frage, wer für seinen Tod verantwortlich ist, stellt sich dem zu diesem Zeitpunkt im Text noch namenlosen Protagonisten und Erzähler nicht – er lebt in einer Welt, in der die meisten Dinge durch Gott oder Allah vorherbestimmt sind. Nur eines ist ihm bis dahin bereits klar: dass im Gegensatz zu dem, was er als* almajiri *in der Koranausbildung und bei der Bearbeitung der Felder des Malam Junaidu lernte, nicht alle Jungen, die keine solche Ausbildung haben, schlecht sind, nur weil sie Hasch rauchend unter einem Baum leben. Immerhin haben sie ihn vor ungefähr zwei Jahren bei sich aufgenommen. Nur allmählich kann sich der Ich-Erzähler in dem Gewirr der Geschehnisse orientieren. Sein Freund Banda stirbt noch am Tag nach den Wahlen in der Unübersichtlichkeit und Unkontrollierbarkeit der Gewaltausbrüche wegen der wahrscheinlich gefälschten Wahlergebnisse, nachdem ein Sicherheitsmann unter den Hieben einer Machete zu Fall gebracht wurde und sein Körper zuerst mit Benzin übergossen und dann angezündet wurde. Dantala – jetzt hat er einen Namen – läuft entsetzt davon.*

Auf seinem Weg zurück nach Sokoto, wo er als kleiner Junge bei seinem inzwischen verstorbenen Vater und seiner damals noch nicht vom Verlust ihrer Töchter verwirrten Mutter lebte, schlägt er sich durch. Dabei erlebt er einen für drei Menschen tödlichen Verkehrsunfall: Ein alter Mann stirbt, dessen Namen er hört und dessen Schmerz er nie aus seinem Gedächtnis wird streichen können, und zwei Jungen sterben, deren Namen er nicht kennt und deren Schicksal sich deshalb, wie er meint, eher verdrängen lässt. Name macht Person. Fortan wird Dantala mit zahlreichen Fragen konfrontiert, wohin er gehören will, kann und soll. Er lernt, Handlungsoptionen auszuloten und die Frage nach dem Warum in einer Welt zu stellen, in der unschöne und schreckliche Dinge geschehen, für die weder Ursachen noch Verantwortlichkeiten präzise auszumachen sind. Dies ist ein schmerzhaftes Erleben, bei dem die Gefahr der Vereinsamung droht, wenn sich Beziehungen zu geliebten und vertrauten Personen auflösen, schon aufgelöst haben oder plötzlich nicht mehr weiter tragen. Viel Anstrengung verwendet Dantala deshalb darauf, die Möglichkeiten neuer Zugehörigkeit(en) für sich zu orten. Freundschaft, Schülerschaft, Kindschaft, Loyalität, Gefolgschaft hat er in einer Matrix verwirrender Orientierungsangebote auszuloten, die solche Systeme wie Religion, Ethnizität, Geld oder Politik bereitstellen.

Elnathan John beschreibt keine spezifischen „Jugend"-Probleme, sondern schreibt über eine Welt, in der sich der heranwachsende Dantala orientieren muss und die sich durch die Augen dieses Heranwachsenden, auch erzählerisch noch nach Ordnung Suchenden darstellt. Die Zugehörigkeit zu Verbänden, Kirchen, Musikstilen, Patronen oder Gangs birgt das Versprechen, einen Menschen aufzuheben. Sie können helfen, schwierige Situationen zu bewältigen, Arbeitslosigkeit, Bildungsabbruch, häusliche und öffentliche Gewalt, Korruption und Enttäuschung der Jugend so anzusprechen, dass diese ihre Würde wiedererlangen oder behalten kann. Solche Versprechen, eine schwierige Gegenwart in eine lebenswerte und moralisch ehrenhafte Zukunft zu wandeln, können auch trügen. Deshalb griffe es zu kurz, die Zugehörigkeit junger Menschen zu solchen Gruppen auf Adjektive wie „kreativ", „randständig" oder „gewaltbergend" zu reduzieren. Denn damit sieht man die Angebote, die gemacht werden, noch nicht mit den Augen derjenigen, die sie annehmen. Wie Individuen mit strukturellen Problemen interagieren, wie Persönlichkeit und gesellschaftliche Herausforderung aufeinandertreffen, kann sehr unterschiedlich sein. Eine solche Orientierung hat die Ärztin, Sozialwissenschaftlerin und spätere Politikerin Mamphela Ramphele in ihrer Studie über Jugendliche in Kapstadt als ein „Navigieren nach den Sternen" bezeichnet. Man muss ihren Interpretationen und Problembehandlungsvorschlägen nicht unbedingt zustimmen, um dennoch das von ihr gewählte Bild für äußerst zutreffend zu halten. Positionsbestimmung ohne Kompass, mitten in der Nacht: In diesem Bild schwingen viele der Unsicherheiten und Unwägbarkeiten mit, mit denen junge und heranwachsende Menschen nicht nur in Nordnigeria und nicht allein im Süden Südafrikas konfrontiert sind. Eine Erfahrung teilen sie jedoch: dass der Staat kaum Orientierung bietet.

Konsumorientierung: Musik, Tanz und Mode

Jugendkultur ist nicht erst seit gestern global, auch wenn sie lokalspezifisch ausgeformt und mit Sinn und Bedeutungsinhalten versehen wird. Für Jugend, die heute nicht länger zwischen Tradition und Moderne steht, ist „Stil" ein wesentlicher Bezugspunkt. Dieser findet in Mode, Musik und Tanz seine Orte, um vorgeführt und ausagiert zu werden. Schon die inzwischen längst historischen Jugendbanden in den Townships boten ihren Mitgliedern stets auch eine Plattform, sich eines Stils, angeeigneter materieller Ressourcen und des Zugriffs auf Frauen in einer Gesellschaft zu vergewissern, in der sie sich nicht für Bildung entscheiden konnten oder wollten. Nicht umsonst gaben sie sich neben politisch anklingenden Namen wie „Gestapo" oder „Russians" so kreative, aber auch aus kommerziellen Filmen abgeleitete Namen wie „A-Team" oder „Ducktails". Ihre Organisationen stellten praktisch den Gegenentwurf zu den neuen Eliten dar, die einen anderen Weg gingen – und diesen in bestimmten Zeitfenstern zu nutzen wussten. „Stil", ob in der Kleidung oder im Besitz technischer Geräte verkörpert, deutet insbesondere heute auf eine nachhaltige Konsumorientierung hin. Geschätzt wird, was von außen kommt und unter Umständen mit dem Label „modern" versehen werden kann. Als traditionell gilt, was lokal produziert wird. „Tradition" und „Moderne" sind in diesem Fall Stile, keine zeitlichen oder entwicklungsspezifischen Konzepte.

Für Südafrikas Generation Y liefert die Kulturwissenschaftlerin Sarah Nuttall den Befund, dass Geschmack zur Option wird, sich hartnäckig in die Gesellschaft eingeschriebener Differenzkategorien wie *race* zu entziehen. Jenseits der verortbaren Identitätsfindungen in Kirche, Verein und Familie eröffnen Konsum und Mode als Ausdrucksformen populärer Kultur die Möglichkeit, sich als Selbst und Person über Grenzen hinweg neu zu imaginieren. Mode, Stil und Geschmack, wie sie von der Generation Y verstanden werden, greifen über starr definierte Grenzen von Klang (Musik), Kleidung, visuellen und textuellen Kulturen hinweg. Alles wird zum Fragment und über die Mechanismen der Vermarktung situativ bedürfnis- und nachfrageorientiert zusammengesetzt. Neue Lebensstile werden mit Mittelklasse- und bürgerlich zu nennenden Ambitionen vermischt. Die so beschriebene Jugend steht als Generation zwischen den erwähnten „jungen Löwen", die sich über ihre Aktivitäten im Widerstand definierten, und den heute für #FeesMustFall demonstrierenden Jungen. Generation Y vermarktet den 1976 ermordeten Black Consciousness-Aktivisten Steve Biko auf T-Shirts, bringt die jazzige kwela-Musik der 1950er-Jahre nicht länger mit der Arbeitserfahrung junger Männer in den Minen in Verbindung. Die Jugendlichen der Generation Y eignen sich all das aber an, auch das, was in früheren Generationen einmal négritude hieß. Ironie und Parodie sind die rhetorischen Mittel, mit denen sie einst politische Bewegungen und Ziele performativ wenden.

Ein Gefühl der Zusammengehörigkeit ergibt sich gerade in Städten auch aus spezifischen Jugendsprachen, die junge Männer und Frauen unter- und miteinander entwickeln. Diese Sprachen heißen Sheng in Nairobi, Tsotsitaal in Johannesburg, Kindubile in den Städten Kongos und Randuk in Khartoum. Sie zeichnen sich durch grundsätzliches Beibehalten derjenigen Sprache aus, von der sie sich ableiten, und durch Wortschöpfungen, kreative Metaphern, Verbumstellungen und vieles mehr. Meist leben sie länger, als wir das von den Jargons kennen, die wir selbst in unserer Jugend benutzt haben mögen oder die unsere Jugend heute spricht, um andere ein wenig auszuschließen.

Jugendsprache nimmt Formen der Kommunikation auf, wie sie beispielsweise die Soziolinguistin Rosemarie Beck für die verbale und nonverbale Kleiderkommunikation am Indischen Ozean/Swahili, Ostafrika, beschrieben hat. Auch mit kanga, dem in Ostafrika weit verbreiteten Wickelstoff, der um 1880 eingeführt wurde, seinen Erfolg der sich zwischen 1890 und 1910 emanzipierenden Sklavenschicht verdankt und den seit etwa 1890 kurze, Sprichwort-ähnliche Texte zieren, die Frauen beim Tragen in der Öffentlichkeit präsentieren, funktioniert Kleidung als Medium der Kommunikation, in der eben verbale und nonverbale Elemente vermischt wurden. Bei der Kommunikation mittels Kanga lassen sich unter anderem auch Sprechverbote übertreten: Zum einen werden Themen kommuniziert, zum anderen darüber aber nicht gesprochen. Adressatinnen von Kangas sind insbesondere ältere Frauen, Schwiegermütter und Schwägerinnen, Nachbarinnen und der Ehemann, ein Adressatenkreis, der verdeutlicht, wo soziale Zugehörigkeiten schwerpunktmäßig zu verorten sind. Sklavenschicht war natürlich nicht „Jugend", die – und das ist aus ihren Kommunikationsradien ersichtlich – sich in anderen Gruppen und über Gruppen hinweggreifend verortet. Aber auch sie befand sich in einem Übergang zwischen unfrei und bevormundet zu aktiv und unabhängig handelnd.

Liebe

Während in zahlreichen Studien die Lust der Jugend am Bruch mit Vorangegangenem und etablierten Normen betont wird, zeigen andere Untersuchungen, dass Jugendliche – den an sie gerichteten Erwartungen entsprechend – alte Rollenverständnisse in ihre neuen Rollenauffassungen integrieren. Nicht immer dominiert der Umbruch, sondern häufig eben auch die Kontinuität, zum Beispiel dann, wenn Jugendliche ihren Status in der Stadt stabilisieren wollen. Ein Szenenschwenk ins ghanaische Kumasi lässt uns in den Feiern des Valentinstages landen, zu dem die Anthropologin Astrid Bochow ausführlich gearbeitet hat. An diesem Tag sind Stadt und Strände rot. Junge Paare, gekleidet in den Farben der Liebe, treffen sich, beschenken sich, liegen am Strand. Aufgrund dieser Bilder wird in den Medien das Drohszenario einer sexuell unersättlichen und letztlich nicht mehr kontrollierbaren Jugend heraufbeschworen, vor allem, weil in den Diskussionen um Sexualität stets das Schlagwort HIV mitschwingt. Tatsächlich sind die jungen Leute laut und signalisieren Bereitschaft, sexuelle Beziehungen einzugehen. An der Oberfläche scheinen sie sich gegen die moralische Strenge ihrer Eltern zu stellen und dies öffentlich zu demonstrieren. Hinter der aufbegehrenden, lauten, roten Fassade lässt sich aber feststellen, dass Jugendliche ihre Liebesbeziehungen mit Vorsicht anbahnen und dabei etablierten Strukturen des Kennenlernens, des Verheimlichens und anderem folgen – wie ihre Eltern es auch taten. Geändert hat sich bei genauerer Betrachtung eher die mediale Aufmerksamkeit als das Verhalten, das die Generationen weniger als vermutet voneinander trennt.

Dies kann auch als Hinweis darauf gelten, dass es der Jugend selbst in den Städten heute nur schwer gelingt, sich vom Druck der alten Rollen zwischen den Geschlechtern zu befreien. Von Männern wird ein als männlich und mannhaft definiertes Verhalten erwartet, von Frauen die Unterordnung. Zwar gelingt es in den Städten, sich von diesen Erwartungen zu distanzieren, aber die Prekarität des Status der jungen Männer bleibt ein Problem, das

Liebe: Valentinstag in Lomé, Togo
© *Katharina Gartner, 19. 2. 2014*

Dieser Kreisverkehr am Boulevard du 13 Janvier ist anlässlich des Valentinstages in schreiendem Rot mit Dutzenden Luftballons geschmückt, die „Ich liebe dich" verkünden. Die Dekoration wechselt   so soll es auch einmal eine Winterkulisse mit Schnee und Eisbären gegeben haben.

freies Agieren für Frauen erschwert. Häufig kommen in diesem Zusammenhang die sogenannten *Sugar-Daddies* ins Spiel. Sie bieten ein Arrangement, bei dem ein wohlhabender und meist älterer Mann einer jungen Frau zum Beispiel die Wohnung bezahlt. Sie steht ihm mit Sexualität zur Verfügung, kocht für ihn, kann aber unter Umständen trotzdem einen *boyfriend* haben, der das akzeptiert, weil er vom Geld des Sugar-Daddy mitlebt. Dies kann als eine Situation interpretiert werden, durch die Frauen Handlungsmacht erhalten. Es können aber auch Risiken mit dieser Situation einhergehen, wie sie die Schriftstellerin Marie NDiaye in einem ihrer Romane inszeniert.

▪ *Die verwitwete Khadi Demba wird von ihrer Schwiegerfamilie auf den Weg in den Norden geschickt. Ihr Status ist nicht eindeutig auszumachen. Drei Jahre war sie verheiratet, ihre Ehe blieb aber kinderlos. Frei von der Familie und „traditionellen", sie unterdrückenden Strukturen, findet sie zu sich und weiß auf einmal, wer Khadi Demba ist. Auch in diesem Text zeigt das bewusste Tragen eines Namens die Person-Werdung an. Khadi Demba verbündet sich auf der gefährlichen Reise an jenen Ort, von wo aus sie ihre Schwiegerfamilie zukünftig unterstützen soll, mit einem jungen Mann, Lamine (einen vollen Namen erhält er im Text nie), dem es kaum besser geht als ihr. Soweit es geht, stützen sie sich und kümmern sich umeinander. Irgendwo in der Sahara geht ihnen das Geld aus – und die Gesundheit auch. Bei einer Wirtin kann die junge Frau ihre Schuld abarbeiten und Geld verdienen, indem sie als Prostituierte im Hinterhof zur Verfügung steht, die Wirtin dafür ihre Wunden pflegt und ihr Geld abgibt. Der junge Mann lebt davon mit, türmt dann allerdings mit dem Geld, um seine Reise fortzusetzen. Er schafft es nach Europa, Khadi Demba erst, nachdem sie erneut genug Geld für die Weiterreise verdient hat. Bei der Ankunft am Grenzzaun zu Europa ist sie so schwach, dass sie stirbt.*

Initiation

Der klassische Ort, der häufig gedacht wird, um in afrikanischen Gesellschaften in den Erwachsenen-Status einzutreten, ist die Initiation. Gegen sie stellten sich zivilisatorische Kräfte wie beispielsweise die Mission in besonders hohem Maß. Dass Menschen dort erwachsen werden sollten, war für sie nachvollziehbar, doch nicht die Art, wie dies rituell geschah und mit welcher Informationsvermittlung über das Erwachsensein dies verbunden war. Auch störte sie die Autorität derjenigen, die Erwachsen-Sein bei der Initiation definierten und über den Ritus junge Männer oder Frauen loyal auf sich verpflichteten. Nicht von ungefähr kam es daher, dass gerade im frühen 20. Jahrhundert Söhne von Missionaren, selbst junge und noch nicht erwachsene Männer, gegen ihre eigenen Väter aufbegehrten und sich mit dem Thema Initiation akademisch in ihren Master- und Doktorarbeiten beschäftigten. Sie ernannten sich zu Beobachtern und Experten des Erwachsen-Werdens ihrer kolonisierten Altersgenossen, verlagerten das Narrativ über die zu entdeckenden Geheimnisse der afrikanischen Bevölkerung aus dem Missionskontext heraus in ein universitäres Umfeld. Dabei profilierten sie sich als „guardians at the gate", als Wächter, die über die Echtheit von Ritualen zu befinden wussten, die authentisches Wissen von erlerntem Wissen zu trennen vermochten, die zwischen den kolonisierten, kulturell Anderen und dem sogenannten Eigenen unterscheiden konnten. Alte Missionare sahen nicht selten, dass es zwar als Erfolg gewertet werden könne, wenn Initiationen abgeschafft würden, bedauerten allerdings nach der Abschaffung solcher Institutionen oft, dass die einstigen Regeln des Erwachsen-Werdens nicht durch neue Autoritätsstrukturen so ersetzt wurden, dass eine ihnen genehme Ordnung daraus hätte erwachsen können. Sowohl ihre Söhne wie auch die jungen Mitglieder ihrer Kirchen gingen eigene Wege.

Literaturempfehlungen

Beck, Rose Marie: Verbale und nonverbale Kleiderkommunikation am Indischen Ozean (Swahili, Ostafrika), in: Feministische Studien 21: 2 (2003), S. 239–253.

Beinart, William: The Origins of the Indlavini. Male Associations and Migrant Labour in the Transkei, in: African Studies 50 (1991), S. 103–128.

Bochow, Astrid: Valentinstag in Kumasi, Ghana. Sexualität und Generationenbeziehungen im Wandel, in: Afrika Spectrum 42: 2 (2007), S. 195–218.

Englert, Birgit: Die junge Generation als politischer Akteur im Afrika des 20. Jahrhunderts, in: Sonderegger, Arno/Grau, Ingeborg und Birgit Englert (Hg.): Afrika im 20. Jahrhundert. Wien 2011, S. 174–193.

Frei, Bettina: "I go chop your Dollar": Scamming Practices and Notions of Moralitites among Youth in Bamenda, Cameroon, in: Hahn, Hans-Peter/Kastner, Kristin (Hg.): Urban Life-Worlds in Motion: African Perspectives. Bielefeld 2012, S. 41–72.

Honwana, Alcinda: 2012. The Time of Youth. Work, Social Change, and Politics in Africa. Boulder, CO 2012.

Honwana, Alcinda/De Boeck, Filip (Hg.): Makers and Breakers. Children and Youth in Postcolonial Africa. Oxford 2005.

John, Elnathan: Born on a Tuesday. London 2015. *(Roman)*

Krüger, Gesine: Schrift – Macht – Alltag. Lesen und Schreiben im kolonialen Südafrika. Köln 2009.

Menzel, Anne: Between Ex-Combatization and Opportunities for Peace. The Double-Edged Qualities of Motorcycle-Taxi Driving in Urban Postwar Sierra Leone, in: Africa Today 58: 2 (2011), S. 96–127.

NDiaye, Marie: Drei starke Frauen. Berlin 2010 [orig. Trois femmes puissantes, Paris 2009]. *(Roman)*

Nuttall, Sarah: Stylizing the Self. The Y Generation in Rosebank, Johannesburg, in: Public Culture 16: 3 (2004), S. 430–452.

Ramphele, Mamphela: Steering by the Stars. Being Young in South Africa. Cape Town 2002.

Staunton, Irene (Hg.): Mothers of the Revolution. Harare 1990. *(Zeitzeuginnenberichte)*

Staunton, Irene (Hg.): Women Writing Zimbabwe. Harare 2008. *(Kurzgeschichten)*

Werthmann, Katja: Bitteres Gold. Bergbau, Land und Geld in Westafrika. Köln 2009.

Zimbabwe Women Writers (Hg.): Women of Resilience. Harare 2000. *(Interviews)*

7. Religion, Macht und Alltagsbewältigung

Ein Sonntag in Mansfield

Vor einigen Jahren wohnte ich bei Freunden in Wynberg, die mir das Bett ihrer Tochter überließen. Am Sonntag nahm mich die Familie mit zum Gottesdienst einer Pfingstkirche nach Mansfield, einem Township bei Kapstadt, das einst für sogenannte „Coloureds" errichtet worden war und dessen Bevölkerung immer noch weitgehend „Coloured" ist. Es war das erste Mal, dass ich den Gottesdienst einer Pfingstkirche besuchte – und ich glaube, ich habe eine „Soft-Variante" erwischt. Während des Gottesdienstes gerieten insbesondere junge Frauen in Trance, die, wie mir die neben mir stehenden Frauen versicherten, Muslim boyfriends *hatten. Alle Frauen, die in Trance geraten wollten, gingen nach vorne in die erste Reihe, wo sie, direkt vom Geist ergriffen und alle Hierarchie in der Kirche außer Kraft setzend, in Zungen redeten, die Arme ausstreckten und irgendwann zusammenfielen. Während die Frauen ihre ganz persönliche Kommunikation mit dem Geist hinausriefen, kamen Pastoren und andere Kirchenmitglieder, die den Frauen gemeinsam die Hände auflegten, um Heilung anzubieten. Hinter ihnen standen weitere Frauen, die sie auffingen, flach auf den Boden legten und abwarteten, dass sie wieder zu sich kamen. Nur diejenigen, die nicht aufhörten zu schreien, wurden von männlichen Kirchenmitgliedern in einen Nebenraum geführt oder getragen, wo sie mit Gebeten und Worten weiterbehandelt wurden. In die Ergriffenheit vom Geist und das Reden in Zungen greift schnell auch das Böse hinein. Immer kann der Satan seine Hand mit ins Spiel bringen, sodass durch Anwesenheit und Agieren die Kirchengemeinschaft Schlimmes verhindern mag. Hier jedoch war alles durchorganisiert. Ich staunte, dass Frauen in interreligiösen Beziehungen sich ausgerechnet in einer Pfingstkirche gut aufgehoben fühlten, die doch ein sehr dezidiertes Christentum repräsentieren. Aber vielleicht bieten solche Kirchen starke Rezepte gegen starke emotionale Spannungen, denen Menschen und insbesondere junge Frauen nicht nur in Mansfield ausgesetzt sind.*

Am Nachmittag versammelten sich etwa 15 Frauen im Haus einer Frau, die hier mit ihrem Mann und ihren zwei Töchtern gelebt hatte. Ihr Mann war gewalttätig gegen sie geworden und hatte sie mit der Machete durch die Straßen gejagt. Sie war weggezogen, lebte nun zur Miete in Kapstadt, hatte „ihr" Haus anderen überlassen – ohne allerdings Miete von den neuen Bewohnerinnen zu bekommen. Wir trafen uns dort am Nachmittag, tranken Cola und aßen Toastbrot mit Polony-Wurst, die mich von Farbe und Geschmack her immer ein bisschen an dänische Pølser erinnert. Was zunächst als Geburtstagsfeier begann, mündete bald in einer Runde von Gesprächen. Die Frauen begannen, von ihren Lebenserfahrungen zu sprechen. Allen (!) war durch Väter, Brüder, Onkel, Männer oder Partner Gewalt angetan worden. Sie waren geschlagen und vergewaltigt, auch geschwängert worden. Während sie erzählten, wurden zwei Babys von Arm zu Arm gereicht. Ich war damals auf diese Gespräche überhaupt nicht vorbereitet, die mich schlicht überforderten. Dabei fiel mir auf, dass keine der anwesenden Frauen einer anderen Ratschläge erteilte, wie sie sich verhalten könne, um etwas zu ändern. Es ging ums Erzählen. Als hätte die neben mir sitzende Frau meine Fragen in meinem Gesicht gelesen, erklärte sie mir: „So helfen wir einander. Wir hören einfach zu."

Die größeren Kinder saßen oben im Haus oder spielten draußen. Zwei Mädchen ließen das Foto ihres Vaters kursieren, der sich ihnen seit einiger Zeit nicht mehr nähern durfte. Ich weiß nicht, was dazu geführt hatte, jedenfalls schien sein Konterfei auf dem Foto wie gebannt, wie objektiviert. Was hatte er angerichtet? Mir schien, als würden die Mädchen mit dem Foto in der Hand wieder Kontrolle über ihn erlangen. Unten wie oben gab es auch guten Humor. Ich fragte die versammelten Mädchen, wie sie den Gottesdienst gefunden hatten. Einige kannten den Pastor, der die Heilungen vollzogen hatte. Offensichtlich waren sie an einem früheren Sonntag schon einmal ganz vorn gewesen. „Uh, er hat ganz fürchterlichen Mundgeruch", versicherten sie mir und kicherten.

Eine der Frauen in der Runde unten im Haus war die Frau des Pastors, der die Pfingstkirche gegründet hatte. Er fuhr ein spektakulär protziges Auto. In den Pfingstkirchen geben die Mitglieder oft einen ziemlich großen Teil ihres Geldes ab, mit dem die Vorsteher oder Gründer der Kirchen, deren Leitungsstruktur sehr unterschiedlich sein kann, dann nicht nur Prediger von weit her einladen, sondern auch solche Autos kaufen. Hier gab es eine weitere, nicht ganz von der Hand zu weisende Erklärung. Peter, so hieß der Pastor, erklärte, dass in Mansfield nur Gangster große Autos fuhren. In der Tat gehört Mansfield zu den Orten mit hoher Gewalt- und Kriminalitätsrate. Mit seinem Besitz wollte er zeigen, dass man – man mit einem „n" ebenso wie Mann mit zweien – auch anständig und ehrenvoll leben und dabei zu einem großen Auto kommen kann. Zudem stellte sich heraus, dass der mächtige Pastor der Einzige war, der ein Auto fuhr. Zu seinen Aufgaben neben den Predigten gehörte es daher auch, die Schwestern von einem Ort zum anderen zu bringen, Gastprediger abzuholen, Botenfahrten zu erledigen und anderes. Auch mich musste er am Abend wieder nach Wynberg fahren – gemeinsam mit Bronwyn, Glenda, Mai und Jarreth, bei denen ich wohnte und die auf diese Weise an diesem Sonntag ihren lift back home bekamen.

Peter war in der Stadtverwaltung im Amt für Kriminalitätsbekämpfung beschäftigt. Er hatte Schulungen erhalten, wie Banden vorgingen, und wusste, dass der Staat gegen diese kaum eine Chance hatte. Als Gründer einer Kirche jedoch wollte er Realitäten im Township verändern, wohin die Arme der Stadtverwaltung nicht immer reichten. Außer dass er dieses luxuriöse Auto angeschafft hatte, baute er gerade mit den Männern der Kirche ein Haus, in dem bereits jetzt Frauen mit ihren Kindern Zuflucht vor der Gewalttätigkeit ihrer Männer suchen konnten. Dieses Engagement wollte er ausweiten. Auch gruppierten sich um ihn von Zeit zu Zeit männliche Kirchenangehörige, die sich einen Ehemann durchaus einmal „vorknöpften", wenn er gegen eine Kirchenangehörige gewalttätig geworden war. Mir fiel auf, dass hier eine Person im Dienste des Staates geschult worden war und von dort die Diskurse des „neuen Südafrika" um Kriminalität und Gleich berechtigung aufgegriffen hatte. In der Bibel fand er nun lauter Stellen, die sich auch dahingehend interpretieren ließen. Als jemand, der im Bereich des community building, der Herstellung von Gemeinschaft, aktiv wurde, war er vielleicht weniger dezidiert politisch, als hätte er sich der Bürgermobilisierung verschrieben. Seine Anliegen schienen service and delivery, Dienstleistung und Umsetzung, zu sein. Ich habe die Strukturen dieser Kirche und die Aktivitäten ihrer Mitglieder zwar nicht weiter untersuchen können (und wollen), denke aber, es geht aus dieser Beschreibung einiges hervor: Wie eng und oft auch widersprüchlich Kriminalität, Kirche, Männlichkeit, Ehre, Religion und der Wunsch, etwas zu verändern, miteinander *verknüpft sein können. Wie schwierig es für die Bewohner der Townships ist, in diesem Kräftefeld zu navigieren. Und wie eine wesentliche Äußerung dieser Schwierigkeiten in Gewalt gegen Frauen mündet.*

Dynamisches Nebeneinander: Religion als sich permanent erneuerndes „System"

Zurück in Wien und einige Jahre später, fragte mich kürzlich eine meiner Kolleginnen, ob in Südafrika und anderen Ländern des Kontinents Religion eigentlich wichtig sei. Das lässt sich definitiv bejahen. Sich wissenschaftlich mit Religion zu befassen, erschöpft sich deshalb nicht darin, nach der Rolle von Christentum, Islam und anderen etablierten Religionen zu fragen. Spannend sind immer wieder auch neue Kirchen und Bewegungen, die charakteristisch für die religiöse Entwicklung in den Gesellschaften Afrikas sind. In diesen Erneuerungen stecken zahlreiche Themen, die auch in der oben geschilderten Begegnung enthalten sind und Hinweise auf die Bedeutung von Religion jenseits von Theologie geben. Vielfach – wenn auch nicht ausschließlich – hängt sie mit Fragen der Alltagsbewältigung zusammen.

Dass die Auseinandersetzung mit Religion wieder an Relevanz gewonnen hat, hängt auch mit der Bedeutungsveränderung zusammen, die Religion in der öffentlichen Wahrnehmung weltweit seit einiger Zeit erfährt. Eine liberalisierte Wirtschaftswelt und die jüngere Demokratisierung trugen dazu bei, dass weltweit NGOs, Kirchen, Verbände, Stiftungen und religiöse Organisationen die Deutungshoheiten der Politik konsequent entmonopolisiert haben. Unter anderem bewirkt durch Medien wie Radio, Fernsehen, Internet und Videos, die praktisch an jeder Straßenecke erhältlich sind, zählten im Jahr 2008 Pfingstkirchen und die Salafiyya zu den öffentlich am stärksten wahrgenommenen religiösen Organisationen. Während Christen Heilung prophezeien und böse Geister exorzieren, predigen Muslime emphatisch. Auf beiden Seiten agieren Personen, die keine klassisch-theologische Ausbildung genossen haben, sondern ein tief empfundenes Religionsbewusstsein durchaus mit einem Technikstudium zu verbinden wissen. Und im Rahmen sogenannter „Afrikanischer Religion" wird auf die Herausforderungen des Alltags in einer globalisierten Welt ebenfalls reagiert.

Religion in Afrika ist dynamisch. Nachdem außerhalb des Islam und des im Zuge der Begegnung mit Europa auf den Kontinent gelangten Christentums (und mit Ausnahme der ganz alten Christentümer Nubiens, Ägyptens und Äthiopiens) die Mehrheit von Religion auf dem afrikanischen Kontinent ohne schriftliche Überlieferung auskam, nahm die direkte Kommunikation mit dem Göttlichen und den Ahnen immer einen besonderen Stellenwert ein. Religionsexperten wie Priester und Priesterinnen sowie Haushaltsvorstände, Berufene und andere interpretierten in direkter Kommunikation mit dem Göttlichen dessen Willen und Wollen, dienten sogar als Gefäße, damit andere göttlichen Willen an ihnen ablesen konnten. Sie erklärten, kontrollierten, sahen und sagten die Welt voraus. Solche Religion lebt vom Element der Erneuerung. Tatsächlich konnten viele Menschen kaum glauben, dass die christlichen Missionare des 19. Jahrhunderts ernsthaft argumentierten, ihre religiöse Wahrheit sei vor langer Zeit auf ewig in einem Buch festgeschrieben worden. Es schien jeglicher Grundauffassung zu widersprechen, was Religion sei. „Wer von euch ist dort oben gewesen, um zu wissen, dass das so ist, wie der Lehrer es sagt?", war ihre Frage.

Die charismatischen und Pfingstkirchen, zu denen auch jene gehörte, die ich an jenem Sonntag in Mansfield besucht hatte, sind ein Phänomen – oft aus den USA inspiriert, doch mit lokalen oder weltweit eingeflogenen Predigern, insbesondere aus den USA oder Europa. Neu betont wird besonders die Kommunikation mit dem Heiligen Geist. NGOs bedienen sich heute der Netzwerke solcher Kirchen und ihrer institutionellen Vorgänger. Kirchen wiederum zögern nicht, sich den Diskurs von Menschenrechten anzueignen. Jüngere Pfingstkirchen, die sich sicher keine Befreiungstheologie auf die Fahnen schreiben, bei denen aber alles im Wandel und neuerlichen Entstehen ist, stellen allerdings durchaus Modelle für Moral jenseits der Menschenrechtsdiskussion bereit, indem auch sie sich in diese einschreiben. Damit tragen Kirchen zur Pluralität der Varianten bei, in denen Menschen, die von vielen Entwicklungen ausgeschlossen sind, so große Konzepte wie Würde, Moral, Staatlichkeit, Individuum und Gemeinschaft denken mögen.

Zu diesem Phänomen zählen auch zahlreiche Immigrantenkirchen und muslimische Organisationen, die sowohl in den USA und Kanada als auch in Ländern wie Kongo-Brazzaville oder anderen Zuzugsorten aufgrund der Migration afrikanischer Männer und Frauen entstehen. Neben ihren seelsorgerischen Aufgaben erbringen sie auch andere Kommunikationsleistungen. Sie organisieren den Fluss von Geldüberweisungen über den Atlantik, stehen mit Rat und Netzwerken konkret zur Seite, wenn es um den Erwerb eines sicheren Rechtsstatus im neuen Land geht, und helfen bei Behörden-gängen. Sie disziplinieren auch im Sinne derjenigen Familien, Verbände oder Organisationen, die Migranten auf den Weg geschickt haben und nicht vor Ort sind. Die Menschen sollen eingebunden bleiben.

Historisch haben zahlreiche Missionsgesellschaften, mehrheitlich aus europäischen und nordamerikanischen Herkunftsregionen, jeweils ihre Geschichten und Traditionen eingebracht. Diese wurden wiederum spezi-fisch inkorporiert, auch wenn es einen Unterschied macht, ob das Chris-tentum einst von Weißen Vätern, italienischen Comboni-Missionaren oder finnischen Lutheranern gebracht wurde. „Mission" reichte nie einseitig aus einer wie auch immer gedachten Metropole in wie auch immer gedachte entlegene Gegenden. Auch greift es zu kurz, die europäischen Missionen des Kolonialzeitalters als ein Projekt von Modernisierungsverlierern zu konzipieren, die sich in Ambivalenz und Widersprüchlichkeit zentrale Wirkmächtigkeit aneigneten. Heute muss Missionsgeschichte, wenn sie sich mit religiöser Veränderung und ihren Implikationen beschäftigt, die Felder des Lokalen und des Universalen zusammen denken, sich einem Forschungsrahmen des Nationalen ebenso wie des Internationalen stel-len, diese Dimensionen zumindest substanziell anklingen lassen. Darüber hinaus sind das Säkulare und das Religiöse miteinander verschränkt, denkt man von den Mission empfangenden Gebieten und ihren Akteuren her. Sogar „Entwicklung" ist heute religiös konnotiert, „Erlösung" hingegen ein zutiefst im Diesseits verankertes Anliegen. So verschwimmen die ein-schlägigen Grenzen zwischen Konfessionen, Religionen, Entwicklungshel-fern und Predigern.

Das war nicht immer so. In Buganda, einem Königreich in der fruchtbaren Zwischenseeregion von Lake Nyanza, Lake Albert, Lake Edward und Lake Kyoga, das 1894 Teil des britischen Protektorats Uganda wurde, wusste der Herrscher, *kabaka* Mutesa, die Konkurrenz zwischen den Religionen für die Konsolidierung seiner Position zu nutzen. Dorthin waren wahrschein-lich 1844 muslimische Händler von der Swahiliküste gekommen und hatten im Fernhandel einen Wandel vom indirekten, über Mittelsmänner organi-sierten, zum direkten Handel vollzogen. In dieser neuen Zeit fungierten einige Muslime als Schreiber und Übersetzer von Briefen, die im Rahmen der außenpolitischen Korrespondenz Mutesas mit dem Sultan von Sansi-bar ausgetauscht wurden. Außerdem lernte Mutesa Arabisch und übernahm arabische Kleidungsgewohnheiten. Er korrespondierte auch mit der muslimischen Herrschaft im Norden, Ägypten, allerdings mit einigem Unbehagen, denn er befürchtete die Expansion der Khediven bzw. der „Türken". Die Religion der Ganda, wie sie zu jenem Zeitpunkt praktiziert wurde, stand daher vor Veränderungen. Unter der zentralisierten Herrschaft der Kabaka gab es Hüter einzelner Schreine und Insignien, die auf Clan-Land ihr Amt versahen – als Verwalter, nicht als Priester. Die Schreinhüter gehörten meist zu den Clans, auf deren Land die Gottheit ihren Ort hatte. Über diese wurden die Clane an den Kabaka gebunden, und aufgrund der Beziehung zu diesem wiederum erhielten die Götter eine größere Reichweite. Die göttliche Botschaft wurde über Geistmedien vermittelt, die weder der Kabaka noch die Hüter des Schreins auswählen konnten. Sie agierten relativ eigenständig, teilweise für größere Bereiche des Reiches und über einzelne Clan-Anliegen hinweggreifend. Dadurch waren sie auch Verbindungen zu den Clans in benachbarten Königreichen.

Der Islam wurde im 19. Jahrhundert als Religion, als kultureller Stil und in der Politik sichtbar, so will es zumindest der Reisende Henry Morton Stanley 1875 beobachtet haben. Er gab dem Kabaka Mutesa, der mit Sorge auf die Expansion der „Türken" aus dem Norden blickte, den Rat, christliche Missionare anzufordern. Diesen, so argumentierte er, sei mehr zu trauen als den muslimischen Händlern von der Küste. Schon 1877 trafen tatsächlich Anglikaner der *Church Missionary Society* ein, ein Jahr später wurde eine Abordnung nach Großbritannien geschickt, um mit der neuen Macht zu verhandeln. Es kam aber auch eine Abordnung der Weißen Väter aus Frankreich. Mutesa begriff schnell den Vorteil, Vertreter rivalisierender europäischer Mächte am Hof zu haben, die er gegeneinander ausspielen konnte. Vor dem Kabaka stritten die Missionare, und er verstand es, die Auseinandersetzung in eine Sprache münden zu lassen, die am Hof etabliert war: Mutesa ließ sie um seine Gunst buhlen. Die Vertreter von Religionen, Ideen und Techniken ließen sich auf das Macht- und Ränkespiel am Hof ein. Die Religionszugehörigkeit teilte sich nach langem Gerangel und konflikthaften Auseinandersetzungen etwa zu gleichen Teilen auf, und das ist bis heute so geblieben. Definitiv stand diese Phase der religiösen Veränderung für eine Zeit, in der verschiedene Religionen zwar aufeinander Einfluss nahmen, ihre Interessen aber nicht ineinanderflossen, sondern durch Abgrenzung und deutliche Unterscheidung geprägt waren.

Vor dem Hintergrund solcher und ähnlicher Konflikte und Abgrenzungs-
wünsche entstanden viele eigenständige Kirchen, die sich der Kontrolle
zentraler Autoritäten entzogen, seien sie politisch oder religiös legitimiert.
Unabhängige Kirchen entstanden fast unmittelbar, nachdem sich christliche Gemeinschaften unter missionarischer Leitung in afrikanischen Gesellschaften etabliert hatten. Missionare wurden zu Zwischengängern zwischen
Kolonialmacht und Gemeinschaften, gerieten in dieser Funktion auch unter
Druck. In ganz schwierigen Situationen hielt der Kolonialstaat grundsätzlich
zu seinen Missionaren, die immerhin Partner in der Eroberung waren, wenn
auch nicht immer ganz leicht im Umgang. Evangelisten und Katechisten,
die häufig für Konversionen verantwortlich waren, auch wenn Missionare
den Ritus vollzogen und die Ordnung repräsentierten, agierten ebenfalls an
der Schnittstelle zwischen Mission, Kolonialverwaltung, Kongregation und
nicht christlichem Umfeld. Auch sie gerieten oft unter Druck oder schlugen
sich bewusst auf eine Seite. In Fällen kirchlicher Abspaltungen waren sie
häufig auch die Gründer unabhängiger Gemeinschaften und Kirchen. Die
Zahl der religiösen Angebote ist in den meisten afrikanischen Ländern groß.
Es gab nicht eine protestantische Kirche, die sich von einer katholischen
abgrenzte, es gab nicht „das Christentum", das für alle und überall gleich
ausgesehen hätte. Allein in Südafrika missionierten im 19. Jahrhundert weitgehend unabhängig voneinander sicher 20 europäische und nordamerikanische Missionsgesellschaften. Sie teilten ihre Gebiete untereinander auf, doch
die Bewegung der Konvertiten, zum Beispiel auf ihren Arbeitswanderun-
gen, stellte sicher, dass viele Menschen mit unterschiedlichen Varianten des
Christentums oder sogar Christentümern in Berührung kamen. Das war in
anderen Missionsgebieten ähnlich.

Die Kirchen, die sich beispielsweise in Südafrika von den Missionsgesellschaften trennten, waren ein Versuch, sich zum einen von missionarischer
Autorität zu distanzieren, zum anderen auch eigenes Land in Besitz zu nehmen. Bildung hingegen war besser in Missionsgemeinschaften zu erwerben, sodass die neue Elite stets aus den Missionsschulen hervorging, nie aus
unabhängigen Kirchengemeinschaften. Im Ritus konnten sich unabhängige
Kirchen extrem unterscheiden. Während einige afrikanischen Ausdrucksformen des Religiösen wieder Raum verschafften, waren andere strenger
und „christlicher" als ihre Mutterkirchen, die sich langfristig durchaus
bereit zeigten, religiösen Ausdruck in gewissem Rahmen anzupassen, um

Konvertiten zu gewinnen. In den afrikanisierten Kirchen wurde die Kommunikation mit den Ahnen oder regional aktiven Gottheiten wieder stärker betont. Oft standen diese Mechanismen in Zusammenhang mit der Bewältigung antisozialer Übel, die in Form von Unheil, Unbill oder gar Hexerei den Menschen das Leben erschwerten. Dennoch griffe es zu kurz, afrikanische unabhängige Kirchen per se als besonders authentisch zu betrachten. Keine der afrikanisch initiierten Kirchen war zwangsläufig liberaler, demokratischer oder mehr um Gleichberechtigung bemüht als die Bewegungen, gegen die sie sich abgrenzten. Wie die Pfingstkirchen und charismatischen Kirchen verbieten gerade sie den Umgang mit Ahnen und Geistern oft strikt und setzen stattdessen auf machtvolle Mittel, um in der Kommunikation mit dem Heiligen Geist verderbliche Kräfte und Erfolgsverhinderung abzuwehren. Mit diesem Ansatz stehen sie in Konkurrenz zu Heilern und Geistmedien unterschiedlichster Spezialisierung, die ihrerseits gezielt Medizinen für ähnliche Herausforderungen anbieten. Menschen wiederum, die Leid, Not und Misserfolg bewältigen wollen, wählen zwischen den Angeboten – abhängig von der Effizienz, mit der sie Abhilfe von Problemen versprechen. In all diesen Dynamiken geht es weniger um die Frage, ob es nur den einen Gott oder mehrere gibt. Viel spannender ist, wie und unter welchen Umständen sich ein Gott oder die Vorstellung über ihn verändert und wo auch Grenzen liegen, sodass neue Religionen für die Menschen interessant werden und alte in Vergessenheit geraten.

Die Historiker Jean Allman und John Parker haben die Veränderung eines Gottes in Westafrika beschrieben. Tongnaab war ein Gott der Talensi in den nördlichen Territorien Ghanas und dort insbesondere für die Fruchtbarkeit der Frauen und – als Erdschrein – auch für die Fruchtbarkeit des Landes zuständig. Es gab eine Art Priesterkaste, die bei der Ausführung von Riten und Festen zentrale Funktionen einnahm. Im Zuge der kolonialen Eroberung zerstörten die Briten 1915 vermeintlich den Schrein und hatten dafür sogar die lokale Bevölkerung einspannen können. Doch es stellte sich heraus, dass die Helfer als relativ neu Zugewanderte mit diesem Schrein rituell gar nicht in Verbindung standen. Außerdem hatten die Briten einen Schrein zerstört, der mit den „bösen" Aktivitäten Tongnaabs in Verbindung gebracht wurde, während der Schrein, über den der Gott „Gutes" tat, verschont blieb. Als vielerorts wirksame göttliche Kraft war Tongnaab also nicht so leicht zu beseitigen. Als die Briten den Trugschluss ihres religiösen Handstreiches bemerkten, war ihnen die „Tötung" des Gottes längst nicht mehr wichtig, denn die Menschen, die sich rituell an ihn banden, hatten in den Jahren zuvor kaum noch rebelliert, anders als vor dem Versuch von Tongnaabs Ausmerzung. So durfte er weiter existieren, was seine Bedeutung in der Folge wieder erhöhte, vor allem aufgrund der Migration, die unter kolonialer Ägide mit der Forderung von Zwangsarbeit intensiviert wurde. Allmählich gelangte Tongnaab in den Süden, wo er sich als Gott etablierte, der insbesondere bei Hexerei Hilfe anbot. Eine Priesterkaste wie im Norden gab es dort nicht, daher mussten Menschen, um den Gott „zu erneuern", in den 1930er-Jahren regelmäßig in den Norden gehen. Schließlich konnten sie ihn von dort mitnehmen und lokale Schreine im Süden errichten. Religion dezentralisierte sich, zugleich wurde der hierher gebrachte Gott lokal angepasst und eingeordnet – in Koexistenz mit anderen Gottheiten behielt er dabei seine Besonderheiten. Weil die Kolonialmacht Hexerei verbot, kamen immer mehr Fälle zur Anklage, die zur Urteilsfindung lokalen Gerichten überlassen wurden. So wurde Tongnaab immer wichtiger, sowohl für das Aufspüren von Hexen als auch für die Schlichtung von Hexerei-bedingten Konflikten.

Religionen expandieren und verändern sich, stoßen aber auch an Grenzen ihrer Dehnbarkeit. In Westafrika veränderten sich seit dem 18. Jahrhundert die Attribute afrikanischer Götter, es entstanden sogar neue Machtfelder auf dem Meer, als sich der Sklavenhandel in der Region intensivierte. Der Archäologe Akinwumi Ogundiran hat das für den Gott der Yoruba nachgezeichnet. Mithilfe der Interpretation materieller Kultur, beispielsweise der Verteilung von Kaurischnecken und Perlen, weist er in Verbindung mit der Interpretation mündlicher Überlieferungen nach, dass das Gottesnarrativ auf Veränderungen durch Sklavenhandel und auf ein verändertes Verständnis politischer Macht reagierte. Das Konzept eines Hochgottes, wie es Religionen wie Islam und Christentum paradigmatisch auszeichnet, griff lokale Religion dort nicht auf.

Bewegungen und Religion jenseits christlicher Kirchen machen sich heute meist wenig langfristig, sondern eher in besonderen Krisenmomenten bemerkbar. Die *Mungiki* in Kenia zum Beispiel reagierten in den 1990er-Jahren auf Probleme der Landverteilung. Sie „fischen Menschenansammlungen aus allen Winkeln Kenias zusammen", was sich durchaus als „Mission" bezeichnen ließe. Darüber hinaus haben sie sich der politischen ebenso wie der religiös-kulturellen sowie auch der sozioökonomischen Befreiung der

Kikuyu wie aller übrigen Afrikaner verschrieben. Die meisten sind jünger als 30 Jahre, was sie nicht davon abhält, sich für Autoritäten altüberlieferter Religion und kultureller Praxis der Kikuyu zu halten. Inspiriert sind sie von den Ältesten ebenso wie vom Wissen Christentums-feindlicher ehemaliger Mau-Mau-Freiheitskämpfer, aber auch durch die Schriften von Marcus Garvey und Martin Luther. Sie assoziieren Christentum mit Kolonialismus, Unterdrückung und kultureller Entfremdung, sehen jedoch gleichzeitig, dass die Mehrheit der politischen Führer Kenias sonntags zur Kirche geht und den Rest der Woche das Volk unterdrückt. Religion als Waffe gegen etablierte politische und religiöse Autoritäten nutzend, propagieren die *Mungiki* unter anderem ein Ritual, bei dem nach 30 bis 35 Jahren Machtbesitz die Verantwortung von einer Generation an die nächste übergeben wird. Die Bewegung zeigt, dass auch das Christentum, ob unmittelbar oder nur mittelbar mit Mission verbunden, nur begrenzt erneuerungs- und wandlungsfähig ist, sodass Platz für kleinräumiger ausgerichtete „afrikanische Religion" entstehen kann.

Religiöse Erneuerung hat historisch auch den Islam geprägt. So lebte Religion in Westafrika von regelmäßigen Erneuerungen, den *jihads,* die mindestens seit dem 16. Jahrhundert in immer neuen Bewegungen insbesondere Moral und Religionspraxis der Eliten kritisierten und diese aufforderten, ihren Aufgaben und Pflichten in einem gottgefälligen Lebenswandel nachzukommen. Die einfachen Menschen durften im durch Sufi-Orden getragenen Islam ihre gewohnten Religionspraktiken weitgehend behalten. Auch schafft der Sufi-Islam – meist besser als das Christentum – die Voraussetzungen dafür, lokale Frömmigkeitspraxis wie beispielsweise Heiligenverehrung in die Strukturen einer Großreligion zu integrieren. Im 19. Jahrhundert entstanden zahlreiche Staatswesen, so zum Beispiel unter den von Usuman dan Fodio geführten militärischen Umwälzungen 1804 bis 1812 das Kalifat von Sokoto, das als muslimischer Zentralstaat in der Region Nordnigerias, Südnigers und Nordwestkameruns bis zu seiner militärischen Niederringung durch waffentechnisch überlegene Briten 1903 dominierte. Usuman dan Fodio, 1754 in Gobir als Angehöriger der aus Futa Toro stammenden *torodbe* geboren, war kein einsamer Kämpfer, sondern Teil einer Familiengruppe. Verbunden war diese durch die gemeinsame Erfahrung gesellschaftlicher Unterdrückung und Marginalisierung, die sie als Sklaven bzw. Nachkommen von Sklaven in Futa Toro geteilt hatten. Mit ihrem Bekenntnis zum Islam hatten sie sich auch dem Ideal des Propheten Mohammed verpflichtet, der Gleichheit aller Muslime, und dementsprechend Angehörige verschiedener Bevölkerungsgruppen der Wolof, Mande, Berber, Tuareg und Fulbe integriert. Obwohl die bedeutendsten spirituellen und militärischen Führer aus den Reihen der Fulbe stammten, trugen die Überwindung ethnischer Barrieren und die identitätsstiftende Ausrichtung am Islam, die auch interethnische Ehen begünstigte, grundlegend dazu bei, ihr Selbstverständnis als gesellschaftliche Gruppe in Futa Toro und in den Migrationsgebieten zu festigen. Hier wie dort bildeten sie kohärente kommunale Gemeinwesen, die als Kerne der muslimischen Erneuerungsbewegung im 17. und 18. Jahrhundert fungierten und die Konversion der ruralen Bevölkerungsgruppen vorantrieben. Usuman dan Fodio griff auf ein umfassendes sozioreligiöses Netzwerk zurück, das sich sowohl für intensivierten Wissenstransfer innerhalb intellektueller Gelehrtenkreise wie für die didaktische Vermittlung von Religion an breitere Bevölkerungsschichten einsetzte. Der Islam verankerte sich in diesem Zeitraum in Westafrika als Religion und zugleich als soziales Identitätsmodell für die Mehrheit.

Schon während der Expansion betätigte sich Nana Asma'u, 1793 als Tochter des Religionsführers geboren, als Dichterin, Lehrerin und islamische Führungsfigur, wie Jean Boyd ihre Rolle und Funktion in deren Biografie beschreibt. Ihr Jihad bestand darin, das Erbe ihres Vaters zu bewahren, einzuordnen und weiterzugeben, indem sie Verse schrieb. Außerdem leistete sie ihren Beitrag zum Zusammenhalt des Reiches, indem sie tatkräftig die Frauen in der *jama'a,* der Gemeinschaft der Gläubigen, ausbildete, damit diese wiederum ihre Kinder instruierten. Darüber hinaus zeigte sie anderen gelehrten Frauen, wie sie hinausgehen konnten, um anderen von den Vorbildern und der Rechtmäßigkeit des *jihad* zu singen. Eloquent, literarisch bedeutsam und gleichsam pragmatisch, legitimierte sie Krieg, propagierte Ideale der Versöhnung und mahnte ein friedvolles Nebeneinander unter Rückbezug auf die Gründer der Bewegung an, die sie wiederum fest in der Tradition des Propheten verankerte. Als der Jihad 1804 in seine militärische Phase eintrat, wurde relativ bald die bis dahin homogene Gruppe der Frauen um zahlreiche Hausa-Frauen aus Gobir erweitert, die als Gefangene und Sklavinnen der *jama'a* zugefügt wurden. Muslimische Männer gingen Ehen oder andere Verbindungen mit diesen Frauen ein, aus denen selbstverständlich auch Kinder hervorgingen, die in der Obhut der Frauen erzogen wurden. Die Frauen der Hausa konnten in der Regel nicht lesen, gehörten nicht dem Islam an oder waren erst jüngst konvertiert. Sie praktizierten geschlechtsspezifisch einen Kult, der *bori* genannt wurde. Damit schützten sie als Frauen ihre Gemeinschaften vor Unbill, riefen nach Regen oder heilten mithilfe divinatorischen Wissens. Eine große Herausforderung bestand darin, die Hinzugekommenen in die Gemeinschaft der Frauen um die mit Herz, Hand und Schwert kämpfenden Jihadisten zu integrieren. Religiös motivierte sowie aufgrund ihres poetischen Stils einprägsame und memorierbare Literatur sollte es möglich machen, Frauen in eine neue religiöse Gemeinschaft zumindest so zu integrieren, dass sie *bori* und Islam nebeneinander praktizieren konnten. Und doch sollten zumindest allmählich die alten Sinnbedeutungen mit neuen überschrieben werden. So gab es etwa Regengebete im *bori*-Kult wie im Islam, und der mystische Islam akkommodierte zahlreiche volksfromme Traditionen. Die Rolle der Frauen in der Sufi-Gemeinschaft wurde damit bestätigt und um zentrale Funktionen aus dem *bori*-Kult erweitert. In anderen Dichtungen riet Nana Asma'u zu Geduld in polygamen Haushalten, in denen die Frauen mit Amuletten und Gerüchten versuchten, Rivalinnen auszuschalten, um die Gunst des Mannes zu kontrollieren. Am Jihad der Herzen nach der militärischen Phase war sie mit ihren literarischen Arbeiten maßgeblich beteiligt, indem sie auch Frauen ausbildete, sogenannte *jajis,* die von ihr verfasste Lieder sangen und rezitierten, um sie an andere Frauen weiterzugeben, die zurückgezogen in ihren Gemächern lebten. *Jajis* unterrichteten Frauen, und diese wiederum ihre Kinder. Diese Form der Wissenstradierung blieb in der Region verankert, sodass Nana Asma'u mit ihrem Werk bis heute in Nordnigeria wirkt.

Grundsätzlich gelang es den Weltreligionen, die sogenannten afrikanischen Religionen weitgehend zu stigmatisieren. Menschen zeigten nicht mehr so offen, dass sie dort zugehörig waren, und wandten sich unter Umständen einer Weltreligion zu. Das heißt aber nicht, dass sie alternativen Ritualen, die in der neuen Religion keinen Platz hatten, bedingungslos abschworen. Ganz im Gegenteil: Vor dem Hintergrund der Dynamik von Religion in Afrika ist oft erstaunlich, was sich alles vereinen lässt, mit und ohne Konversion, aber immer in schöpferischer Symbiose.

Politik, Alltagsbewältigung und Alltagsstrukturierung

Religiöse Transformation ist mit der Veränderung politischer Machtkonstellationen verbunden. Sie ist ebenso Resultat solcher Veränderungen, wie sie sie bewirkt. In zahlreichen historischen Situationen, von denen hier nur einzelne angeklungen sind, benutzten Herrscher Religion, um politische Gemeinwesen zu konsolidieren. Dazu setzten sie Religion sehr unterschiedlich ein. Und bis heute schmücken sich Herrscher mit der Macht des Religiösen. In zahlreichen Situationen diente Religion auch dazu, Herrschaftskritik zu äußern, in ausgewählten Fällen sogar dazu, Herrschaft zu unterhöhlen und langfristig zu Fall zu bringen. Sich das Potenzial von Religion anzueignen, bedeutet, Konversion in Betracht zu ziehen. Denn dynamisches Element ist nicht nur die Kommunikation mit den Mächten der anderen Welt, sondern auch Konversionen, mithin Entscheidungen, mittels derer Individuen ihre religiöse Zugehörigkeit und damit ihre gesellschaftlichen Positionen und Ausgangssituationen für Machterlangung verändern.

Konversion wiederum, auch wenn dieser Prozess die Veränderung eines Individuums beschreibt, ist sinnvoll nur zu verstehen, wenn diese individuelle Entscheidung im Kontext der sozialen und politischen Netzwerke und auf längere Sicht betrachtet wird. Der Historiker Terence Ranger hat eindrucksvoll die Konversion innerhalb der Familie Samkange in Simbabwe beschrieben, die sich über Generationen in eine Position manövrierte, in der sie sich gesellschaftlich und politisch in verantwortungsvolle Position hocharbeitete. Die Samkanges konvertierten und nutzten, individuell und als Familienverband, das Christentum, um Funktionen in globalen Kirchenstrukturen und postkolonialem Staat einzunehmen.

Für viele andere, die politisch nicht unmittelbar auf- oder abstiegen, bewirkten Konversion und religiöse Transformation Wandel im Alltag, im Sein und im Sehen, brachten erhebliche kulturelle Veränderungen, die das bisherige Leben der Menschen auf den Kopf stellte. Autoren wie beispielsweise die Anthropologen John und Jean Comaroff gehen so weit, von einer Kolonialisierung des Bewusstseins zu sprechen, dem afrikanische Konvertiten unterlagen. Die Hinwendung zum Christentum brachte schließlich über veränderte Kleidungsgewohnheiten, Bauformen, Zeitauffassungen, Kulturtechniken und Geschlechterrollen eine grundsätzliche Transformation des Alltags mit sich, die auf Kosten älterer Traditionen und sozialer wie politischer Organisationsmuster in Politik und Bewusstsein hineinreichte. Für die Konversion zum Islam hat das für Westafrika Robin Horton in ähnlicher Weise argumentiert: Aufgrund der veränderten ökonomischen Einbindung ins atlantische System hätten sich Weltbezüge so erweitert, dass lokale und regionale Götter als Sinn gebende und Schutz bietende Kräfte ihren Deutungsanspruch an einen jeweils zur Verfügung stehenden monotheistischen Hochgottglauben verloren. Die genannten Autoren gehen davon aus, dass sich die Welt veränderte und von außen gesteuerte wirtschaftliche Veränderungen eine Veränderung des Weltbilds erforderten, auf das nur monotheistische Religionen angemessen reagieren konnten – inklusive der damit verbundenen Veränderung in politischen Machthierarchien. Konvertiten wurden dieser Argumentation zufolge geradezu von einer großen Religion überwältigt. Da die langfristige Betrachtung die Perspektive auf weitere Veränderungen wieder öffnet, wird diese These einer Überwältigung wieder abgeschwächt.

Literaturempfehlungen

Allman, Jean M./Parker, John: Tongnaab. The History of a West African God. Bloomington 2005.

Barber, Karin: How Man Makes God in West Africa. Yoruba Attitudes Towards the Orisa, in: Africa 51: 3 (1981), S. 724–745.

Boyd, Jean: The Caliph's Sister. Nana Asma'u, 1793–1865 – Teacher, Poet and Islamic Leader. Totowa, NJ 1989.

Campbell, James T.: Songs of Zion. The African Methodist Episcopal Church in the United States and South Africa. Oxford 1995.

Comaroff, John/Comaroff, Jean: Of Revelation and Revolution. 2 Bde. London 1991, 1997.

Kalu, Ogbu: African Pentecostalism. An Introduction. Oxford 2008.

Ogundiran, Akinwumi: Of Small Things Remembered. Beads, Cowries, and Cultural Translations of the Atlantic Experience in Yorubaland, in: International Journal of African Historical Studies 35: 2–3 (2002), S. 427–457.

Olupona, Jacob K./Gemignani, Regina (Hg.): African Immigrant Religions in America. New York 2007.

Ranger, Terence: Are We Not Also Men? The Samkange Family and African Politics in Zimbabwe, 1920–64. London 1995.

Reid, Richard J.: Political Power in Pre-Colonial Buganda. Economy, Society and Warfare in the Nineteenth Century. Oxford 2002.

Robinson, David: Muslim Societies in African History. Cambridge 2004.

Rowe, John: Mutesa and the Missionaries. Church and State in Pre-Colonial Buganda, in: Hansen, Holger Bernt/Twaddle, Michael (Hg.): Christian Missionaries and the State in the Third World. Oxford 2002, S. 52–65.

Rüther, Kirsten: Zugänge zur Missionsgeschichte. Plädoyer für eine akteurszentrierte Geschichte religiöser Veränderung, in: Zeitschrift für Missionswissenschaft und Religionswissenschaft 100 (2016), S. 210–218.

Wamue, Grace Nyatugah: Revisiting Our Indigenous Shrines Through Mungiki, in: African Affairs 100: 400 (2001), S. 453–467.

8. Gesundheit in Gesellschaften des Mangels und der Fremdbestimmung

Fragen

Gesundheit ist mehr als die bloße Abwesenheit von Krankheit. Wie erhält man sie? Was bedeutet es, krank zu sein? Was macht eine Krankenschwester bei der Behandlung anders als ein Arzt? Worin liegen die besonderen Fähigkeiten einheimischer Experten, zum Beispiel eines *inyanga*, einer *isangoma*, eines Propheten oder wie sie sonst noch genannt werden? Wie lang zieht sich ein Heilungsprozess hin? Was kostet er? Wer bedarf überhaupt der Heilung, wenn das „Wohl"-Befinden einer Familie, eines Dorfes oder einer Nachbarschaft aus dem Gleichgewicht geraten ist? Ist es zielführender, Symptome zu behandeln oder die sozialen Beziehungen? Was tun, wenn das nächste Krankenhaus drei Stunden Fahrt entfernt ist und kein Auto zur Verfügung steht? Wodurch wird individuelles und kollektives Leiden verursacht? Wie verändern sich Krankheiten zeitspezifisch, sodass Menschen bei intensivierter Arbeitsmigration und in den Städten andere Probleme zu behandeln haben als in Zeiten, in denen sich die Palette landwirtschaftlicher Anbauprodukte verändert?

Wenn Gesundheit ein kostbares Gut ist und Menschen in unsicheren Verhältnissen leben, stellen sich viele Fragen, wie sie am besten zu erhalten, zu erwerben und zu stärken ist. Es gibt viele „Rezepte", mit den Herausforderungen umzugehen, die „Krankheitsnöte" stellen. So wird verständlich, dass Gesundheit und Gesellschaft in vorkolonialer Zeit – aber auch bis heute – als Beziehung gedacht wurden. Wenn jemand krank ist, hat das etwas mit der Gesellschaft oder Gemeinschaft zu tun, in der dies passiert. Wenn jemand besonders wohlhabend wird, ist dies ebenfalls der Fall. Wir haben uns daran gewöhnt, Krankheit und Gesundheit in Beziehungen zu denken, die zwischen Arzt und Patienten bestehen. Das ist jedoch zu reduziert. Die Erhaltung von Gesundheit findet in einem dichten Geflecht von Beziehungen statt, in die neben den Erkrankten auch deren Familien, das Dorf oder die Nachbarschaft eingebunden sein können. Oft waren es Menschen aus dem persönlichen oder gemeinschaftlichen Netzwerk, die Schritte der Heilung einleiteten und bestimmten. Das setzte die unterschiedlichen Heilungsexpertinnen, die Männer oder Frauen sein konnten, in Konkurrenz zueinander. Tatsächlich war eine Reihe sehr unterschiedlicher Spezialisten um die Erhaltung, den Erwerb und die Vermehrung von Gesundheit bemüht. Sie waren in die Gesellschaft eingebunden, auch wenn sie aufgrund ihrer besonderen Kenntnisse und der Art ihrer Initiation in ihren „Beruf" immer etwas am Rand standen und zwischen den Welten der Gesunden und Kranken, des Diesseitigen und des Jenseitigen, den Welten der Lebenden, der Geister und der Verstorbenen wanderten. Aus dieser Stellung heraus konnten sie unter Umständen große Weisungsbefugnis entwickeln, denn in Heilungsprozessen ging es über das Behandeln von Symptomen hinaus im Grunde darum, die Welt, das Leiden Einzelner oder die Probleme einer Familie oder eines Dorfes vorherzusagen, zu erklären und unter Kontrolle zu bringen. In solchen Momenten barg Heilung das Potenzial, soziale Kritik öffentlich zu äußern.

Im Lauf der Zeit und im Zuge kolonialer Begegnungen änderte sich das Setting, in dem Gesundheit und Krankheit „ausgehandelt" wurden. Die Einwanderer brachten neue Heilungstechniken mit, wie auch schon frühere Zuwanderer dies getan hatten. So erweiterte und veränderte sich, wie schon zuvor, die Palette von Heilangeboten. Neu war, dass sich ganz allmählich die Art der Konkurrenz änderte – was sich jedoch zu Beginn der kolonialen Begegnungen nicht unmittelbar absehen ließ. Auch die Krankheiten und das, was als Unbill, Leid und Qual definiert wurde, änderten sich. Mit dem Vordringen fremder und Herrschaft beanspruchender Einwanderer, mit Krieg, dem Entstehen von Städten und veränderter Umwelt lösten neue Krankheitsbilder ältere ab. Dass die Schulmedizin die Techniken der Alten verwarf, war jedoch erst spät im 19. Jahrhundert der Fall. Zunächst galt, dass Gesundheit ein fragiles Gut blieb und dass Krankheits- und Heilungsauffassungen in Afrika und Europa nicht auf einem fundamentalen Gegensatz beruhten. Auf dem Land und in abgelegenen Regionen mussten Menschen ohnehin diejenige Heilungsexpertise in Anspruch nehmen, die vor Ort vorhanden war und sich als hilfreich erwies.

Angesichts der Vielzahl von Heilungsangeboten und der unterschiedlichen Interessen, die Menschen verfolgten, wenn sie ihre Gesundheit herstellen oder stärken wollten, hat die medizinethnologische Forschung, allen voran John Janzen, Heilung in den 1970er-Jahren als pluralistisches Feld konzipiert. Dies hat die Wahrnehmung für alternative und parallele Heilungsabläufe geöffnet. Damit wurde afrikanische Medizin einerseits als Wissensform in der Wissenschaft rehabilitiert, andererseits parallel untersucht, teilweise romantisiert und auf jeden Fall von der Schulmedizin abgetrennt. Diese Trennung lag nicht uneingeschränkt im Interesse von Heilern und einheimischen Spezialistinnen, die an der Anerkennung ihrer Kenntnisse interessiert waren. Ob es sich bei den Kenntnissen immer um geschlossene „Systeme" handelte, kann auch angezweifelt werden. Prominent tat dies der Anthropologe Murray Last, der betonte, dass „nicht zu wissen" ein zentrales Element afrikanischer Heilungsvorgehen darstelle, in denen kräftig geborgt und experimentiert wurde.

Grundsätzlich jedoch gerieten ältere auf dem Kontinent verbreitete Heilungstechniken unter Druck, weil sie von Missionen und Kolonialadministrationen – weniger oft von Siedlern und Händlern – als gefährlich oder zumindest nicht wünschenswert eingestuft wurden. Bestimmte Heilungstechniken und ihre Akteure wurden als „Hexerei" abgewertet, tabuisiert oder sogar kriminalisiert, auch wenn sie ihre Bedeutung nie ganz verloren. Wenn Menschen Gesundheit „suchen", wenden sie sich deshalb meist auch an Spezialisten, die anderes können als die angesehenen Ärzte, bleiben aber vorsichtig, darüber in aller Offenheit zu sprechen.

Spezialisten des Heilens

Wer krank war, musste Heilung, den Erhalt von Wohlstand und Wohlbefinden stets aus mehreren Quellen organisieren. Unter Heilungsexperten, auf unterschiedliche Diagnosen und Behandlungen spezialisiert, herrschte daher großer Wettbewerb. Manche verfügten zur Behandlung gerade physischer Symptome über besondere Kenntnisse in der Kräuterkunde, andere über Kräfte, mit Ahnen und Geistern zu kommunizieren. Es gab solche, die gegen Hexen und Schadenszauber kompetent agierten. Nur wenige wussten Blitze zu lenken – sie waren gefürchtet und respektiert, weil ihre „Behandlungen" weit über die Therapierung eines Individuums hinausgingen. Ganze Dörfer und Regionen konnten sie unter ihren – guten wie bösartigen – Einfluss bringen.

Mit der Ankunft von Missionaren betrat eine weitere Gruppe von Spezialisten das Feld, die sich ebenfalls als Experten des Heilens betrachteten. Einige hatten Medizin studiert, die meisten verfügten zumindest über Grundkenntnisse, um bestimmte Schmerzen und Übel behandeln zu können. Weil sie in Gebiete gingen, in denen eine medizinische Infrastruktur nicht zu erwarten war, waren sie zudem oft mit tragbaren Apotheken ausgestattet, die das Interesse der Menschen vor Ort weckten. Häufig berührten missionarische Auffassungen über die Krankheitsverursachung die geläufigen Ansichten vor Ort. Da die Europäer nicht grundsätzlich bessere Heilmittel hatten, waren sie gegenüber fachkundlichem Wissen vor Ort aufgeschlossen und am Wissensaustausch interessiert. Trotzdem, so argumentiert Paul S. Landau in einer Fallstudie, die sich auf das Zähneziehen in Botswana bezieht, wurde den Missionaren bald ein eigener Bereich des Heilens und Wirkens zugeschrieben, wie eben der von Zahnbehandlungen und teilweise anderer chirurgischer Praktiken.

Das alles änderte sich im späten 19. Jahrhundert, auch wenn die Grundversorgung der Regionen mit Heilungsexperten weiterhin schwierig blieb. In dieser Zeit wurden viele afrikanische Königreiche und auch kleinere politische Gemeinwesen militärisch niedergerungen, wogegen sich die Bedrängten wehrten. Die Zahl der „Rebellionen" und „Aufstände" stieg an, es verschärften sich auch die innergesellschaftlichen Konflikte, weil es unterschiedliche Auffassungen darüber gab, wie man sich mit der neuen Macht arrangieren sollte. Spezialisten des Heilens waren aus Sicht der Kolonisierer heikle Akteure, da ihre Interpretationen von Geschehnissen nie sicher zu kontrollieren waren. Nach erfolgreicher Eroberung versuchten Kolonialbehörden deshalb, die Handlungsspielräume durch sogenannte Anti-Hexerei-Gesetze einzudämmen.

Nach der Eroberungswelle des späten 19. Jahrhunderts war der Kolonialstaat bestrebt, seine Macht durchzusetzen. Dazu gehörte auch, den „eigenen" Ärzten und Apothekern ein Auskommen zu sichern. Solange Menschen die Wahl zwischen den Experten und Expertinnen hatten, machten sie die zugewanderten Spezialisten nicht gerade reich. Vielerorts wurden afrikanische oder muslimische Heilungstraditionen kriminalisiert oder mit Hexerei gleichgesetzt. Der Staat gab vor, seine kolonialen Untertanen vor „Scharlatanen" schützen zu wollen. Diejenigen, die nach Gesundheit suchten, wurden angehalten, die Dienste kolonialer Ärzte in Anspruch zu nehmen. Damit wurden differenzierte Unterscheidungen zwischen den vielen, sich auch überschneidenden Expertisen „glatt gebügelt" und eine neue Trenn-

linie zwischen „afrikanischer Hexerei" und „europäischer Medizin" eingeführt. Sie konnte allerdings nur dort wirken, wohin der Kolonialstaat auch
reichte. Wo dies nicht der Fall war, galten andere, aus guter, mäßiger und
auch schlechter Praxis abgeleitete Mechanismen, Krankheit zu bewältigen.
Anstrengungen lokaler Heilungsspezialisten, sich in Verbänden zu organisieren und damit zu professionalisieren, wurden von den kolonialen Behörden vehement abgewehrt.

▌ *In einer erbaulichen Schrift befasst sich die im Auftrag der Leipziger Mission
in Tansania tätige Krankenschwester Elisabeth Vierhub mit der Lebensgeschichte ihres Assistenten, des „treuen schwarzen Krankenpflegers" Gideon
Mkon. Einst kam er aus Moshi in sieben Stunden Entfernung zu ihr. Er
stammte aus einer Familie, die dem Christentum zugewandt war. Schon sein
Bruder war Lehrer geworden. Außerdem hatte seine Mutter einst der noch
jungen Schwester Elisabeth nach stundenlangen Sonneneinstrahlungen das
Brennen der roten Haut mit Fettsalben gelindert. Gideons Mutter hatte der
Frau aus Europa die Haut geheilt, ihr im wahrsten Sinn des Wortes die Haut
gerettet, bevor der junge Mann sich entschied, von den Heilkünsten der zugewanderten Missionare zu lernen, ihnen aber auch die Krankheiten der Menschen vor Ort zu erklären.*
*Gideon Mkon zählt zu denen, die in der Fachliteratur als „Zwischengänger"
bezeichnet werden. Selbst an einem „schlechten Blutkreislauf" leidend (die
Figur des „verwundeten Heilers" ist in der Geschichte des Heilens nachhaltig
etabliert), entwickelte er auf der Missionsstation sein zukünftiges Handlungs-
feld. Er organisierte bei einem „Häuptling" in der Nähe, dem* mangi Ngolelo,
*Fleisch für die hungernden Fremden aus Iramba. Sie waren von skrupellosen
Arbeitsvermittlern an – wie die Autorin es formuliert – „semitische" Arbeitgeber übergeben worden, die sich um das körperliche Wohlergehen dieser Männer nicht kümmerten.*
*Gideon Mkon versorgte auch elternlose Säuglinge. Während einer Abwe-
senheit von Schwester Elisabeth kam es zum Streit mit den anzulernenden
Schwesterngehilfinnen, die daraufhin die Station verließen. Dieser Streit steht
nicht nur für strenge Hierarchien, sondern auch für die begrenzten Aufstiegsmöglichkeiten, die Gideon Mkon in Aussicht standen. Ein großer Teil seiner
Charakterbeschreibung handelt davon, dass er in Momenten der „Schwäche", wie beispielsweise im eigenen Kranksein oder ohne Aufsicht der Mis-*

sionsschwestern, Grenzen überschreitet und unkontrollierten Unmut äußert, weil er keine Eigeninitiative entwickeln darf. Denn obwohl er Fleisch organisiert und Orangenbäume fachkundig beschneidet, wird ihm vorgehalten, sich zuvor nicht mit den Schwestern abgestimmt zu haben. In der selbstlosen Versorgung afrikanischer Notleidender bleibt er aus der Sicht von Schwester Elisabeth kompetenter als in der Handhabung von Stationsregeln und in der Durchsetzung von Ordnung. Gideon Mkons eigene Vorstellungen von Hierarchie und Disziplin, die in der Entlassung der Schwesterngehilfinnen und dem Aufhängen eines Plakates deutlich werden, das den Stock für Lärm und anderen Ungehorsam anordnet, gelten den Schwestern als überzogen. Der Text vermittelt den Eindruck, dass Gideon bei allem guten Willen nicht in der Lage ist, von Europäerinnen gesetzte Regeln sinnvoll, nachhaltig und eigenständig umzusetzen.

Das Traktat stellt dar, dass die Versorgung von Kranken in erster Linie aus Tätigkeiten bestand, die in den Händen der „pflegenden", nicht der „kurierenden" Spezialisten liegen. Der Ton der Erzählung ist erbaulich, doch nicht übermäßig religiös-rührselig. Jeder Wertschätzung Gideon Mkons, den die Autorin grundsätzlich sehr schätzt, steht allerdings eine Herabsetzung – des Charakters oder des Verhaltens – gegenüber, sodass er als Figur nie nur strahlen darf, sondern sich stets etwas „Dunkles" im Hintergrund oder am Horizont abzeichnet. Und so gerät Gideon Mkon als Figur immer auch zu einer „Versuchung", die der Krankenschwester beinahe den Blick vernebelt, wenn sie fast schon vermutet, „er habe überhaupt keine Fehler, er sei ein Mustermensch, wie man ihn in Afrika kaum für denkbar hält". Dass dem schließlich doch nicht so ist, wird zur Grundstruktur der erzählten Biografie, die sich von der Art, die Lebensgeschichten europäischer Krankenschwestern, Missionarsehefrauen und Ärzte zu erzählen, grundlegend unterscheidet.

Einmischungen und fixe Zuschreibung

Im Zuge der kolonialen Eroberung wurde Afrika zum Gegenstand einer öffentlichen Debatte, die anderswo stattfand, doch darauf zielte, Gemeinschaft, Gesellschaft und Individuen in Afrika zu „heilen". Die Aktivitäten der abolitionistischen Bewegung ließen Afrika nicht nur in der öffentlichen Wahrnehmung Großbritanniens immer mehr zu einem Kontinent werden, dem durch den transatlantischen Sklavenhandel eine klaffende Wunde zugefüg worden war. Dieses „erkrankte Herz Afrikas", wie die Anthropologin Jean Comaroff es in Übernahme der damals üblichen Sprache ausdrückt, ließ den Kontinent weniger „männlich" und stark erscheinen und drückte ihm stattdessen das Etikett von „Weiblichkeit" und „Schwäche" auf. Christliche Mission fühlte sich berufen, sich dieser „Wundheit" im Sinne eines humanitären Engagements anzunehmen. Sie trug das Selbstverständnis, als Hände Gottes in dieser geplagten Region heilend und heilbringend zu wirken. Auch den Missionen ging es nicht isoliert um eine Versorgung der Bevölkerung mit physischer Gesundheit. Sie wollten die allumfassende Wirkkraft Gottes beweisen und so Adepten für ihre Religion anwerben. Tatsächlich schwebte ihnen so etwas wie eine verschobene Intervention vor: Statt vom Sklavenhandel verwundet zu werden, sollte Afrika das Heil kennenlernen, das eine in Europa verwurzelte Religion für sie bereithielt. Gerade zu Beginn insbesondere der protestantischen Missionsaktivitäten wurde Afrikanern und Afrikanerinnen nicht unbedingt unterstellt, moralisch korrupt zu sein. Ganz im Gegenteil: Viele Missionen schrieben sich auf die Fahnen, die moralisch unbefleckten Menschen dort vor dem korrupten Welteinfluss zu schützen und ihre Unverdorbenheit zu bewahren.

Terence Ranger, einer der bekanntesten Afrika- und Religionshistoriker für Ost-, Zentral- und das südliche Afrika, streicht in einem seiner Aufsätze heraus, dass Epidemien, die Menschen und Tiere befielen, insbesondere afrikanische Religionssysteme viel stärker unter Druck setzten als beispielsweise das Christentum oder den Islam. Das Auftreten von Epidemien forderte immer die Religion und ihre Götter heraus, ihr Heilungspotenzial unter Beweis zu stellen. Traditionell etablierte Bewältigungsmechanismen schienen in solchen Momenten zu versagen, während religiöse Neueinsteiger Alternativen vorschlagen und in Erklärungslücken vordringen konnten. Tatsächlich entstanden in Momenten der Krise häufig prophetische Bewegungen, die oft weniger Ausdruck antikolonialen Widerstandes darstellten, als dass sie zur inneren Reform in einer in die Krise geratenen Gesellschaft aufriefen. Menschen versuchten, direkt den Kontakt zu den Göttern herzustellen, insbesondere auch unter Umgehung bislang anerkannter Autoritäten, um gesellschaftliche Veränderung und Krisenbewältigung unmittelbar durch das Göttliche zu legitimieren. Mit den Niederlagen gegen koloniale Aggression und aufgrund der langfristigen Verschlechterung der Lebensumstände schienen Heiler und Spezialisten afrikanischer Religion sichtbar zu

„versagen", während die neuen Religionen zumindest neue Antworten oder Erklärungsversuche und auch neue Akteure ins Feld führten.

„Heilung" im Sinne lang etablierter afrikanischer Praxis war nicht unbedingt ein wohlwollender Vorgang, aus dem alle beteiligten Parteien so hervorgingen, dass es ihnen physisch oder psychisch besser ging. Beim „Heilen" im Sinne afrikanischer Traditionen wird am Körper, sei er individuell oder gemeinschaftlich, ein Konsens für die Mehrheit hergestellt, die mit einem Problem oder einer Krise konfrontiert ist. Der Körper eines Individuums mag die „Symptome" zeigen, doch in Ordnung zu bringen ist das Gleichgewicht zwischen allen, die das Leiden des kranken Körpers als Gemeinschaft in Mitleidenschaft zieht. Bei der Herstellung eines solchen „Gleichgewichtes", oft ein restaurativer Vorgang, geht es im Idealfall der Gemeinschaft besser, die an der Behandlung beteiligt ist, doch die Interessen Einzelner können dabei an Bedeutung verlieren. „Heilung" war etwas grundsätzlich anderes, als wenn Ärzte kranke Körper und deren Symptome „kurierten", also in erster Linie und punktuell deren krankhafte Symptome beseitigen wollten. Ein solches Heilungsverständnis setzte sich nur schwer durch. Bei Missionaren und Krankenschwestern hingegen war das anders, denn auch sie verstanden ihre Tätigkeit als „Heilungsakt", der mit der Heilung des Körpers auch soziale und moralische Erneuerung des Individuums und der Gemeinschaft einleiten sollte.

Im Prozess der Kolonialisierung veränderte sich die Rolle der *chiefs* und der Ältesten. Einige wurden entmachtet, andere durch die Kolonialmacht gestützt. Deshalb mussten sowohl *chiefs* wie Missionare darauf reagieren, dass die Mehrheit der Menschen meinte, mit den Missionaren neue Heilexperten vor sich zu haben. Wenn *chiefs* oder die Führer politischer Gemeinwesen, bis hin zu Königen, die Anwesenheit von Missionaren nicht explizit verboten, ließen sie die Ankömmlinge zum Beispiel entweder um Regen beten oder Vertreter der Elite körperlich heilen. Dies waren Rituale, bei denen es um die Prosperität des Gemeinwesens ging. Wer sich oder seinen Gott in solchen Situationen bewies, konnte einen Etappensieg verbuchen. Während der vorkoloniale Erwerb und Erhalt von Gesundheit in Allianz mit *chiefs* und Ältesten stand, begannen Heiler, mit der kolonialen Entmachtung hergebrachter Autoritäten auch abgekoppelt von deren Macht zu handeln. Auch in afrikanischen Heilungssystemen trat das kurative Element stärker hervor, das sich auf die Behandlung einzelner Symptome konzentrierte, während Heiler und Heilerinnen seltener die Aufgabe wahrnahmen, ihre Autorität und ihr Können für die Herstellung eines Ausgleichs einzusetzen, der den „gesundeten" Fortbestand einer Gemeinschaft garantieren sollte. Gleichzeitig ging mit der Entmachtung von *chiefs* in afrikanischen Gesellschaften eine zentrale Instanz verloren, die Missbrauch von Heilkräften, auch Zauberei und Hexerei, bzw. die Bündelung unterschiedlicher Interventionsformen in Körper und Gesundheitszustand einer Gesellschaft zu kontrollieren vermochte. Hexerei und Schadenszauber wurden deshalb während der Kolonialzeit zu einer öffentlichen Herausforderung, die weder Missionare noch Kolonialbeamte in den Griff bekamen. Es entstanden zahlreiche Anti-Hexerei-Bewegungen, in denen Personen vorgaben, Hexen und Schadensbringer identifizieren und gegen sie vorgehen zu können. Dagegen hatten die Kolonialregierungen keine Lösung parat. Sie erließen Gesetze, die sowohl „Hexerei" als auch nicht autorisiertes Vorgehen dagegen eindämmen sollten. Aber die Gesetze der Fremdherrscher „heilten" oft nicht die Probleme der Menschen.

Herrschaftsdurchsetzung: Medizin als Mittel zum Zweck bei stadträumlicher Planung

Ging es seit der Frühphase der kolonialen Eroberung darum, um „Heilung" und deren Anwendungsbereiche zu streiten, gelangten Kolonialregierungen mit der Verwissenschaftlichung von „Medizin" in den Besitz eines Instrumentes, mit dem sich Herrschaft insbesondere nach dem Auftreten von Epidemien verstärkt durchsetzen ließ. Von den letzten Jahren des 19. Jahrhunderts bis in die 1940er-Jahre hinein machte sich der Kolonialstaat dafür in zahlreichen Städten medizinisch begründete Hygienemaßnahmen zunutze, um seine Herrschaftsinteressen durchzusetzen. In die Städte zog es Menschen, die dort handeln, arbeiten und leben wollten. Weil dort Menschen verschiedener Herkunft zusammenkamen, boten Städte Möglichkeiten des Aufstiegs und der neuen kulturellen Orientierung. Sie wurden zu Knotenpunkten, an denen Menschen ihre Netzwerke und die ihrer Familien erweitern konnten. Die Vorstellung, solche dynamischen Prozesse zu kontrollieren und planerisch zu lenken, war in der Geschichte verwegen und bleibt es bis heute. Stadträumliche Planung, die über Hygienemaßnahmen eingeleitet wurde, mag ein Phänomen der Vergangenheit sein, doch die Maßnahmen von damals prägen die Aufteilung von Stadtgebieten bis heute.

In Städten wie beispielsweise Freetown und Saint-Louis de Senegal lässt sich das spezifische Zusammenwirken von auftretenden Epidemien und Stadtraumregulierung anschaulich nachvollziehen. Dabei werden auch die Besonderheiten von Kolonialstaatlichkeit in einer Phase deutlich, als diese darum bemüht war, staatliche Behörden effizienter wirken zu lassen. Freetown ist ein gutes Beispiel dafür, wie der sich etablierende Kolonialstaat trotz aller Versuche, Wohnräume für Europäer und Afrikaner getrennt zu definieren, sich nur minimal gegen die Interessen der Bevölkerung vor Ort durchsetzte. St. Louis wiederum ist ein Beispiel, an dem sich nachvollziehen lässt, wie es dem Staat gelang, mit der Durchsetzung hygienischer Maßnahmen solche Teile der Bevölkerung an die Ränder zu siedeln, die im Stadtkern nicht gewünscht waren.

In Freetown, Sierra Leone, gab es eine ethnisch heterogene Elite, die aus einem schwarzen Bürgermeister, einer Kommunalregierung und einer Klasse westlich ausgebildeter Journalisten, Ärzte und Juristen bestand. Sie sonderte sich von kulturell als „anders" definierten ärmeren Stadtbewohnern ab. Dort führte zwischen 1850 und 1920 medizinisches Denken bei den Behörden zu der zusätzlichen Annahme, dass die Wohngebiete der Europäer von denen afrikanischer Familien, insbesondere von Kindern, getrennt gehalten werden müssten. Damit war die Erwartung verbunden, das Risiko der Infektion mit Malaria zu minimieren. Die Idee von den abgesonderten europäischen Eliten in sanitär besonders angelegten Stadtteilen, der sogenannten Hill Station, deren Name übrigens an koloniale Wohnkonzepte aus Indien erinnert, konnte sich aber nur deshalb durchsetzen, weil die kreolische Elite, die sich ja ebenfalls von den als „arm" und „barbarisch" definierten lokalen Einwohnern absetzte, bereit war, diese aus der Metropole angestoßene und in Indien bereits ausprobierte Fortschritts- und Segregationsidee sowie deren Umsetzung mitzutragen. Dabei tat sich in Sierra Leone der kreolische Teil der Bevölkerung immer auch schwer, die Malaria- und Separationspolitik einhellig zu unterstützen, wie die Sozialhistorikerin Odile Goerg dies vor allem aus Debatten in Zeitungen rekonstruiert. Insbesondere die Krio-Elite rang darum, nicht vom weißen Teil der Elite getrennt zu werden, da sie befürchtete, Sierra Leone könnte zu einer Siedlerkolonie für Europäer werden, was die Trennungsmechanismen weiter verstärkt hätte. Letztendlich sonderte sich hier eine kleine Gruppe ab, und zwei lange miteinander verwobene Eliten arrangierten sich. Nach einigen Jahren stellte sich jedoch heraus, dass Hill Station als Schutzmechanismus gar nicht funktionierte, weil kaum Europäer dorthin zogen. Ihnen war klar, dass sie sich so nicht vor Malaria schützen konnten und auf die Kooperation mit der kreolischen Elite angewiesen waren. Insofern blieb die Wirkmächtigkeit einer planmäßig segregationistischen Politik hier letztlich begrenzt.

Kalala Ngalamulume, spezialisiert auf die Geschichte von Gesundheit und Krankheit in Westafrika, untersucht anhand von Gelbfieberepidemien in Saint-Louis de Senegal, dass in der Mitte des 19. Jahrhunderts, als der französische Kolonialismus in der Region gewissermaßen noch in den Kinderschuhen steckte, ein noch dominierendes miasmatisches Verständnis von Krankheitsverursachung zunächst einmal tatsächlich zur Reduzierung der Todesfälle in der Stadt führte. Zugleich wurden auch hier die afrikanischen und armen Bevölkerungsteile pathologisiert, indem auch hier die Behörden bis 1920 unnachgiebig segregationistische Stadtpolitiken formulierten. In der Rhetorik der französischen Kolonialmacht gewannen nicht solche Etikettierungen wie „arm" und „barbarisch", sondern die Abqualifizierungen als „schmutzig" die Oberhand. Die Behörden ließen verlautbaren, dass „saubere" Bürger und Menschen, die mit dem Staat kooperierten, dessen Schutz verdienten, dass aber „unsaubere" und tendenziell widerständige Personen, die sich aufsässig gegen die Ordnung des Staates zeigten, diese Protektion nicht erwarten dürften. In den Genuss staatlicher Gesundheitsfürsorge kamen nur diejenigen, die als potenzielle Bürger akzeptierbar waren, nicht in schmutzigen Behausungen lebten oder sich mit als schmutzig geltenden Seeleuten einließen. Der Aufenthalt im Stadtzentrum wurde durch die Ausgabe von Impfkarten reglementiert. Dagegen protestierten zwar die Marktfrauen, die kurzerhand entschieden, keinen Fisch mehr im Zentrum zu verkaufen. Sie wurden damit aber in ihrem Wohngebiet, dem bevölkerungsreichen Guet Ndar, isoliert. Dorthin wurde in der Zeit um den Ersten Weltkrieg sogar das Militär geschickt, um hygienische Aktionen durchzusetzen. Bis heute liegt die Halbinsel Guet Ndar abgeschottet vor den Toren der Stadt, in die Infrastruktur haben weder der koloniale noch der postkoloniale Staat je investiert. Die Menschen dort beobachten sehr genau, wer zu ihnen in die staubigen Straßen kommt, und bleiben verschlossen.

Beide Beispiele stehen auch dafür, dass der Kolonialstaat bis in die 1940er-Jahre hinein nur in höchstens zweiter Linie an der Bereitstellung einer staatlich finanzierten medizinischen Infrastruktur interessiert war, die den

Menschen in der Kolonie eine Gesundheitsversorgung garantiert hätte. Dies blieb individuellen Ärzten, Missionen und Heilern überlassen – letztlich den Menschen selbst. Stattdessen richtete sich das Interesse der Kolonialmächte darauf, die eigene Macht „gesund" zu halten und eine medizinische Infrastruktur nur dann zur Verfügung zu stellen, wenn sie die Kolonie ökonomisch rationalisierter nutzbar machen würde. Eine staatlich gesicherte Gesundheitsversorgung fehlt bis heute in vielen Ländern. Dafür sind die stadtplanerischen Eingriffe, die im Namen von Hygienemaßnahmen erfolgten, in der Aufteilung von Stadtgebieten bis heute sichtbar.

Tambacounda

Der Weg von der Hauptstadt Dakar in das Regionalkrankenhaus von Tambacounda, weit im Osten Senegals, war beschwerlich. Er führte über Straßen, die auf manchen Teilstrecken den Fahrer herausforderten, kreativ mit Schlaglöchern umzugehen. Er führte durch Provinzen, in denen großflächig Salz gewonnen wird und die Behausungen der Menschen ganz anders sind als um Dakar. Mit dem Bus fährt man durch zahlreiche Orte, an deren Straßen sehr viele Einrichtungen und Kliniken, Stationen und Gebäude mit medizinischen Symbolen zu sehen sind. Es ist schwer zu sagen, was sich hinter diesen Fassaden jeweils verbirgt. Jedenfalls sind wir hier in einem Land, das der menschlichen Gesundheit viel abverlangt. Lang ist der Weg erst recht für viele Menschen, die im Regionalkrankenhaus von Tambacounda nach Linderung ihrer Beschwerden suchen. Sogar aus Mali kommen Patienten und ihre Familien über die Grenze hierher und werden für erschwingliche 1.000 Francs CFA (zentral- bzw. westafrikanische Währung) eingelassen. Die Ausstattung des Krankenhauses ist dramatisch schlecht. Engagierte Ärzte und Krankenschwestern, die oft monatelang auf ihr Gehalt warten müssen, behandeln viel zu viele Patienten – Frauen, Männer und vor allem Kinder – mit viel zu wenigen Mitteln. Die Medikamentenvorräte sind zu vernachlässigen. Viele Kinder, von ihren Eltern gebracht, leiden an Atem- oder Verdauungsbeschwerden. Die Rate der tot geborenen Kinder ist hoch, höher als in Nachbarländern. Doch was sollen die Menschen machen, wenn der Staat für den Erhalt einer medizinischen Infrastruktur nicht aufkommt und deren Erhalt lieber NGOs überlässt? Das Krankenhaus verfügt über einen Operationssaal, der allerdings nur selten benutzt wird, weil die Geräte und medizinisches Besteck fehlen. Auf dem Gelände gibt es sogar eine Verbrennungsstation für Wund- und Operationsabfälle, doch meist fehlt der Brennstoff für ihren Betrieb. Man lernt Demut. Man empfindet Wut. Hier ohne staatliche Unterstützung strukturell etwas zu verändern, was Mensch und Gesellschaft gesünder macht, ist ein schwieriges Unterfangen. Für viele Gesundheitsbedienstete sind solche Verhältnisse ein Faktor, ins europäische, nordamerikanische oder neuseeländische Ausland zu gehen, um dort Geld zu verdienen.

Nachdem Missionskrankenhäuser in staatliche Aufsicht überführt wurden, wurden sie zum Inbegriff für Moderne und Biomedizin. Vom lokalen Verständnis dessen, was Krankheit verursachte und wie Zustände des Krankseins durch gemeinsames Handeln wieder ausgeglichen werden sollten, hoben sie sich scharf ab. In Krankenhäusern wurde Krankheit auf Symptome und der Patient auf seinen Körper reduziert. Krankenhäuser boten allerdings auch eine der wenigen Möglichkeiten für sozialen Aufstieg. Das galt besonders für Frauen, die sich beruflich als Krankenschwestern qualifizieren konnten, aber auch für männliche Krankenpfleger, die traditionell bei den Missionen in diesem Metier gute Ausbildungschancen gefunden hatten. Dabei waren Konkurrenz und Hierarchien unter Krankenschwestern harsch und die Profession meist rassisch segregiert. Afrikaner durften den Arztberuf lange nicht ergreifen. Einige Krankenhäuser wie beispielsweise Korle Bu in Accra oder Groote Schuur in Kapstadt genossen immenses Ansehen. Das war in Tambacounda, einem abgelegenen Krankenhaus, grundsätzlich anders.

Literaturempfehlungen

Comaroff, Jean: The Diseased Heart of Africa. Medicine, Colonialism, and the Black Body, in: Lindenbaum, Shirley/Lock, Margaret (Hg.): Knowledge, Power and Practice. The Anthropology of Medicine and Everyday Life. Berkeley 1993, S. 305–329.

Curtain, Philip: Medical Knowledge and Urban Planning in Tropical Africa, in: American Historical Review 90: 3 (1985), S. 594–613.

Goerg, Odile: From Hill Station (Freetown) to Downtown Conakry (First Ward). Comparing French and British Approaches to Segregation in Colonial Cities at the Beginning of the Twentieth Century, in: Canadian Journal of African Studies 32: 1 (1998), S. 1–31.

Janzen, John M.: Pluralistic Legitimation of Therapy Systems in Contemporary Zaire, in: Harrison, Ira. E./ Dunlop, David W. (Hg.): Traditional Healers. Use and Non-Use in Health Care Delivery. East Lansing, Michigan 1975, S. 105–122.

Landau, Paul S.: Explaining Surgical Evangelism in Colonial Southern Africa. Teeth, Pain and Faith, in: Journal of African History 37 (1996), S. 261–281.

Last, Murray: The Importance of Knowing about Not Knowing. Observations from Hausaland, in: Feierman, Steven/ Janzen, John J. (Hg.): The Social Basis of Health and Healing in Africa. Berkeley, CA. 2009, S. 393–406.

Ngalamulume, Kalala: Keeping the City Totally Clean. Yellow Fever and the Politics of Prevention in Colonial Saint-Louis-du-Sénégal, 1850–1914, in: Journal of African History 45 (2004), S. 183–202.

Ranger, Terence: Plagues of Beasts and Men. Prophetic Responses to Epidemic in Eastern and Southern Africa, in: Ranger, Terence/Slack, P. (Hg.): Epidemics and Ideas. Essays on the Historical Perception of Pestilence. Cambridge 1992, S. 241–268.

Rüther, Kirsten: Claim on Africanisation. Healers' Exercises in Professionalisation, in: Journal for the Study of Religion 15: 2 (2002), S. 39–64.

Spitzer, Leo: The Mosquito and Segregation in Sierra Leone, in: Canadian Journal of African Studies 2: 1 (1968), S. 49–61.

Vaughan, Megan: Healing and Curing. Issues in the Social History and Anthropology of Medicine in Africa, in: Social History of Medicine 7: 2 (1994), S. 283–295.

Vierhub, Elisabeth: Gideon Mkon. Ein treuer schwarzer Krankenpfleger. 2. Aufl. Leipzig 1925. *(Missionsschrift)*

9. Auf der Suche nach Bildung und Arbeit

Recht auf Schule

Wer sich in der Geschichte Österreichs, der Schweiz, Deutschlands oder manch anderer Länder mit der Entwicklung des Schulwesens befasst, begegnet dem zentralen Begriff der allgemeinen Schulpflicht. Vom Staat eingeführt, machte sie Eltern zur Pflicht, ihren Kindern Schulbildung zuteilwerden zu lassen, die als Bereich staatlicher Infrastruktur bereitgestellt wird. Was an der Schule gelehrt wurde, forderte Eltern im 19. Jahrhundert vielfach zu Petitionen und Eingaben auf, denn nicht immer hielten sie für sinnvoll, was die Schule vermittelte. Auch mit den Disziplinierungsvorstellungen von Lehrern und Pastoren stimmten sie nicht immer überein. Schule bereitet auf Teilhabe an der Gesellschaft vor, zugleich lehrt sie und bildet ab, wie Gesellschaft sich und ihre Grundwerte versteht und wie sie in die Zukunft gehen will. Immer ist sie auch ganz individuelle und persönliche Erfahrung. Strukturell jedoch eröffnet Schulbildung Möglichkeiten, sich auf dem Arbeitsmarkt zu positionieren. Als ich das erste Mal in Südafrika war, fiel mir auf, dass dort praktisch nie die Rede von Schul*pflicht* war. Stattdessen wurde und wird das *Recht* auf Schule eingefordert. Betrachtet man die Geschichte des Schulwesens in ausgewählten Kolonien, wird begreiflich, warum das so ist.

■ *Tsitsi Dangarembga stellt in ihrem Roman* Nervous Conditions *als Hauptfigur Tambudzai vor. Ihr ist es gelungen, eine Schulausbildung zu erwerben, ohne tiefgreifende Schäden an Person, Psyche und Körper hinnehmen zu müssen – dies in einer Situation, in der die Schulversorgung nur für die wenigsten über das Elementarschulwesen hinausgeht. Tambudzais Ausgangssituation ist verhältnismäßig schwierig, weil die Familie in ihren älteren Bruder Nhamo als denjenigen investiert, der in den Genuss von Schulbildung kommen soll. Dabei hilft die Patronage eines Onkels, der einen Bachelor-Abschluss in Südafrika und nach einem weiteren Studium – mithilfe eines Stipendiums einer Mission – 1965 einen Master-Abschluss in Großbritannien erworben hat. Da* für zwei Kinder das Geld für die Schule fehlt, muss Tambudzai 1962 sogar die Elementarschule nach nur einem Jahr Unterricht verlassen. Doch sie wehrt sich, fest entschlossen, das Schulgeld aus den Erträgen eines eigenen kleinen Maisfeldes selbst zu erwirtschaften. Amüsiert verfolgt der Vater die Zähigkeit seiner Tochter, die zwar nach einigen Verlusten durch Diebstahl den Mais erntet, aber nicht weiß, wie sie ihn gewinnbringend verkaufen soll. Freundlicherweise unterstützt sie ihr Lehrer, der sie auf einer seiner Fahrten in die Stadt Umtali mitnimmt. Dort kann sie am Straßenrand den Mais feilbieten, wo die weiße Kundschaft weitaus mehr als im Dorf für das Produkt zu zahlen bereit ist. Allerdings erregt Tambudzais Ambition den Vorwurf der Kinderarbeit, gar Sklaverei. Erst nachdem der Lehrer die Situation unterwürfig erläutert hat, geben die Straßenpassanten aus schlechtem Gewissen und Mitleid großzügig Almosen, kaufen aber nicht die Früchte von Tambudzais Arbeit. Immerhin kann sie den Schulbesuch fortsetzen, doch erst der Tod des Bruders 1968 eröffnet der zu diesem Zeitpunkt Dreizehnjährigen Spielräume, jene Schulbildung zu genießen, die sie später in die Lage versetzt, den Bericht schriftlich zu verfassen, in dem die Erzählerin sich an alles erinnert.

Die Schulbildung, die Tambudzai als Heranwachsende erwirbt, konfrontiert sie mit ähnlichen Fragen und Anforderungen wie ihre Kusine Nyasha, die während des Aufenthalts ihrer Eltern in England dort die Schule besucht hat und nun wieder im werdenden Simbabwe ist. Beide jungen Frauen müssen ihren Weg und ihre Rolle in einer Gesellschaft finden, die sich politisch und generationell im Umbruch befindet und dabei strenge moralische Anforderungen an Frauen stellt, die immer zwei Rollenvorstellungen zugleich bedienen müssen. Die Manövrierräume macht das für die Mädchen nicht eindeutiger.

Dangarembga erzählt eine Geschichte ihrer Generation. Das zentrale Referenzjahr ist 1968, als Tambudzais Bruder stirbt und in dem im realen Simbabwe – worauf der Text allerdings keinen Bezug nimmt – ZANU und ZAPU den Widerstandskampf gegen das Regime von Ian Smith aufnehmen. Immer wieder sind historische Eckdaten, Altersangaben und Jahreszahlen in den Text eingestreut, auch wenn Fremdherrschaft und Widerstandskampf nie direkt angesprochen werden, dafür aber die Möglichkeiten eines zaghaften Konsums ebenso aufscheinen wie neue Rumbatexte, die zum Tanzen auffordern und die Knappheit des Geldes thematisieren. Selbst 1959 geboren, kreiert Tsitsi Dangarembga Protagonisten, die nur wenige Jahre älter sind als sie selbst. In Bezug auf ihre Schulkarrieren setzen sich diese fast gleichaltrigen Personen

**Recht auf Schule:
Ein Ausbildungsabschluss
ist viel wert**

*Das Bild schenkte mir
die Tochter eines etwa
80-jährigen Pastors bei
Rustenburg, mit dem
ich ein Interview zur
Geschichte seiner Kirche
führen durfte. Mit einer
langen, sorgfältig vorbe-
reiteten Rede hieß er mich
in seinem Wohnzimmer als
Fremde willkommen, die
sich entschieden habe, mit
seiner Kirchengemeinde
ein Stück des Weges ge-
meinsam zu gehen. Ich saß
währenddessen in einem
der hier sichtbaren rosa ge-
polsterten und mit Plastik
überzogenen Sessel. Seine
Tochter, Lehrerin, schenkte
mir zum Abschied das
Foto, damit ich mich an sie
und ihren Vater erinnern
möge. Es zeigt sie in rot-
schwarz-kariertem Kostüm,
über das sie akademi-
sche Robe, Schärpe und
Kopfbedeckung trägt. Ihre
Abschlussurkunde hält sie
aufgerollt in den Händen.
Ein hoher Bildungsab-
schluss ist etwas Besonderes.*

mit ihren Eltern auseinander, die nicht nur unterschiedliche Auffassungen und Erfahrungen vertreten, sondern auch verschiedene materielle Voraussetzungen für die Zukunftsgestaltung bereitstellen (können). In der Figur des Onkels kristallisiert sich die realhistorische Erfahrung, dass Möglichkeiten einer weiterführenden Bildung in Simbabwe nach 1945 so restriktiv waren, dass die Bildungshungrigen ihre Abschlüsse in Südafrika erwerben mussten. Interessanterweise wurde parallel dazu eine Diskussion angestrengt, ob in Simbabwe eine Universität benötigt wurde und diese rassisch getrennt aufgebaut werden sollte.

Nach dem Ende des Zweiten Weltkriegs ging es den Kolonien ökonomisch gut, in verschiedenen Wirtschaftssektoren stieg der Bedarf an teilausgebildeten und ausgebildeten Arbeitskräften. Gleichzeitig verschlechterte sich die Bodenqualität, sodass kleinbäuerliche Produktion nicht länger als zukunftsträchtige wirtschaftliche Tätigkeit erschien. In den 1950er-Jahren, nach der Einführung von Apartheid in Südafrika, reduzierten sich schließlich dort gemäß der Philosophie der Bantu Education die Möglichkeiten für Afrikaner und Afrikanerinnen, höhere Bildung jenseits der University of Fort Hare, der University of the Witwatersrand, der University of Cape Town oder der Medical School an der University of Natal in Anspruch zu nehmen. Jetzt gingen Bildungssuchende von Südafrika nach Simbabwe, um dort am 1957 gegründeten University College of Rhodesia and Nyasaland in Salisbury, dem späteren Harare, die gewünschte Universitätsbildung zu erlangen.

Die Mädchen, die Mitte der 1960er-Jahre ihre Schulkarrieren begannen, stellte das, der Zeit entsprechend, in ein Spannungsfeld, in dem Tradition und Moderne austariert werden mussten. In diesem Spannungsfeld wird außerdem deutlich, dass der Diskurs um Rechte, dem man heute begegnet, auch eine Sprache der Fiktion und der Illusionen befördert. Denn nicht alle verfügen über dieselben Voraussetzungen, Rechte in Anspruch zu nehmen. Tatsächliche soziale Unterschiede sollten Menschen zwar nicht beeinträchtigen, als gleiche Bürger dieselben Rechte in Anspruch zu nehmen, tun es aber, solange keine entsprechenden Politiken initiiert werden, die allen den Schulbesuch ermöglichen. Reale Ungleichheiten und Unterschiede werden durch den Diskurs um Rechte tendenziell verdeckt, die Konflikt- und Machtkonstellationen der Ungleichheit bleiben intakt, wie beispielsweise der Erziehungswissenschafter Salim Vally konstatiert.

Nach der Unabhängigkeit Simbabwes 1980 weitete sich der Schulsektor ebenso wie die Lehrerbildung enorm aus. Mit der Bereitstellung einer schulgeldfreien Grundschulbildung stieg die Zahl der Einschreibungen massiv. Waren 1979 noch ungefähr 800.000 Jungen und Mädchen eingeschrieben, lag diese Zahl 1986 bereits bei 2,3 Millionen. Weiterführende Bildung blieb kostenpflichtig, aber auch hier erhöhte sich die Zahl der Einschreibungen von 66.000 im Jahr 1979 auf 537.000 im Jahr 1986, verteilt auf 1.300 Schulen. Verlage etablierten sich in Simbabwe und bildeten die Voraussetzung für die einheimische Schulbuchproduktion. Zahlreiche Schulbücher wurden von Lehrern, Mitgliedern der Lehrerausbildungsstätten, der University of Zimbabwe oder Universitäten im südlichen Afrika verfasst. Dieser Entwicklungsschub wurde bald gebremst, als bereits zu Beginn der 1990er-Jahre die Strukturanpassungsprogramme griffen. 1992 wurden Schulgebühren für Grundschulen eingeführt sowie die Gebühren für Einrichtungen der Sekundärbildung mit dem Ergebnis erhöht, dass die Schülerzahlen unmittelbar zurückgingen.

Eingeengte Spielräume

Schulunterbrechungen kennzeichnen bis heute zahlreiche Schulkarrieren. Oft ist das einem Geldmangel sowie anderen Umständen zuzuschreiben. Tsere Mona, in Langa aufgewachsen und kaum älter als 20 Jahre, sprach über eine solche Erfahrung, als ich ihn 2003 interviewte, anlässlich eines Projekts zum in den 1990er-Jahren diskutierten interkulturellen Religionen-Unterricht, der *religion education*. Die Kinder, mit denen er zehn Jahre zuvor als Elfjähriger, als er noch Teriletu hieß, an diesem Projekt teilgenommen hatte, lebten in jüdisch geprägten Vororten, Siedlungen südafrikanischer Inder oder Wohngebieten der Coloureds. Sie kamen nicht aus reichen Familien, doch alle waren besser situiert als Teri, der sich nach seiner Initiation vor einigen Jahren Mona nannte, nach dem Namen seines Vaters. Bei den anderen waren die Schulkarrieren unterschiedlich, doch durchgängig verlaufen, manche waren bereits berufstätig. Tseres Bildungsweg war seit dem Ende des Projekts häufig unterbrochen worden. Er besuchte jetzt Standard 6, konnte aber die notwendigen Schulbücher nicht kaufen. „Wir sind alle gleich, aber irgendwie auch nicht", war seine Erfahrung. Im Township musste er sich täglich gegen Alltagsgewalt und die materiellen Anforderungen des Überlebens behaupten. Trotz allem sah er mit ungebrochener Kraft und großem Optimismus seiner Zukunft entgegen, mit Feingefühl für Ungleichheit und Ungerechtigkeit und mit ausgeprägtem Bewusstsein für die notwendigen Werte, um diese Welt zu verbessern.

Eindrücke einer Welt, die global war und jenseits der Townships Aufstiegsmöglichkeiten versprach, gelangten über Medien und in Form bruchstückhaften Schulwissens zu Tsere. Er machte sich viele Gedanken. Wollten die Juden in Deutschland nicht richtig arbeiten? Warum kamen sie nicht dorthin zurück, wohin er so gern ginge, hätte er nur die Mittel dazu? Seine Fragen demonstrierten Wissensdurst und gefälliges Wissen – schließlich kam seine Gesprächspartnerin aus Deutschland. Sie zeigten, wie sich die Welt und ihre Geschichte völlig anders lesen lassen, in einer Weise, die uns irritiert, sogar verstört, die sich aber aus der spezifischen, von der Welt ausgeschlossenen Perspektivierung ergab, in der Tsere sich bewegte. Ob er jemals einen Beruf würde ergreifen können, der ihm helfen würde, sich und seine Familie zu ernähren, stand in den Sternen, um noch einmal das Bild aus der Publikation Mamphela Rampheles zu bemühen.

Spätkoloniale Versprechen

Aus zeitlich weiter zurückliegenden Phasen als jenen, in denen Tambudzai oder Tsere Bildung und Arbeit suchten, mag das Leben der 1913 in Lagos geborenen Kofoworola Aina Moore interessieren. Ihre Schulkarriere begann in einer unberechenbaren Übergangszeit: Einerseits hatte sich der Kolonialismus durchgesetzt und die Mehrheit afrikanischer politischer Gemeinwesen war politisch niedergerungen, andererseits begann die Legitimität fremder Herrschaft nach dem Ersten Weltkrieg schon wieder brüchig zu werden. In dieser Zeit standen elementare Bildungsinhalte wie Lesen, Schreiben und Rechnen hoch im Kurs – neben Religion selbstverständlich, die für die Missionen die bevorzugte Grundlage bildete, Lehrinhalte zu vermitteln und zu rahmen. Nur zögerlich unterstützten Kolonialadministrationen die Missionsschulen, außer mit kleinen Zuschüssen gegen Anpassung des Curriculums oder Einführung des Englischen als Unterrichtssprache und mit einzelnen Landanweisungen. Die (britische) Kolonialmacht begann allmählich, Schule als Medium zu verstehen, um die Mehrheit der Menschen zu Untertanen – in einem bürgerlichen Zeitalter aber nicht zu Bürgern! – zu erziehen und einer kleinen Gruppe aus den „post-unterworfenen" Gesellschaften den Aufstieg zu ermöglichen, damit diese im Sinne einer „indirekten Herrschaft" Aufgaben in der Herrschaftsvermittlung übernehmen würden. So sollte vor Ort eine kooperationswillige einheimische Elite, die oft ethnisch untergliedert, unterschiedlich definiert und gesondert behandelt wurde, als verlängerter Arm der Kolonialmacht in die Herrschaftssicherung einbezogen und dafür entsprechend ausgebildet werden. Für sie waren Privilegien vorgesehen, jedoch stand nie zur Debatte, dass sie mit den Kolonisierenden etwa gleichgesetzt würden. Unter keinen Umständen sollten sie als sogenannte „Imitate" der in der Kolonialmetropole angesiedelten oder aus der Metropole kommenden Bevölkerung gelten, sondern stattdessen die „besseren Einheimischen" darstellen. Versprechen und Zurücksetzung wurden in dieser Zeit zu zentralen Momenten der kolonialen Beziehung. Die Nachfrage nach Bildung stieg in dieser Zeit dennoch enorm an.

In Siedlerkolonien und Kolonien, in denen kleinere Gruppen von Farmern die Interessen der Siedler vertraten, war diese Politik nicht sehr gelitten. So hallte in Simbabwe beispielsweise der Chimuranga von 1896, jener große antikoloniale Widerstand, nach oder in Malawi ein Aufstand von 1915, bei dem Siedler und Kolonialbehörden dem Anführer, John Chilembwe, der einen Missionshintergrund hatte, einen angeblich zu hohen Bildungsgrad zur Last legten. Farmer oder Siedler sprachen sich hier, wo Regierungen, allen voran aber die Siedler mit der Stabilisierung ihrer eigenen Position befasst waren, prinzipiell gegen eine aus ihrer Sicht übermäßige Bildung von Afrikanern aus.

In diese Phase der kolonialen Bildung fiel auch die Finanzierung von Schulinitiativen durch den einflussreichen Phelps Stokes Fund, der das Ideal der sogenannten „angepassten Bildung" verfolgte und durch den sich internationale Bildungspolitik im britisch dominierten kolonialen Afrika bemerkbar machte. Diese Stiftung favorisierte ein Bildungsmodell, das aus der nordamerikanischen Bürgerkriegserfahrung abgeleitet war. Booker T. Washington, ein Afroamerikaner, dessen konservative Sozialauffassungen ihn bei Weißen des amerikanischen Südens salonfähig machten, begründete in diesem Sinne ab 1881 die Bildungsphilosophie des Tuskegee Institute in Alabama mit, das sogenannte *negro education* vor dem Hintergrund eines massiv ansteigenden Rassismus in den USA für befreite Sklaven bereitstellte. Hinter diesem Konzept verbarg sich der Versuch, dass Afroamerikaner auf dem Land bleiben und sich dort selbst verbessern würden, um in der Zukunft Anerkennung und Unterstützung der Weißen zu gewinnen. Zudem sollte diese Art der Bildung ein eigenes Gruppenbewusstsein hervorbringen.

Das Konzept ließ sich gut auf den afrikanischen Kontext übertragen, eine Aufgabe, der sich der amerikanische Soziologe Thomas Jesse Jones widmete. Auch in Afrika sollten Schüler und Schülerinnen für Arbeit im ländlichen Bereich ausgebildet und ihnen das entsprechende Bewusstsein mitgeliefert werden, zu einer ethnisch oder rassisch definierten Gemeinschaft zu gehören und sich hauptsächlich über diese – nicht etwa über soziale Zugehörigkeit – zu identifizieren. Unterrichtsfächer waren Sauberkeit und Hygiene, „Erziehung fürs Häusliche" (*home life training*), ein Fach, das eine Vorbereitung auf die Landwirtschaft, nicht aber eine Heranführung an technische Berufe beinhaltete, und „Gewerbe" (*industry*), wobei auch hier Landbearbeitung und einfache handwerkliche Tätigkeiten vermittelt werden sollten, wie beispielsweise das Ausbessern von Schulgebäuden, Weben etc. Diese praktische oder handwerkliche Bildung sollte allerdings nicht den sozialen Aufstieg der Schüler bewirken, sondern galt als ein Programm der puren Selbstversorgung mit Grundgütern und damit als „Hebung" im Sinne einer stets beschworenen kontrollierten Zivilisierungspolitik. Als weiterer Punkt war „Freizeit" vorgesehen, ein Fach, in dem vorrangig kulturelle Aktivitäten vermittelt wurden, zum Beispiel nicht exzessive Formen des Singens, des Tanzens und Sport. Solche bildungspolitischen Überlegungen stellten einen maßgeblichen Faktor dar, über den die USA zu dieser Zeit in Kolonialismen eingriffen.

Eklatant verhielt es sich in Südafrika, als in den 1920er-Jahren eine Politik der rassischen Segregation zum Schutz der sogenannten „armen weißen" Bevölkerung eingeführt wurde, da diese auf dem Arbeitsmarkt mit der einheimischen Bevölkerung weder auf dem Land noch in den Städten konkurrieren konnte. Südafrikas entsprechende Schulpolitik war zwar lokal ausgeprägt, bezog ihre Philosophie aber aus Nordamerika, von wo aus nicht nur die Ideen des Phelps Stokes Fund wirkten, sondern sich die Carnegie Commission in die Planung und Umsetzung ungleicher Bildung einmischte. Rassenkontakt, so das Argument in Südafrika, stellte das Problem für die Weißen dar, ihre Stärken zu erhalten und weiterzuentwickeln.

In der Phase zwischen 1890 und 1920 verfestigte sich generell der wissenschaftlich geprägte Rassismus. Ihm ging es nicht nur um kulturell oder biologisch argumentierte Unterschiede, sondern ihm sollte Schule als Mittel dienen, angeblich unterlegene und arbeitsscheue Afrikaner fleißig zu machen und zur Arbeit zu erziehen. Mit ihren aus Sicht rassistischer Akteure angenommenen niedrigeren intellektuellen Kapazitäten sollte Schule sinnvoll umgehen und nichts vermitteln, was als zu akademisch oder literarisch galt und Afrikaner intellektuell und moralisch überfordern würde. Das Paradigma der Würde von insbesondere landwirtschaftlicher und handwerklicher Arbeit zu lehren, ging schließlich langfristig in die Formulierung kolonialer Schulpolitik in mehreren Kolonien ein.

Als die Nigerianerin Kofoworola Aina Moore 1924 nach England kam, war sie zehn Jahre alt. Mit 21, als erste afrikanische Absolventin Oxfords, befand sie sich in einer Schwellenposition: Ihre Rückkehr nach Lagos stand unmittelbar bevor, als sie zu einem kurzen Lebensbericht für eine von Margery Perham vorbereiteten Textsammlung aufgefordert wurde, in der zehn herausragende afrikanische Persönlichkeiten biografisch porträtiert werden sollten. Kofoworola gehörte zu jenen, die als sogenannte „gebildete Afrikaner" zukünftig zur Hebung ihres Landes und ihrer Gesellschaft beitragen sollten, zu jenen, die dazu auch bereit waren, obwohl sie inzwischen mehr Zeit in der Kolonialmetropole als in der Kolonie selbst verbracht hatten. Was sie in Nigeria erwartete, war ihr im Moment des Schreibens unklar und erhöhte die Ambivalenz ihrer Situation.

Über Jahre hatte sie die Verbindung „nach Hause", wo es 1926 lediglich 18 weiterführende Schulen gab, über die Lektüre westafrikanischer Zeitungen aufrechterhalten. Die Briefe, die sie erhielt, galten ihr als ein „Erinnerungsband". Wichtiger für den nicht abreißenden Kontakt waren stets die Schüler, die nach Hause gingen, sowie die Neuen, die aus Nigeria und anderen Kolonien in ihrem Umfeld ankamen. Kofoworola stammte aus einer gut situierten Familie. Bereits ihr Großvater väterlicherseits war an einer britischen Privatschule unterrichtet worden und hatte die Privilegien einer über Generationen hinweg aufstiegsorientierten christlichen Familie zu nutzen gewusst. Schulische Bildung wurde über Missionsinitiativen vermittelt, die Familie war jedoch eigenständig gereist und hatte die entsprechenden Schulen in der Kolonialmetropole unabhängig und auf Basis eines stetig weitergegebenen Familienwissens ausgewählt. Mütterlicherseits führte eine Verbindung nach Nordamerika, von wo ein Urgroßvater als befreiter Sklave in den 1850er-Jahren als Teil des Kolonisierungsversuchs der *American Colonization Society* nach Liberia und später mithilfe einer Missionsgesellschaft zunächst nach Ijaye, dann mit Frau und Kindern nach Lagos „zurückgekehrt" war. Kofoworolas Mutter, Enkelin des transatlantischen Rücksiedlers, hatte in die angesehene Familie der Moores in Lagos eingeheiratet. Ihr Vorfahr Scipio, Vater des Rücksiedlers, war seinerseits Sklave in South Carolina und die Erträge seiner Arbeitskraft – dieser Zynismus sei am Rande notiert – lebenslang für die Ausbildung der Kinder seines Besitzers bestimmt gewesen. Kofoworolas Vater, Eric Moore, besuchte eine Schule in der Nähe von Bath und ließ sich danach in London zum Rechtsanwalt bei oberen Gerichten ausbilden. Ihre Mutter, Aida Vaughan, war in Lagos ausgebildet worden, die letzten Jahre bis zum Abschluss war auch sie in Großbritannien gewesen und hatte dort ihren Mann kennengelernt. Kofoworola wurde 1924 von ihrer Mutter nach Großbritannien gebracht, weil sie – wie ihr formal an einen langen Brief anklingender Bericht darlegt – in der Schule in Lagos nicht nähen mochte (oder konnte) und die Mutter daraufhin einen Ort suchte, an dem sich die Tochter auf ein akademisches Studium würde vorbereiten können. Die einzige Alternative in der Region wäre der Besuch einer höheren Schule oder eines College in Sierra Leone gewesen, etwa des 1827 gegründeten renommierten Fourah Bay College. Sierra Leone galt im 19. Jahrhundert als Pionier in der Bereitstellung westlicher Schulbildung, die historisch zum größten Teil von sogenannten *recaptives* in Anspruch genommen wurde, jenen von Sklavenschiffen befreiten und in Sierra Leone an Land gesetzten Sklaven und Sklavinnen, die aufgrund ihrer Schulbildung später gute Voraussetzungen für den sozialen Aufstieg haben sollten.

Die Moores orientierten sich jedoch nach Norden. Sie waren nicht „radikal westlich", wie die Autorin festhält, denn als Kinder mussten sie den Nachtisch stets auf Yoruba bestellen. Später waren es heimische Kindergeschichten, mit denen Kofoworola ihre Mitschülerinnen im fernen Großbritannien faszinierte. Dieses Stück ethnisch determinierbarer Erzählkultur, das von ihr an einen anderen Ort, in ein anderes Szenario transferiert wurde, ließ sie zum Teil der Schülerinnengemeinschaft in der Kolonialmetropole werden, versah sie aber auch mit dem Etikett der Herausstechenden. Hätten ihre gleichaltrigen Freundinnen von ihr eine englische Gute-Nacht-Geschichte akzeptiert? Dass es in den 1930er-Jahren so viel schwieriger für Eltern aus den Kolonien sei, ihre Kinder an Schulen in England zu platzieren, bedauerte Kofoworola zutiefst – eine sanft geäußerte Kritik und ein kleiner Hinweis auf globale Ungleichheit, die nicht direkt an- und auszusprechen war. Dem väterlichen Wunsch, ebenfalls Anwältin zu werden, kam die Tochter nicht nach. Die Ausbildung schien ihr zu lang und die Möglichkeit der Einflussnahme zu indirekt. Kofoworola wollte Lehrerin werden, um den Heranwachsenden in ihrem Land direkt ein Verständnis von Moderne vermitteln zu können. Vom Alter und ihrer Generation her – nicht geografisch – hätte sie übrigens eine ältere Lehrerin von Dangarembga oder einer ihrer Romanfiguren abgeben können.

Oxford hatte Kofoworola als Herausforderung erlebt. Ihr Umfeld bestand aus (männlichen) Studenten aus den West Indies, aus Indien und afrikanischen Kolonien. Bei Studentinnen hingegen war sie nicht voll anerkannt. Es gab großes Interesse an Nigeria, aber auch Konkurrenz. Einer weißen Südafrikanerin gegenüber vertrat sie auf einer Teegesellschaft die Ansicht, Bildung in Afrika müsse sich wandeln, damit mehr afrikanische Frauen nach Oxford kämen. Damit löste sie Befremden aus. In einer komplizierten Erzählfigur stellt Kofoworola textlich dar, wie eine andere Studentin ihr erzählt hätte, eine dritte hätte von ihr geträumt, sie wäre nachts in deren Zimmer geschlafwandelt und hätte sich deren Studienunterlagen angeschaut, dann sei sie wieder gegangen. Erzähltechnisch unterscheidet sich diese Erfahrung, die über das Hörensagen und den Traum vermittelt wird, vom sonst so klaren Stil der Autorin. Dies verweist unter Umständen auf die Schwierigkeit, bestimmte Formen der Diskriminierung, Ausgrenzung und Feindseligkeit beim Namen zu nennen, die aber den privilegierten Bildungsweg von Kofoworola in hohem Maß prägten.

Mitte der 1920er-Jahre wie auch der Mitte der 1930er-Jahre wechselte Kofoworola zwischen den Kontinenten. Damit verließ sie Europa einige Jahre, bevor sich dessen eigene Geschichte durch den Nationalsozialismus und den Zweiten Weltkrieg verdunkelte. Was Moderne und Zukunft sein sollten, hatte ihr dieses Europa vermittelt. Darüber hinaus griff sie auf die familiären Verbindungen in die USA zurück. Kofoworola war als Teil der Familie globaler aufgestellt als lediglich zwischen Afrika und Europa. Die spezifischen Werte, die sie vermitteln wollte, waren nicht die des Vaters, zumindest sollte ihr Weg ein eigener sein. Als junge Frau agierte sie an einer ganz spezifischen Stelle als global positionierte privilegierte Nigerianerin, die Zukunft jenseits von Dorfschulen mitgestalten wollte.

Kofoworola Aina Moore erwarb ihre Schulbildung in einer Zeit, in der in zahlreichen Kolonien Erziehungsministerien eingeführt wurden. Viele trugen in ihrer Bezeichnung den Hinweis auf „Entwicklung". So hieß beispielsweise das 1927 im damaligen Rhodesien eingesetzte Ministerium zunächst „Native Education Department", um zwei Jahre darauf in „Department of Native Development" umbenannt zu werden. Dort wie anderswo passte die zweite Bezeichnung besser, denn sie spiegelte den erziehungspolitischen Fokus wider, der auf die Erziehung zur Arbeit gelegt wurde, während die literarische Schulbildung begrenzt blieb. Gleichzeitig wurden erste Schritte in Richtung eines staatlich verantworteten Schulsystems gesetzt, in dem Schulinspektionen stattfinden und Standards für die Lehrerausbildung eingeführt werden sollten. Weiterführende Schulen in afrikanischen Kolonien waren rar und wurden meist auch weiterhin von Missionen geführt.

Koloniale Grundlagen

Schon im 19. Jahrhundert waren Schulen ein wichtiges Medium für viele Afrikaner, um in die Welt eingebunden und auf ihre religiösen wie weltlichen Werte verpflichtet zu werden. Zumindest um die Mitte des Jahrhunderts war Bildung allerdings noch keine global zugängliche Ressource. An Katie Makanya (geboren 1873) lassen sich die Erfahrungen einer Südafrikanerin älterer Generation in Bezug auf Schule, sozialen Aufstieg und Arbeit nachvollziehbar darstellen. Aufgrund ihres Bildungsstandes reiste sie zwischen 1891 und 1893 als Mitglied eines Chores nach Großbritannien, der mit seinen Auftritten in Städten und Adelshäusern Geld verdiente und das musikalische Können afrikanischer Christen zeigen konnte. Mehr als 60 Jahre später zeichnete Katie Makanya mithilfe der Tochter ihres späteren Arbeitgebers ihre außergewöhnliche Geschichte auf, weitere 40 Jahre später, nach ihrem Tod, wurde aus den Tonbandaufnahmen ein Buch. Während für ihre Schwester die Reise in die koloniale Metropole der Auftakt für eine höhere schulische Ausbildung in den USA an der 1856 für Schwarze und ehemalige Sklaven gegründeten Wilberforce Universität war, entschied sich Katie Makanya am Ende ihrer Reise, „nach Hause" zu gehen. Dort gestaltete sie mit Familie und Arbeit zunächst in Johannesburg, später in einem Krankenhaus in Durban ihre Zukunft.

Im späten 19. Jahrhundert, als der Chor die Metropole bereiste, hatten die Briten – wie Europa generell – bereits Erfahrungen mit Besuchern aus fernen Ländern. Sie inszenierten sich in „Sehenswürdigkeiten" und in ihrer Technikaffinität, führten die Menschen aus den Kolonien in Zoos, Museen und Schlösser, in Theater und Teehäuser, zeigten ihnen Fahrstühle und mehr. Als „Schauspiel Europa" wurde dieses Spektakel in der europäischen Ethnologie von Michael Harbsmeier bezeichnet. Was aus den Kolonien zusammengetragen worden war, wurde geordnet aus der Perspektive der Kolonialmetropole an deren Besucher zurückgespiegelt. Gemischt mit einheimischen britischen Traditionen und Errungenschaften, war es Teil einer Attraktion des Gastgeberlandes. Dazu gehörte in gewisser Weise auch der Chor selbst. Im 19. Jahrhundert wurden Wissensbestände nicht mehr nur gesammelt, sondern auch einverleibt, inszeniert und kategorisiert. So ließ sich „eigene" Geschichte unter Ausmerzen der Geschichtsfähigkeit anderer schreiben. Kultur und Geschichte der „Anderen" gehörten nun den Kolonisatoren und wurden regelrecht vorgeführt. So mussten sich die Chormitglieder im Rahmen ihrer Auftritte umziehen. Während der erste Teil des Konzerts in der Schuluniform dargeboten wurde, trugen die Sängerinnen und Sänger nach der Pause „traditionelle Kleidung". Auch so inszenierte sich das Gastgeberland, denn ohne diese Maskerade wäre die koloniale Metropole viel weniger weltläufig erschienen. Gegen diesen Vermarktungseinfall erhob der Chor vergeblich Einspruch. An ihre Schulen und Universitäten ließen die Gastgeber Menschen aus den Kolonien fast gar nicht.

Mit 21 Jahren nahm Katie Makanya, damals noch Manye, eine Tätigkeit als Kindermädchen in Johannesburg bei einer amerikanischen Arbeitgeberin auf. Diese war erstaunt, dass die neue Hausangestellte über gute Englischkenntnisse verfügte – und dass diese Standard 6 absolviert haben sollte, weckte ihr Misstrauen. Für beruhigender hielt sie die Aussage, dass Katie zuvor angeblich auf einer Farm gearbeitet hatte. Dies beflügelte Vorstellungen von erlernter Disziplin und Gewöhnung an harte Arbeit. Nach ihrer Eheschließung wurde Katie als Übersetzerin eines Mineninspektors tätig, weil sie Englisch, Zulu, Sotho, Xhosa und Holländisch dolmetschen konnte. Schon diese Tätigkeit nutzte sie, um den Anweisungen des Inspektors eigene Botschaften hinzuzufügen und die Arbeiter insbesondere zu christlicher Demut und Alkoholabstinenz zu ermahnen. Ihren Spielraum konnte sie ausweiten, als sie bei einem Arzt in Durban für die Ausgabe von Medizin und die Handhabung der Wartelisten verantwortlich wurde. Gern erinnerte sie sich, wie sie Sprüche auf die Medizinflaschen schrieb, die die Heilung zusätzlich fördern sollten. Auch erklärte sie dem Arzt, woran die Leute litten. Katie machte damit aus ihrer Bildung, ihrem Wunsch nach Familie und Mutterschaft sowie ihren Arbeitsoptionen das Beste, denn konkrete Berufsaussichten ergaben sich aus einer Schulbildung in dieser Zeit für Frauen nur selten. Männer konnten immerhin Polizist werden oder eine untergeordnete Position in der Kolonialverwaltung antreten. Sie konnten bei der Post arbeiten oder sich als Übersetzer bei Gericht betätigen, wenn sie nicht Fahrer oder sogenannter *boss boy* in einem Industriebetrieb wurden. Eine weitere Möglichkeit bestand darin, Lehrer bei einer der Missionen zu werden, die immer wieder Personal für ihr expandierendes Schulangebot benötigten. Dies wäre für Katie sicher auch eine Option gewesen, die sich offenbar nicht ergab.

Noch eine Generation zuvor war im Bildungsangebot der Schulen die Schriftlichkeit der zentrale Punkt. Dass diese Kulturtechnik, die im Zuge kolonialer Globalisierung nach Afrika kam, sich stets gegen die Menschen dort und ihre mündlich-performativ geprägte Kultur ausgewirkt hätte, griffe als Argument zu kurz. Nicht jeder, der sich im Zuge der Eroberung auf Schriftlichkeit und andere Kulturtechniken einließ, wurde von einem kolonialisierten Bewusstsein überformt, verachtete die eigene Kultur und anerkannte die Höherwertigkeit, Legitimität und Notwendigkeit der Kultur der Kolonisierer, auch wenn diese grundlegenden Spannungen immer mitschwingen sollten. Viele Männer und Frauen wussten die von außen importierte Kulturtechnik zu nutzen, um sich gegen ihre Kolonialregime zu wehren oder sich global und lokal Handlungsspielräume zu verschaffen, auch wenn sie sich weitgehend den Regeln unterwarfen.

In diesem Kontext kann die Geschichte der Xhosa-Prinzessin Emma Sandile verstanden werden. Mitte des 19. Jahrhunderts galt Schule als zeitintensiv, weil sie Kinder aus dem landwirtschaftlichen Produktionsprozess herausnahm. Diese konnten ihre Aufgaben beim Hüten des Viehs, beim Pflanzen und Ernten gerade dann nicht erfüllen, wenn besonders viel manuelle Arbeit anfiel. Bei den bäuerlich produzierenden Familien wurde Schule damals als weitere oder alternative Form von Dienst oder Arbeitsleistung empfunden, die aus Sicht afrikanischer Eltern zu kompensieren war, ob mit Geld, in Form von Kleidern oder anderen erstrebenswerten Dingen. Aus diesem Grund stieg der Schulbesuch, so die Beobachtung unter Missionaren, wenn er mit Arbeit auf der Station verbunden war. Als Bildungsinhalte galten in dieser Zeit ganz zu Anfang der Missionsschulen nicht die klassischen Schulfächer als besonders beliebt, sondern Arbeiten, die entlohnt werden konnten. In Siedlergesellschaften wurde Schule vielfach zum Streitgegenstand, denn oftmals erhielten afrikanische Kinder eine bessere Schulbildung als die Kinder aus Farmer- und Siedlerfamilien. Schule hielt afrikanische Familien davon ab, Arbeitskräfte in ländlichen Regionen zur Verfügung zu stellen. Schon das ist ein Hinweis darauf, dass Missionsbildung, die das Schulwesen in afrikanischen Ländern bis ins 20. Jahrhundert dominierte, nicht vorschnell einseitig als Arm der Kolonialregierung eingestuft werden sollte.

Für Emma Sandile galt dies nur bedingt. Sie war die Tochter eines *chiefs* der Xhosa, der nach seiner Entmachtung durch die Briten 1858 seine Tochter nach Kapstadt gab, wo sie bis 1867 Teil eines erzieherischen Experiments wurde. Anstelle einer materiellen Entlohnung stand bei ihrer Beschulung das Anliegen im Mittelpunkt, Macht zu erhalten und auf eine jüngere Generation zu übertragen. Daran waren sowohl die entmachteten Könige wie auch die Kolonialmächte interessiert. Emma Sandile besuchte eine gute Schule, das Zonnebloem College, weil das britische Kolonialregime Vorkehrungen treffen wollte: Nicht nur die Söhne einst angesehener und in gewisser Weise weiterhin mit natürlicher Autorität und Legitimität versehener Familien erhielten eine Ausbildung, damit sie später als verlängerter und privilegierter Arm der Kolonialadministration agieren würden. Auch einige Frauen wurden ausgebildet, die ihren zukünftigen Ehemännern zur Seite stehen und auf diese zähmend wirken sollten, falls diese sich doch als widerständig gegen die Kolonialadministration erwiesen. Emma Sandile genoss erhebliche Privilegien während ihrer neunjährigen Ausbildungszeit in Kapstadt, trank Tee mit dem Bischof der anglikanischen Kirche und spielte Schach mit dem Gouverneur. Aus einer Handvoll überlieferter Briefe lässt sich rekonstruieren, wie sie sich in die Familie des sie betreuenden Bischofs als dessen Schützling einschrieb: Sie bezeichnete sich als sein „Kind", ihn als „Vater" und verlangte im Gegenzug wohlwollende Behandlung. Sie war zu lernen bereit und forderte daher Privilegien für sich selbst und Nachsicht für andere schwarze Menschen. Die koloniale und patriarchalische Ordnung stellte Emma Sandile nicht in Frage, nutzte jedoch später in ihrem Leben ihre Schreibfähigkeit, um im Namen ihres nicht schreibkundigen, bei der Kolonialregierung in Ungnade gefallenen Mannes Briefe an die Regierung zu verfassen. Seine Rehabilitierung erreichte sie allerdings nicht.

Emma Sandile lebte zu einer Zeit, als höhere Bildungsabschlüsse noch nicht dazu führten, dass die Männer und Frauen einen „Beruf" hätten ergreifen können. Trotzdem wusste Emma ihre Bildung, insbesondere ihre Kenntnisse des Schreibens, einzusetzen und zu „Höherem" zu nutzen. Als nach der Entmachtung und dem Tod ihres Mannes die Stellung ihrer minderjährigen Söhne zur Disposition stand, gelang es ihr mittels eines Rückgriffs auf das Instrument schriftlicher Korrespondenz, deren Land bis zu deren Volljährigkeit verwalten zu dürfen. Die Kolonialmacht stand ihr dieses Recht zu, obwohl bis dahin weder lokale Rechtsprechung noch koloniale Rechtsvorschriften je so ausgelegt worden waren.

Da Emma Sandile aber aufgrund ihrer zwar mittlerweile weit zurückliegenden Privilegierung immer noch als unter besonderem Schutz ihrer Patrone stehend galt, hatte sie mit ihrer schriftlich vorgebrachten Bitte Erfolg. Die Schule hatte ihr Fertigkeiten beigebracht, aber Emma hatte sich ihren Status zu sichern gewusst, der ihrem Vater genommen worden war.

Literaturempfehlungen

Dangarembga, Tsitsi: Nervous Conditions. London 1988. *(Roman)*

Harbsmeier, Michael: Schauspiel Europa. Die außereuropäische Entdeckung Europas im 19. Jahrhundert am Beispiel afrikanischer Texte, in: Historische Anthropologie 2 (1994), S. 331–350.

Krüger, Gesine: Schrift – Macht – Alltag. Lesen und Schreiben im kolonialen Südafrika. Köln 2009.

Küster, Sybille: African Education in Colonial Zimbabwe, Zambia and Malawi. Government Control, Settler Antagonism and African Agency, 1890–1964. Hamburg 1999.

Lindsay, Lisa A.: Remembering His Country Marks. A Nigerian American Family and Its „African" Ancestor, in: dies./Sweet, John Wood (Hg.): Biography and the Black Atlantic. Philadelphia 2014, S. 192–206.

McCord, Margaret: The Calling of Katie Makanya. London 1995. *(In Ko-Autorenschaft verfasste Lebensgeschichte)*

Mitchell, Gordon/Rüther, Kirsten. "It was kind of strange to see everyone again". Jugendliche begegnen Verschiedenheit in Kapstadt, in: Lähnemann, Johannes (Hg.): Bewahrung – Entwicklung – Versöhnung. Religiöse Erziehung in globaler Verantwortung. Schenefeld 2005, S. 369–377.

Perham, Margery (Hg.): Ten Africans. London 1936. *(Lebensgeschichtliche Zeugnisse)*

Rüther, Kirsten: Koloniale Globalisierung. Geschichte aus dem Blickwinkel der Emma Sandile (1842–ca. 1893), in: L'Homme. EZFG 23: 2 (2012), S. 33–48.

Rüther, Kirsten: Der Streit um Englisch als Unterrichtsfach in lutherischen Missionsschulen Südafrikas (1895–1910). Impulse für eine Geschichte der Resonanzen, in: Habermas, Rebekka/Hölzl, Richard (Hg.): Mission global. Eine Verflechtungsgeschichte seit dem 19. Jahrhundert. Köln 2014, S. 91–110.

Stoler, Ann Laura. Tense and Tender Ties. The Politics of Comparison in (Post) Colonial Studies, in: Itinerario 27: 3-4 (2003), S. 263-284.

Vally, Salim. From People's Education to Neo-Liberalism in South Africa, in: Review of African Political Economy 34: 111 (2007), S. 39–56.

10. Mit Familie Staat machen

Arame und Bougna

Arame und Bougna sind zwei Protagonistinnen in dem bereits erwähnten Roman *Celles qui attendent* der senegalesischen Schriftstellerin Fatou Diome. Die gleichaltrigen Frauen leben in einem Dorf auf einer Insel Senegals und organisieren das Überleben ihrer Familien. In Charakter und Temperament ähneln sie sich nur wenig, doch beide kommen innerhalb ihrer Familiensituationen zum Entschluss, jeweils einen ihrer Söhne ohne Papiere nach Europa zu schicken. Ihr Handeln wirft Fragen nach der Beschaffenheit und Bedeutung von Familie, Verwandtschaft und anderen Beziehungen auf, in denen die Frauen sich bewegen.

▎*Arame und Bougna kennen einander seit ihrer Kindheit, besser und näher allerdings erst seit ihren Eheschließungen, durch die sie auch zu Nachbarinnen wurden. Arame heiratete einen älteren Mann, der ihr Vater hätte sein können. Sie hat einen lebenden Sohn und versorgt sieben Enkelkinder aus dem Haushalt ihres ältesten, bereits verstorbenen Sohnes. Bougna hingegen lebt in einem polygamen Haushalt. Sie ist die zweite Frau eines Mannes, der seine erste Familie bereits Jahre zuvor in der Großstadt Dakar gegründet hat. Als Freundinnen und Nachbarinnen stehen sie sich gegenseitig bei und organisieren einige ihrer Arbeiten gemeinsam. So schieben sie beispielsweise gemeinsam das Boot ins Wasser oder gehen auch gemeinsam Holz dort sammeln, wo es besser, aber der Wald dichter ist. In der Not und wenn die Möglichkeit besteht, leihen sie einander lebensnotwendige Grundgüter wie Seife oder Reis. In einer Szene gibt Arame von ihrem Reis nichts ab, da sie ihn selbst gerade in kleinster Menge auf Kredit erstanden hat. Der Text zeigt also eine Grenze in der Beziehung des Helfens und Beistehens zwischen den Frauen. Auch fehlt jeder Hinweis auf den Staat, der die Rahmenbedingungen für das Handeln und die Erfahrungen der genannten Personen stellen könnte. Es scheint, als wüssten die beiden Frauen, dass dieser sich ohnehin nicht um das Wohlergehen oder die soziale Sicherheit seiner Bürgerinnen und ihrer Familien kümmert. Insofern konzentrieren sich die Frauen auf sich und ihre Netzwerke, gehen nicht in den Widerstand, würdigen aber den Staat auch nicht eines einzigen Gedankens.*

„Familie", „Verwandtschaft", „Beziehungen"

Familie und Verwandtschaft darzustellen oder gar die Bedeutung dieser Beziehungen in den Blick zu nehmen, heißt mehr, als Fragen der Abstammung und Herkunft in Genealogien und Stammbäumen zu fixieren. Die neuere Forschung konzipiert Familie und Verwandtschaft als *cultures of relatedness*. Dieser Terminus wurde von Janet Carsten in die Diskussion eingebracht und lässt sich als Kulturen des Verwandt-Seins oder auch als Kulturen des Miteinander-in-Beziehung-Stehenden übersetzen. Bei diesem Konzept der „Verbundenheit" geht es darum, dass Menschen zu einem biologisch und aus der Natur erklärbaren Familienverband hinzukommen können, indem sie beispielsweise durch Austausch geteilter Substanzen wie etwa Körperflüssigkeiten, aber auch Nahrung, den Austausch materieller Güter, Interessen und Emotionen in Beziehung zueinander treten. Sie sind dann fiktiv verwandt, wahlverwandt oder durch andere Zufälle und Tätigkeiten verwandtschaftlich aneinandergebunden, ohne dass es einer gemeinsamen Genetik bedarf. Das Soziale und das Biologische bleiben dabei aufeinander verwiesen, wie genau, wird in kontroversen Diskussionen und in der Analyse konkret-empirischer Fallstudien ausgelotet. Das Konzept des Verwandt- und Miteinander-verbunden-Seins ist weit gefasst, verschwimmt an seinen Rändern und lässt zumindest teilweise analytische Präzision missen, wenn es sich mit Beziehungen wie Kollegenschaft, Freundschaft oder Nachbarschaft überschneidet. Allerdings ist eine begriffliche Öffnung eine wesentliche Voraussetzung dafür, Phänomene neu zu denken. In Bezug auf Familie und Verwandtschaft ist das besonders notwendig, denn verwoben mit unseren eigenen Erfahrungen haben wir bestimmte Konstellationen kultur- und geschichtsspezifisch fest in unsere Köpfe eingeschrieben, geradezu eingeimpft, sodass wir in unserem Denken in Bezug auf „Familie" besonders befangen und konditioniert sind.

Im Roman von Fatou Diome werden verschiedene Beziehungen dargestellt, wobei das Verhältnis von Arame und Bougna als besonders nah ausgezeichnet wird. Bougna, die Zweitfrau, ist die Freundin, Nachbarin und Altersgenossin von Arame. Die Erstfrau in dem Haushalt, in dem Bougna als Zweitfrau lebt, ist gleichzeitig eine entfernte genealogisch Verwandte von Arame, eine Art „Kusine". Arame fragt sich deshalb, wie sie sich in Streitfragen, die zwischen den beiden Ehefrauen permanent auftauchen, verhalten soll. Besonders schwer fällt ihr das in dem Hof, in dem Bougna mit ihrem Mann und dessen Erstfrau lebt. Weil sie sich so überschneiden, bleiben die Beziehungen, in denen die Personen hier zueinander stehen, natürlich verwirrend – für die Leser ebenso wie für die handelnden Charaktere selbst. Letztlich ist in dieser Beziehungskonstellation Blut nicht dicker als Wasser – Arame steht an der Seite ihrer Freundin Bougna, versucht aber, in Streitfällen zu vermitteln und die generell konfrontative Haltung ihrer Altersgenossin etwas abzumildern.

Geteilte Substanzen stellen Verwandtschaft her. Das können Sperma, Blut und Gene sein, aber auch die Milch der Amme oder anderweitig geteilte Nahrung. Bei Arame und Bougna geht es zum Beispiel darum, dass sich die eine zwar Reis von der anderen leihen möchte, es aber nicht zum gemeinsamen Essen kommt. Insofern sind sie tatsächlich keine Verwandten, sondern genau das, als was sie bezeichnet werden: Freundinnen, Nachbarinnen und Altersgenossinnen, deren Beziehungen für sie zusätzlich zu ihren Verwandtschaftsnetzen von Bedeutung ist. Die besondere Nähe zwischen den Frauen wird dadurch verdeutlicht, dass Arame der Freundin, Nachbarin und Altersgenossin nie die Tür verschließt, auch wenn deren Besuch gerade nicht passt. Eine Nachbarin zu verärgern, mit der man eine Beziehung hat, in die bereits viel investiert ist, damit gäbe man seine Platzierung auf in einer Gesellschaft, die auf gegenseitige Hilfe angewiesen ist, heißt es in den Gedanken Arames.

Allerdings ist nicht jedes Teilen als Hinweis auf „Verwandtschaft" und „familienähnliche" Beziehung zu verstehen. In einer Fallstudie zum südlichen Malawi hat Megan Vaughan dargestellt, wie Frauen in einem Dorf andere Frauen mit Essen versorgen, ohne dass dies als ein „Teilen" von Essen verstanden würde. Gleichzeitig bezieht sie sich auf eine Studie von Pexie Ligoya, der herausarbeitete, dass es zwischen Frauen so etwas wie eine besondere Freundschaft, *chinjira*, gäbe, die gewissermaßen parallel und als Erweiterung verwandtschaftlicher Unterstützungsnetzwerke funktionieren würde, wenn Umverteilungsmechanismen innerhalb der Verwandtschaft nicht ausreichen. Gemeinsames Essen stellt Nähe her, die Verwandtschaft ergänzen oder Defizite der Verwandtschaft ausgleichen kann. Der springende Punkt ist, nicht alle interpersonalen Beziehungen auf die Folie von Verwandtschaft zu projizieren, selbst dann nicht, wenn ein abstrakter „Staat" keine wesentliche Rolle in der sozialen und politischen Organisation spielt. Die oft gedachte Dichotomie zwischen „Großfamilie, ‚Stamm', Klientelismus und Patronage in Afrika" und dem idealtypischen „Staat, Kernfamilie, sachlich definierte Institutionen, Professionalität und hoher Entwicklungsstand in Europa" ist schlichtweg falsch. Es gibt über Verwandtschaftsnetzwerke hinausreichende interpersonale Beziehungen, in denen Versorgungs- und Unterstützungsleistungen erbracht werden, in denen aber auch Streit, Neid und Konflikt ausagiert werden. Dieses Verständnis von der Bedeutung interpersonaler Beziehungen liegt auch dem politischen und ökonomischen Handeln vieler Menschen und Funktionsträger in afrikanischen Gesellschaften näher als manch rein sachlich definiertes Verständnis von Staat und Institutionen.

Was kann nun spezifisch Familie sein? Darüber lässt sich sicher – wie in jeder guten Familie – trefflich streiten. In der Lebensgeschichte einer Frau aus Mali, die Eric Silla erzählt, bezeichnet Saran (1912–1992) ihre Zugehörigkeit zu einer Gemeinschaft von Leprakranken als Verwandtschaft. Ihre Blutsverwandten erkannten sie – trotz Krankheit – nämlich nur so lang als eine der ihren an, wie sie arbeiten konnte. Mit zunehmender Krankheit verlor sie diesen Status, zumal sie kinderlos blieb, und gehörte irgendwann nicht mehr zur Familie. Später heiratete Saran aus ihrer neuen „Verwandtschaft" einen ebenfalls in der Lepragemeinschaft lebenden Mann. Biologische Verwandtschaft wird abgetrennt, fiktive Verwandtschaft aufgebaut, die in diesem Fall durch biologische Union wieder bekräftigt wird. Der ausschlaggebende Punkt mag auch sein, dass Verwandtschaft in der Herstellung, im Abbruch und in der Neugestaltung interpersonaler Beziehungen eine so kraftvolle, symbolträchtige und metaphorische Sprache zur Verfügung stellt, dass sich „tatsächlich" und fiktiv gedachte Nähe analytisch oft nicht eindeutig auseinanderhalten lassen. Allerdings lassen sich komplexe und komplizierte Beziehungen nach außen sinnvoll und bildlich gehaltvoll kommunizieren.

Die Anthropologin Gundula Fischer stellt die These auf, dass Arbeit heut(ig)e Verwandtschaft schafft. Dies schließt an den von Saran eingebrachten Aspekt an, dass Zugehörigkeit über ihre Arbeitsleistung definiert wurde. In einer tansanischen Zigarettenfabrik unterstützen sich die Frauen, leihen sich gegenseitig Geld, übernehmen in den Pausen die Arbeit der anderen, bringen untereinander Essen mit. Dass Arbeit Verwandtschaft schafft, ist ein weitgehendes Postulat, das in dieser Feldstudie sogar mit dem Anspruch verbunden wird, dass Verwandtschaft solidarisierend gedacht wird – im Gegensatz zu Unterschiede herstellender Patronage und Klientelschaft. Dieser Befund ist in mehrfacher Hinsicht spannend. Er verweist darauf, dass unter den Bedingungen heutiger Arbeitsverhältnisse Familie und Verwandtschaft als Sicherheit gebend und harmonisch imaginiert werden. Dabei stehen in den historisch hinterlassenen Quellen und Akten gerade Konflikt und Streit in den „Familien" im Vordergrund, wohl auch deshalb, weil Menschen in diesen Situationen besonders zur Feder griffen oder vor die Gerichte zogen. Die beste Weltliteratur hätte ihren Rang wahrscheinlich nie erreichen können, lägen dem Handlungszusammenhang „Familie" harmonische oder harmonisch auflösbare Beziehungen zugrunde. Unter Umständen sagt die Verquickung von „Verwandtschaft" und Arbeit mehr über die Arbeit „heute" und in der tansanischen Zigarettenfabrik als über erweiterte und gewandelte Verwandtschaftspraxis aus. Solche aneinanderbindenden Tätigkeiten führen auch Arame und Bougna aus, wenn sie zum Beispiel gemeinsam Holz sammeln oder eine ohne die andere das Boot nicht ins Wasser schieben kann. In dem Roman führen solche Arbeitsbeziehungen zu Nähe, stellen aber keine Verwandtschaft her und werden als solche – anders als in der genannten Feldstudie – auch so nicht benannt.

Erdmute Alber hat sich lange Zeit mit Gesellschaften in Nordbenin befasst, in denen biologische Elternschaft ein Tabu ist. Kinder werden der biologischen Mutter nach der Geburt weggenommen, um sie in die Obhut einer Verwandten zu geben. Die Mutter dagegen wird Kinder anderer Mütter erhalten. Diese Praxis ist eine Strategie, nicht nur Elternschaft, sondern auch Kinderlosigkeit zu „verschleiern". Mit den Beziehungen werden Verwandtschaftsbeziehungen gestärkt, denn bestimmte Akteure in einer Familie können wählen, welche verwandtschaftliche Beziehung durch die Übergabe eines Kindes mehr Gewicht erhält oder neu betont werden soll, denn meist leben solche Verbände räumlich eng beieinander. Dann darf aber die Mutter zum Beispiel nicht das „eigene" Kind aufheben, wenn es hinfällt und schreit. In jüngerer Zeit wird dieses Modell zunehmend hinterfragt. Was einst als nicht gut galt – dass Eltern gegenüber den eigenen Kindern zu nachgiebig seien und Strenge daher eher durch Verwandte gewährleistet würde –, ist mittlerweile nicht mehr ein so hohes Gebot. Eltern fürchten sich, dass ihre Kinder bei anderen zu viel arbeiten müssen und zu wenig Schulbildung erhalten. In dieser Argumentation schafft Arbeit keine Verwandtschaft, sondern verhindert den sozialen Aufstieg, der Teil einer Familienambition ist. Eine Gesellschaft kann sich unter Umständen entscheiden, die biologische Elternschaft zu entkräften. In den Kibbuzim etwa waren Kinder mehr Teil einer Gemeinschaft als Verpflichtung gegen die Eltern. Und auch in der Herrnhuter Brüdergemeine, die im 18. Jahrhundert in Chören, einer Art Altersgruppe, organisiert war und Männer und Frauen, Mädchen und Jungen, junge Männer und junge Frauen konsequent getrennten Chören zuwies, wurden Kinder getrennt von den Eltern versorgt, die oft in alle Welt verschickt wurden. Sie wurden in der und im Sinne der Gemeinschaft erzogen, nicht als persönliche Nachfahren ihrer sie selbstverständlich liebenden Eltern.

Insgesamt passt die verneinte biologische Elternschaft in generell in Westafrika geläufige Praktiken von Adoption und Pflegschaft. Für Liberia, wohin sich zahlreiche atlantische Rücksiedler begaben, lässt sich bereits für die Mitte des 19. Jahrhunderts und früher nachweisen, dass Kinder als Bedienstete bezeichnet wurden, wenn sie in sogenannten zivilisierten Haushalten aufwuchsen, um eine Schulbildung und Ausbildung in einer Lebensart zu erhalten, die ihnen ihre biologischen Eltern nicht bieten konnten. Dieser Status als „Bedienstete" bedeutete nicht, dass die Kinder ein Gehalt erhielten oder tatsächlich Dienstboten waren, sondern bezog sich darauf, dass der sich als „zivilisiert" verstehende Haushalt, der die Kinder in Pflege nahm, seinen eigenen Status erhöhte, indem er vorgab, Bedienstete zu haben. Da nur wenige Möglichkeiten existierten, sich mit dem Etikett der „Zivilisiertheit" zu versehen, führte der soziale Aufstieg nur durch solche Arrangements. Die in Pflegschaft genommenen Kinder zählten nicht zur „Familie", auch wenn sie die Haushaltsvorstände mit „Mutter" und „Vater" anredeten und diese wiederum einem Erziehungsauftrag gegenüber den Kindern nachkommen mussten. Solche Dynamiken verweisen eher auf Familie als Prestigezusammenhang, vor allem in einer Region, in der Sklaverei – die Grundlage für Prestige und Einfluss – aufgegeben bzw. biografisch abgeschüttelt wurde. Sie verweisen auch auf das Herstellen von Beziehungen in einem Kontext, in dem sich Geschlechterpositionen veränderten. Im Kolonialismus wurden ältere „traditionelle" Männlichkeiten entmachtet – die Jungen orientierten sich auf neue „Patrone". Zwischen Hausbesitzern und Aufgenommenen konnten solche Beziehungen neu entstehen.

Nähe und Ferne in verbundenheitsspezifischen, interpersonalen und verwandtschaftlichen Beziehungskonstellationen

Aussagekräftiger wird jede Rekonstruktion und Interpretation von Familie jedoch, denkt man in Beziehungskonstellationen, um die herum politische, ökonomische, soziale und kulturelle Strukturen gelagert oder an die weitere Familiendynamiken angelagert sind. Jungen orientieren sich auf Patrone. Eine Tante hat ein inniges Verhältnis zu einer Nichte. Großmütter sind für die Erziehung der männlichen Enkel besonders wichtig. Ein Vater erzieht seine älteste Tochter, damit sie ihm intellektuell und vom Rang relativ gleich wird, kontrolliert aber gleichzeitig deren Heiratsoptionen. Witwen setzen *chiefs* unter Druck oder koalieren mit Kolonialbürokraten, um ihre Familien durchzubringen. Südafrikanische Prinzessinnen schreiben sich in die Familie des Erzbischofs ein. Nachfahren afrikanischer Mütter und europäischer Väter geben sich den Namen des Vaters, um sich als Person zu beschreiben. Verwandtschaftsbezeichnungen sind nicht universal, und selbst, wenn man ähnliche und gleiche Begriffe verwenden kann, bedeuteten sie oft sehr Unterschiedliches. Grundsätzlich müssen Verwandtschaftspositionen und -beziehungen in Wert gesetzt werden, und es ist aufschlussreich zu sehen, welche das sind. Hier fallen Beziehungen zwischen den Geschlechtern und über die Generationen ins Gewicht, wie auch Beziehungen mit Personen, die gemeinsam in einem Haushalt leben. Es zählen aber auch Beziehungen mit Personen, die über Macht verfügen, nicht zur „biologischen", „natürlichen" Familie gehören und durch die Sprache der Familie in die Pflicht genommen werden.

So bemühte sich in den 1880er-Jahren ein Missionar im Norden Südafrikas beim Aufbau eines Missionsgebietes darum, Beziehungen zum militärisch niedergerungenen, für die Etablierung der Mission jedoch nach wie vor wichtigen Königshaus der Pedi aufzubauen. Im Ringen um Einfluss und die Allianz zwischen dem Missionar und dem entmachteten König einigten sich die mit Macht (wieder-)ausstattenden Männer auf eine „Verlobung" zwischen dem König und Anna, der Tochter des Missionars. Das löste einen Skandal aus, als diese Abmachung bekannt wurde, und ist familiengeschichtlich bis heute nicht gelöst.

Jeanette Rawat, die Urenkelin dieses Missionars, hatte meinen Kollegen und mich zwei Jahre zuvor angesprochen, weil sie hoffte, dass wir Interesse daran hatten, dass wir mit ihr gemeinsam in ihre Familiengeschichte

142

eintauchen würden. Als ich ihr das erste Mal begegnete, wollte ich meinen Augen nicht trauen. Sie sah genauso aus, wie der Vater ihrer Urgroßmutter in den 150 Jahre alten Missionsquellen beschrieben worden war: hager, groß, elegant im Auftreten. Jeanette stellte uns ihrem Mann vor und wir sahen uns gemeinsam einige Fotos an, bevor wir einen Rundgang durch das Stadtzentrum machten, aus dem sie als Kind mit ihrer alleinerziehenden Mutter und den Geschwistern umgesiedelt worden war. Jeanette war kurz nach dem Umzug der Familie von der Farm in die Stadt geboren worden, hatte dort ihre Kindheit verbracht und auch noch dort gelebt, nachdem ihr Vater nach Indien deportiert worden war und ihre Mutter als rekonvertiertes Mitglied einer evangelikalen Kirche, die die Erwachsenentaufe praktiziert, mit den Kindern in einer muslimisch dominierten Wohngegend zurückblieb. Dort lernte Jeanette auch ihren späteren Mann kennen, der sich mit anderen muslimischen Jungen an Samstagen im Hof von Jeanettes Mutter Mavis herumdrückte, wo Gottesdienst gefeiert wurde. Hinterher wollten sie mit den jungen Mädchen in die Milchbar oder ins Kino gehen. Wir gingen auch auf den Friedhof, auf dem Jeanettes Großvater, der vom pommerschen Missionar abstammende Vater ihrer Mutter, im Jahr 1965 begraben wurde. Die Beerdigung war ein traumatisches Erlebnis, denn sie, ihre Mutter, ihre Geschwister und viele andere mussten – Apartheid-gemäß abgetrennt – hinter einer Hecke bleiben, weil ein Teil der Familie nicht „weiß" war. Bei diesem Besuch in Polokwane machte mich Jeanette mit vielen der Personen bekannt, die in ihrem Leben und in der Geschichte ihres Familienzweiges eine Rolle gespielt hatten. Wir arbeiten an dieser Geschichte.

In Gabun, weit entfernt von Polokwane und dem späteren Lebowa, fanden große Umbrüche in den Jahrzehnten zwischen 1890 und 1940 statt. Französisch konzessionierte Firmen zerstörten die lokal etablierten Handelsnetzwerke. Die Steueranforderungen bedrängten Chiefs und Clan-Anführer, die ihrerseits Zugang zu Handelsware und Abhängigen suchten, um das Geld für die Steuern aufzubringen. Im Ersten Weltkrieg fochten französische und deutsche Soldaten hier gegeneinander, außerdem wurden einheimische Männer für das Militär zwangsrekrutiert. Hungersnöte waren die Folge, und auch die Spanische Influenza machte vor dieser Region nicht halt. Eine koloniale Verwaltungsreform in den 1920er-Jahren brachte weiteren Umbruch in ländliche Gebiete, der vielfach von Gewalt begleitet war. In dieser Zeit wurden insbesondere junge Männer oder sogar Jungen unter 14 Jahren mobil und migrierten, oft nicht freiwillig, in ferner gelegene Städte oder an die Küste. Unter der Aufsicht kolonialer und missionarischer Institutionen kamen sie in Berührung mit ethnischen Etiketten, die Europäer schufen und die eine Grundlage für neue Solidarität jenseits von Familie und Clan bildeten. Durch diesen geografischen Abstand, den die Jungen und Heranwachsenden gewannen, veränderte sich ihr Blick auf Familie, wie Jeremy Rich nachzeichnet. Befreit von ihrer gewohnten Umgebung und herausgefordert, neue Sinnzusammenhänge zu erkennen und zu formulieren, erwarben sie neues Wissen über die Bedeutung von Familiensolidarität und Aufstiegswillen, Verwandtschaft und andere Beziehungen, die sie bei der Arbeit in der Holzwirtschaft, auf den Missionen oder in den geschlossenen Versammlungen des *bwiti*-Kultes herstellen konnten und mussten, um materielle und spirituelle Unterstützung zu sichern. Dort wurden sie zu „Männern", Erwachsenen mit eigenem Bewusstsein und den Möglichkeiten, Handlungen zu bestimmen und Entscheidungen zu treffen. Sie knüpften Beziehungen zu anderen Patronen, französischen Priestern, Arbeitsaufsehern oder religiösen Führern, oft unter der Erfahrung von Zwang. Dorf- und Familienvorsteher verloren damit den Zugriff auf diese Individuen, die sich eigenständig etablierten und eigene Netzwerke aufbauten. Da sie in den Besitz von Geld kamen, veränderte sich das Verhältnis zwischen den Generationen. Dass Migration und räumliche Entfernung Familie nicht aufhebt, sondern sie sogar intensivieren kann, allerdings auch mit geänderten Vorzeichen, zeigen zahlreiche Untersuchungen über die Beziehungen afrikanischer Diaspora zu ihren Herkunftsorten und Herkunftsfamilien (siehe Kapitel zu Migration).

Im späten Kolonialismus kultivierten Witwen im kenianischen Maragoli die Kunst, die „Sorgen ihres Herzens" lokalen Patronen gegenüber auszudrücken, um so ihr materielles Überleben zu sichern. Kenda Mutongi rekonstruiert, wie diese Strategie sowohl gegenüber Dorfvorstehern wie Kolonialbeamten funktionierte und sich verwitwete Mütter insbesondere in die Eheschließungen ihrer Töchter einmischten, um an die Ressourcen junger, in den Städten oder beim Militär Geld verdienender Männer zu gelangen. Sie bevorzugten zu bestimmten Zeiten Schwiegersöhne, die die Brautgabe bar zahlten, da sie als Frauen kein Vieh halten durften. In Fällen von Gewalt setzten sie sich beim Gouverneur auch für die Scheidungen ihrer Töchter ein.

Eigentlich waren die Söhne für die Versorgung der Mütter zuständig, indem sie ihnen beispielsweise ein Haus bauten. Wenn die finanziellen Mittel knapp wurden, konnten sie sich dieser unmittelbaren Verpflichtung gegebenenfalls durch Fortzug in die Stadt entziehen. Hier änderte sich etwas: Eine Beziehung, die einst zwischen Mutter und Sohn bestanden hatte, verschob sich in eine, die Mütter und Töchter aufeinander verpflichtete. Lokale und koloniale Autoritäten unterstützten dies – einerseits mit dem Gehör, das die einen den Frauen versagten, und andererseits mit den Gerichtsentscheiden, zu denen die anderen befugt waren. Wie die anderen Beispiele zeigt auch dieses, dass „Familie" nicht unabhängig von politischen Transformationen zu denken und schon gar nicht auf ein etwaiges „Privates" zu reduzieren ist. Unabhängig davon, ob der Staat stark oder schwach war, bildeten vorkoloniale Staatlichkeit, dann Kolonialstaatlichkeit und später der unabhängige Staat den Rahmen, innerhalb dessen Familienangelegenheiten austariert wurden. Und gerade Kolonialstaatlichkeit definiert sich nicht allein aus ihren politischen Institutionen heraus, sondern aus der Art und Weise, wie in Familien Kolonialismus „umgesetzt" wurde.

Kolonialismus

Weil Kolonialismus die vollwertige politische Partizipation der von ihm Beherrschten ausschließt, wurde Familie, wie es der Afrikahistoriker James Giblin für Njombe im Hochland des südlichen Tansania formuliert, nach dem Ersten Weltkrieg ein „Rückzugsgebiet vom Staat". Statt in den Staat zu vertrauen oder in der politischen Öffentlichkeit zu debattieren, brachten Individuen ihre Ansprüche in der Familie zur Geltung. Das galt insbesondere in der Spätphase des Kolonialismus. In der Familie wurde bitter jene Rangfolge ausgehandelt, die jedem Individuum seinen Raum zur Entfaltung bot. Der koloniale Staat wiederum, der die Bevölkerungsmehrheit von politischer Teilhabe ausschloss, behielt das Terrain der Familie fest im Auge und versuchte, in diesen Sozialverbund hineinzusteuern.

Familie wurde damit zum Terrain von „Traditionen", von Kolonialadministrationen maßgeblich festgeschrieben, doch nur in seltenen Fällen wirklich „erfunden". Meist beschleunigten sie Veränderungen, die ohnehin in der Luft lagen oder sich bereits anbahnten. Damit ließ sich der Kolonialstaat auf die personalen Gefüge vor Ort ein. Kolonialstaatlichkeit ruhte nicht allein in ihren Institutionen, sondern in den Beziehungen und Allianzen, die zum Beispiel Distriktsoffiziere mit lokalen Autoritäten oder eben auch Frauen eingingen. Oft handelten die Vertreter des Staates als Patrone und weniger aus ihrer sachlich definierten Funktion heraus. In Zeiten, in denen sich der Kolonialstaat neu definieren musste, tat er das auch über Einmischungen in Familienangelegenheiten. In die Versorgung von Kindern in materieller Not, weil diese „unverschuldet" ohne Eltern dastanden, haben sich historisch auch Institutionen wie Mission, Kirche oder Staat eingemischt. So weiß zum Beispiel Christopher Lee aus seiner Archivarbeit zu berichten, dass in der Zwischenkriegszeit in Malawi, damals Nyasaland, der Kolonialstaat durchaus bemüht war, in Not geratenen Kindern von Vätern aus Europa bei der Suche nach diesen behilflich zu sein. Oft wandten sich die Kinder oder deren Verwandte über Missionen an den Staat, um Ansprüche auf unmittelbare Versorgung und darüber hinaus auf Ausbildung geltend zu machen. Spannend ist, dass sich der Kolonialstaat in dieser Zeit zwischen den Weltkriegen darauf einließ. Das kann als Indiz dafür gelesen werden, dass der Staat angesichts der nach dem Ersten Weltkrieg einsetzenden Kritik am Prinzip von Kolonialismus und Fremdherrschaft seine Rolle und Funktion neu definieren musste. Die paternalistische Grundstruktur, die Staatlichkeit zwar über „Hilfe", „persönliches Einsetzen" und „Loyalität", nicht aber mittels für alle nutzbare Institutionen zum Ausdruck brachte, blieb in diesem Handeln erhalten. Allerdings handelte der Kolonialapparat höchstens vordergründig als reiner Wohltäter, denn zumindest teilweise verband er mit seiner Hilfeleistung die Erwartung, dass die, denen geholfen wurde, Loyalität zum Staat entwickeln würden, die sie später in Bereitschaft umwandeln würden, in den Staatsdienst zu treten und koloniale Politik zu vermitteln. Gerade auf Personen, die als „multirassisch" oder sogenannte „*half-castes*" eingestuft wurden, warteten in der Kolonialpolitik besondere Aufgaben. In bestimmten historischen Phasen wurde ihre Existenz genutzt, weil von ihnen, die in zwei Kulturen standen, angenommen wurde, sie gäben gute Vermittler ab. In anderen Momenten wurden sie extrem beargwöhnt, weil ihnen vorgehalten wurde, in keiner Rasse und Kultur exakt verortbar zu sein. Dann wurden sie als labil, unbeständig und von schlechtem Charakter etikettiert. Kein Kolonialstaat kam ohne Rassismen aus.

In Siedlungskolonien war dies besonders ausgeprägt. Hier fand sich der „paternalistische" Kolonialstaat mit fortschreitender Existenz „in der Zwickmühle". Zum Teil beabsichtigte er, sich über modernen Paternalismus zu profilieren und den „Kolonisierten" Schutz angedeihen zu lassen, indem er sie gleichsam zu seiner Klientel machte. Darüber hinaus gab es jedoch auch die Interessen und Befindlichkeiten der Siedler zu berücksichtigen. Sie waren oft rassistischer und rückständiger, als die Kolonialregierungen in den Metropolen dies favorisierten. Meist führte das zu widersprüchlichen Politiken, die Konfliktlinien und Rassismen zwischen Siedlern und Einheimischen noch verstärkten. So profitierten beispielsweise in Algerien einheimische Frauen seit 1912 davon, dass es auch im französischen Kolonialreich möglich sein sollte, die in Frankreich wieder eingeführte Vaterschaftsklage anzustrengen. Frauen, die der kolonisierten Bevölkerung zugerechnet wurden, benötigten für die Ausübung dieses Rechts, einen europäischen Vater in die Pflicht zu nehmen, allerdings die Zustimmung des Kolonialgouverneurs. Während in manchen französischen Kolonien die Möglichkeit der Vaterschaftsklage auf Widerstand stieß, weil vor Ort Erbrechte nicht über den Vater liefen, sondern kollektiv oder über die Familie der Mutter, regte sich in Algerien Unbehagen unter den Siedlern. Sie sprachen den aus der Metropole eingesetzten Kolonialgouverneuren grundsätzlich ab, eindeutig im Interesse der Siedlerfamilien zu handeln. Viele Siedler waren der Ansicht, die Gouverneure würden zu stark auf die Interessen der muslimischen Bevölkerung eingehen, und wehrten sich standhaft gegen die Möglichkeit, ein „Mischlingskind" rechtskräftig einem französischen Vater zuzuordnen.

Staatliche Ambitionen über den Zugriff auf Familien- und Haushaltspolitik zu organisieren, zählte auch zu den Strategien des vorkolonialen Staates und erstreckte sich zum Beispiel auf Maßnahmen zur Bevölkerungspolitik. Aus dem aufsteigenden Königreich der Zulu ist bekannt, dass Männer über lange Zeit in sogenannten *amabutho*, Altersregimentern, zusammengehalten wurden, um dem König militärische Dienste zu leisten. Dies stärkte nicht allein die Wehrhaftigkeit des sich konsolidierenden Staatswesens, denn erst nach der Entlassung aus diesem Dienst durften diese Männer heiraten. Das späte Heiratsalter reduzierte die Anzahl der Kinder, die sie zeugen konnten, sodass die Politik der *amabutho* auch als Instrument der Wachstumskontrolle der Bevölkerung gelten kann. Besonders wichtig wurde sie in einer Zeit, als aufgrund klimatischer Veränderungen Ernten ausfielen und Vieh starb.

Aus kolonialstaatlichem Impetus geführte pronatalistische Bevölkerungspolitiken waren besonders in den 1920er-Jahren in Kongo prominent. Weltweit wurden die Gefahren von Unterbevölkerung diskutiert. Da Kongo seit 1908 nicht mehr als Privatkolonie des belgischen Königs geführt wurde, setzten sich deshalb koloniale Frauenverbände dafür ein, dass afrikanische Frauen mehr Kinder gebären sollten. Dem Staat war das nur recht, da die Nachfrage nach Männern, die Arbeit und Zwangsarbeit verrichten sollten, ständig stieg. Besonders die Minenunternehmungen griffen das Programm auf, dass mehr Kinder geboren werden sollten. Zum gängigen Argument wurde, dass Polygamie, die mit längeren Stillzeiten verbunden war, die Anzahl der Kinder pro Frau reduzieren würde. Deshalb sollte das Christentum propagiert werden, in dessen Rahmen ehelicher Beischlaf und frühes Abstillen üblich seien. In der monogamen Beziehung würde dies automatisch die Kinderzahl pro Frau erhöhen, während die Polygamie sie dazu verleite, sexuelle „Pflichten" gegenüber ihren Männern zu vernachlässigen. In den Minen wurden den Arbeitern fortan nicht nur Wohnunterkünfte angeboten, in die Familien mit einziehen durften, sondern für die dort lebenden Ehefrauen wurde ein Fürsorgeprogramm erarbeitet, das ihnen „richtiges" Stillen, Kinderpflege und Gartenbau sowie Haushaltsführung beibrachte. Geplant war sogar, die Anzahl der Kühe in einem Zuchtprogramm zu erhöhen, um so Milch für die Mütter verfügbar zu machen, die nicht mehr stillen sollten.

In Kenia, so Brett Shadle, griff der Staat insbesondere in der Zeit seit 1940 ein, indem er sich mit der Regelung der Brautgabe befasste. Einerseits ergriff er die Partei der jungen Männer, um ihnen die Zahlung der Gabe und damit die Haushaltsgründung zu ermöglichen, und legte ein oberes Limit fest. Das war im Sinne des Staates, die Arbeitskraft der jungen Männer für die eigene Ökonomie zu requirieren, sie in Zeiten des Umbruchs staatsloyal zu machen, aber auch um ihnen Status zu geben, der eigentlich durch den Kolonialstaat permanent unterminiert wurde. Initiativen des Staates, über das Rechtssystem in afrikanische Familienpraxis einzugreifen, waren äußerst widersprüchlich. Zunächst hatten sie die alten Eliten entmachtet, insbesondere, wenn diese sich nicht im Sinne der Kolonialregierungen verhielten. Um Kontrolle über die Beherrschten und zu Beherrschenden auszuüben, waren flexible Bevölkerungen in „Stämme" eingeteilt und kulturell und genealogisch fixiert worden. Gleichzeitig wurden junge Männer (zwangs-)mobilisiert, was sie unabhängiger gegenüber den Alten auf dem Land machte. Diese wiederum kompensierten ihren Machtverlust, indem sie die Frauen auf dem Land behielten, Brautgaben in Form von Geld und Gütern für sich beanspruchten und über

Landzuweisungen entschieden. Zum sogenannten Gewohnheitsrecht, das insbesondere Fragen wie Landrecht, Erbschaft und Nachfolge regelte sowie Grundsätze zu Eheschließung und Scheidung festlegte, wurden jene befragt, deren Weisungsbefugnisse und Autorität von der Kolonialmacht empfindlich beschnitten wurden: die alten Männer. Sie achteten darauf, zur „Regel" zu erklären, wo es sich in der alten Rechtsprechung oft um eine zu verhandelnde „Position" gehandelt hatte. Nun mussten nicht nur viele Praktiken auf einen Nenner gebracht, sondern diese Gewohnheiten auch noch mit den Rahmengesetzen kolonial gewünschter Rechtsphilosophie in Einklang gebracht werden. Experten für Gewohnheitsrecht waren nicht zuletzt auch Kolonialbeamte und Missionare, weil sie lange irgendwo „vor Ort" gelebt hatten und sich daran beteiligten, „Tradition" autoritativ festzuschreiben.

Ungleichheit und Macht in postkolonialen Momenten

In der Zeit unmittelbar nach der Unabhängigkeit sah es zunächst so aus, als ließe sich das Verhältnis zum Staat neu gestalten. Aus Untertanen wollten und sollten Bürger und Bürgerinnen werden, keine Individuen, die Erziehung und Patronage benötigt hätten. Ernüchterung setzte ein, als sich herausstellte, dass in mehreren Ländern beispielsweise Frauen ein klar definiertes Erbrecht versagt blieb. In Kenia wandten sich Witwen als Bürgerinnen an die Repräsentanten der neuen Nation, wurden aber enttäuscht und mussten häufig erleben, dass ihre Brüder, Schwäger oder Nachbarn ihnen das Land streitig machten, auf dem sie seit Langem lebten. Die Männer konnten Land in ihrem Namen als Eigentum registrieren, die Frauen nicht. Die Männer konnten den Frauen versprechen, wohlwollend für sie zu handeln, taten es aber häufig nicht – und den Frauen fehlte die Handhabe, eigene Rechte durchzusetzen. Nach den ersten Wahlen erkannten die Witwen in Maragoli, Kenia, dass sie einen schwachen Mann gewählt hatten, der sie der Regierung gegenüber repräsentieren sollte. Er war weder erfolgreich für seine Wähler noch für seine Familie. 1972 wurde ein Gesetz erlassen, das keine Anstrengungen unternahm, Begriffe wie „Ehefrau", „Kind" oder „unterhaltene Person" zu definieren. Angesichts der multiethnischen, multireligiösen Verfasstheit der kenianischen Gesellschaft war das ein grober Fehler. Betrachtet man den von David William Cohen und E. S. Atieno Odhiambo im Detail rekonstruierten Fall des Antretens von Erbe bei Silvano Melea

Otieno (1931–1986), wird klar, wie im Fall eines Erbes Frauen viele Register ziehen müssen, wie Anspruch auf Rechtsnachfolge vor Gerichten regelrecht ausagiert werden muss, um das Erbe des Mannes antreten zu können. Fünf Monate lang bewies sich Virginia Wambui Otieno vor Gericht und in aller Öffentlichkeit als Kennerin der Genealogie des Mannes, den sie beerben wollte. Familienörtlichkeiten waren symbolisch und rituell aufgeladen. Während der Beerdigung hatte sich die Witwe einen symbolträchtigen Platz im Ensemble der Familie und Verwandten gesichert. Gestritten wurde darüber, in wessen Haus die Trauerversammlungen vor der Beerdigung stattfinden sollten. Extrem umstritten war, wo der Leichnam beerdigt werden sollte, ob auf Otienos jüngst gekaufter Farm auf dem Gebiet der Kikuyu und Masai oder im seit Langem nicht betretenen Land seiner Luo-Clansleute. Wo war seine Familie? Wer war jener Teil der Familie, der so etwas entscheiden durfte? Hier ging es darum, wer seinen Anspruch auf Geschichte, Erinnerung und Körper dieses bekannten Juristen durchzusetzen wusste.

Mit der Schwäche des postkolonialen Staates traten nicht nur Patronage- und Klientelnetzwerke derjenigen zutage, die an der Macht saßen oder diese gewinnen wollten. Auch andere investierten in Familie, Verwandtschaft und interpersonale Konstellationen, um soziale Sicherheit, Wohlstand und individuelles Fortkommen zu erlangen – oft mit unklarer Aussicht, ob diese im Notfall tatsächlich einspringen würden, und meist, wie die Sozialwissenschaftlerin Nontobeko Otrude Moyo beklagt, indem im Rahmen eines sich neu ausprägenden „Familialismus" die Bereitschaft zur politischen Äußerung oder sogar Solidarisierung verloren geht. Menschen wenden sich vom Staat ab und der Familie zu. Sie entpolitisieren ihr Verhalten, denn alle Solidarität wird der Familie gegenüber geübt. Als Bürgerinnen und Bürger entwickeln sie kaum Handlungsmacht.

Literaturempfehlungen

Alber, Erdmute: Denying Biological Parenthood. Fosterage in Northern Benin, in: Ethnos 68: 4 (2003), S. 487–506.

Carsten, Janet (Hg.): Cultures of Relatedness. New Approaches to the Study of Kinship. Cambridge 2000.

Cohen, David William/Odhiambo, E. S. Atieno: Burying SM. The Politics of Knowledge and the Sociology of Power in Africa. Portsmouth 1992.

Diome, Fatou: Celles qui attendent. Paris 2013. *(Roman)*

Fischer, Gundula: „Verwandtschaft schafft Arbeit – Arbeit schafft Verwandtschaft." Überlegungen zur Konstruktion von Verwandtschaft in einem tansanischen Betrieb, in: Erdmute Alber et al. (Hg.): Verwandtschaft heute. Positionen, Ergebnisse und Perspektiven. Berlin 2010, S. 203–224.

Giblin, James L.: A History of the Excluded. Making Family a Refuge from State in Twentieth-Century Tanzania. Oxford 2005.

Hodgson, Janet: Princess Emma. Johannesburg 1987.

Hunt, Nancy Rose: "Le Bébé en Brousse". European Women, African Birth Spacing and Colonial Intervention in Breast Feeding in the Belgian Congo, in: International Journal of African Historical Studies 21: 3 (1988), S. 401–432.

Lee, Christopher L.: Children in the Archives. Epistolary Evidence, Youth Agency, and the Social Meanings of "Coming of Age" in Interwar Nyasaland, in: Journal of Family History 35: 1 (2010), S. 25–47.

Moran, Mary H.: Civilized Servants. Child Fosterage and Training for Status among the Glebo of Liberia, in: Hansen, Karen Tranberg (Hg.): African Encounters with Domesticity. New Brunswick 1992, S. 98–115.

Moyo, Otrude Nontobeko: Trampled No More. Voices from Bulawayo's Townships About Families, Life Survival, and Social Change in Zimbabwe. Boulder 2007.

Mutongi, Kenda: "Worries of the Heart". Widowed Mothers, Daughters, and Masculinities in Maragoli, Western Kenya, 1940–60. Chicago 2007.

Pedersen, Jean Elisabeth: "Special Customs": Paternity Suits and Citizenship in France and the Colonies, 1870–1912, in: Clancy-Smith, Julia/Gouda, Frances (Hg.): Domesticating the Empire. Race, Gender, and Family Life in French and Dutch Colonialism. Charlottesville 1998, S. 43–64.

Rich, Jeremy: Searching for Success. Boys, Family Aspirations, and Opportunities in Gabon, ca. 1900–1940, in: Journal of Family History 35: 1 (2010), S. 7–24.

Rüther, Kirsten/Delius, Peter: The King, the Missionary, and the Missionary's Daughter, in: Journal of Southern African Studies 39: 3 (2013), S. 597–614.

Shadle, Brett: "Girl Cases". Marriage and Colonialism in Gusiiland, Kenya, 1890–1970. Portmouth 2006.

Silla, Eric: People Are Not The Same. Leprosy and Identity in Twentieth-Century Mali. Portsmouth 1998.

Vaughan, Meghan: Which Family? Problems in the Reconstruction of the History of the Family as an Economic and Cultural Unit, in: Journal of African History 24 (1983), S. 275 –283.

11. Fotografie – jenseits des imperialen Blicks

Straßenkehrerinnen bei Nacht

Dieses Foto sah ich zum ersten Mal bei einem Workshop, den mein Kollege Jakob Krameritsch und ich im Rahmen unserer Lehrveranstaltung zu „Fotografie und Apartheid" an der Akademie der bildenden Künste in Wien anboten. In diesem Seminar haben wir einzelne Bilder genau betrachtet. Wir leben in einer Zeit, in der uns Bilder und visuelle Eindrücke überfluten. Alles muss immer schnell gehen. Deshalb wollten wir die mit der Fotografie verbundene Langsamkeit ausprobieren, uns auf Details und Verstecktes in jedem Bild einlassen. Das Bild der „unsichtbaren Frauen" hat uns der 1980 in Driefontein, Südafrika, geborene Fotograf Sabelo Mlangeni vorgestellt, der mittlerweile große Anerkennung in seiner Heimat genießt und für seine meist Schwarz-Weiß-Aufnahmen mit Preisen ausgezeichnet worden ist. Dass er fotografieren lernte, hat auch mit seiner Ausbildung im Market Photo Workshop in Johannesburg zu tun, die er zwischen 2001 und 2004 genoss. Ohne regulären Schulabschluss stand Sabelo Mlangeni der Weg in den Beruf über die einschlägigen Ausbildungsstätten zunächst einmal nicht offen.

Sabelo Mlangeni hat Serien gemacht, in denen es um Zuhause geht, um Leben in der Kleinstadt, den subjektiven Blick und Gemeinschaft. Das hier gewählte Bild gehört zu einem frühen Zyklus, der den Titel *Invisible Women* erhielt. Auf dem Bild sind Frauen zu sehen, die bei Nacht die Straßen der Metropole Johannesburg säubern. Sie sind in orangeroten Westen gekleidet und ihre Unterkörper in schwarze Plastikplanen gehüllt. Beim Workshop erzählte Sabelo uns, dass seine Mutter früher Besen verkaufte. Die Konturen der Frauen sind nicht scharf, sondern verzogen. Das rückt sie der Unsichtbarkeit näher und kann, wenn man die Realität in diese künstlerische Arbeit eindringen lassen will, als Hinweis darauf gelten, dass sie für die Mehrheit der Menschen, die sich hier sonst bewegen, unsichtbar sind und unsicht-

Straßenkehrerinnen bei Nacht: Unsichtbare Frau I
© *Sabelo Mlangeni, 2006*

Fotografien halten fest, was gewesen ist. Diese Straßenkehrerin, nicht sichtbar für all jene, die am Tag durch die Stadt gehen, dort arbeiten oder wohnen, geht hier, vor den herunter-gelassenen Rolläden eines Ladens, im Dunkeln ihrer unscheinbaren Aufgabe nach. Ihre Sil-houette löst sich fast auf, die Ästhetik ihrer Bewegung aber macht sie zu etwas, das genauer zu betrachten sich lohnt. Sie gehört dorthin, macht den Moment, den die Kamera festhält, betrachtenswert. Wenn es hell wird, ist sie, die selbst in Müllsäcke gehüllt ist, verschwunden.

bare Arbeit tun. Während der Apartheid war die Anwesenheit afrikanischer Bevölkerung in südafrikanischen Städten ohnehin nur erwünscht, wenn sie dort arbeiteten und dies mit Pässen und Arbeitsbüchern beweisen konnten. Ein Recht auf die Stadt genossen sie nicht. Sabelo erzählte, dass er sich längere Zeit bei diesen Frauen aufgehalten habe, um ihre Arbeit zu verstehen. Er musste sich darauf einlassen. Das gehört zu seinem Arbeitsstil, denn er geht nicht irgendwo hin, um ein schnelles Bild zu „schießen". Er verweilt und beobachtet, bevor er Stimmungen in seinen Apparat bannt. Außerdem hält er die Kamera beim Fotografieren nicht vor das Gesicht, sondern vor den Bauch.

Mich faszinieren die Fotos, weil sie zeigen, was man oft nicht sieht: Straßenkehrerinnen bei Nacht, in einer nicht näher zu bestimmenden Ecke von Johannesburg. Schwere Arbeit. Sabelo Mlangenis Fotografie dokumentiert, und unter dem gleißenden Licht der Straßenlaternen deutet sie gleichzeitig nur an. Für mich sieht es aus, als tanzten die Frauen unter dem Schein der Laternen. In einem Bild scheint sich die Arbeiterin geisterhaft fast aufzulösen – faszinierend, dass sich in einer Fotografie schwere Arbeit und wenig Verdienst mit dem Ausdruck von Grazilität so verbinden lassen! Das Team, das die Ausstellung postapart/heid communities *kuratierte, die 2014 hier in Wien gezeigt wurde, hat über andere Fotos Mlangenis geschrieben, dass sie eine dokumentarische Direktheit transportierten und gleichzeitig voller Einfühlsamkeit und Respekt für die Subjekte vor der Kamera seien. Für einen Moment ergreifen die Frauen tatsächlich Besitz von ihrem Umfeld. Die Straße ist ihre. Sie machen sie wieder schön für den Tag, wenn alles ganz anders aussieht und auch sie nicht mehr zu sehen sein werden.*

Struggle Photography und *Drum*

Während der Apartheid konnte man solche Bilder wie die der Straßen kehrenden Frauen nicht machen. Zum einen war deren Präsenz in den Städten nicht erwünscht und sie hätten jederzeit wegen möglicher Passvergehen aufgegriffen werden können. Zum anderen hatten sich die meisten Fotografen der *Struggle Photography* verschrieben, der Fotografie des Kampfes gegen die Apartheid, und setzten ihre Kamera als Waffe ein. Von den frühen

Drum: Miriam Makeba
© *Jürgen Schadeberg, 1955 (mit freundlicher Genehmigung des Bailey African History Archive)*

Dieses Foto der südafrikanischen Künstlerin Miriam Makeba entstand 1955 und wurde zwei Jahre später auf dem Titelblatt der monatlich für ein afrikanisches Lesepublikum erscheinenden Zeitschrift Drum platziert. Politisch waren die 1950er-Jahre die Zeit, in der die Apartheid-Gesetze erlassen und umgesetzt wurden. Kulturell zählt diese Zeit zu den dynamischsten der südafrikanischen Geschichte – neue Musikstile entstanden in den Townships, bevor und nachdem diese – wie beispielsweise Sophiatown – abgerissen wurden. 1960 ging die Sängerin und Schauspielerin ins Exil.

1950er-Jahren bis 1965 war *Drum,* eine Zeitschrift für afrikanische Leser, die mediale Plattform für solche Bilder, die der Mehrheit der afrikanischen Bevölkerung aus ihrem Alltag bekannt waren, doch nicht Teil der öffentlichen Bilderwelt darstellten. *Drum* war ein kommerzielles Magazin, das über Sport, Kultur und Politik aus den Townships berichtete. Damit wurde insbesondere eine wachsende Schicht von Männern und Frauen angesprochen, die in südafrikanischen Städten lebten und sozial aufstiegswillig waren, denen allerdings mit der gewaltsamen „Räumung" des Townships Sophiatown letzte Möglichkeiten auf eigenen Grund- und Hausbesitz genommen worden waren. Die Zeitschrift lebte von Text, Bildern, Werbung und Leserzuschriften. Nicht wenige der Fotografen, beispielsweise Peter Magubane, Bob Gosani, Gopal Naransamy, G. R. Naidoo, Jürgen Schadeberg, Ranjith Kally oder Alf Khumalo, lernten ihr Handwerk dort, als es – mit Ausnahme von Jürgen Schadeberg – keine formalen Ausbildungsstätten für sie gab.

Mithilfe eines investigativen (Foto-)Journalismus konnte Männlichkeit in Städten präsent gemacht werden. Fotos wiesen zudem auf untragbare Lebens- und Arbeitsbedingungen auf dem Land hin, sie lenkten den Blick der Leser und Betrachter aber auch auf die Schönheit afrikanischer Frauen aus dem Showbusiness. Bilder wie die der Jazz- und Bluessängerin Miriam Makeba, auf dem Titelbild von Drum noch nicht einmal 30 Jahre alt, standen damals für Lebendigkeit. Sie zeigten Erfolg und Dynamik einer populären südafrikanischen Musik- und Filmkultur. Nach dem Ende der Apartheid liest man sie kritischer. Was einst der Selbstvergewisserung galt und Erfolg sichtbar machte, lässt heute in der langen historischen Perspektive fragen, warum diese Selbstvergewisserung so ausschließlich eine des männlichen Blickes war, der in Bewunderung und Besitzergreifung auf die Körper schöner Frauen fixiert war. Vor dem Hintergrund hoher Gewaltraten gegen Frauen im Südafrika der Post-Apartheid lässt sich fragen, ob die Geschichte der Kontrolle über Frauen und ihre Körper bis mindestens in die 1950er-Jahre zurückreicht und ob der kontrollierende männliche Blick die Voraussetzung dafür bildete, dass Männlichkeit, die der Staat unterminierte, ihre Wertigkeit genau so erst behaupten konnte.

Insbesondere nach dem Schüleraufstand in Soweto 1976 zeigte sich, dass dokumentarische Fotografie vorrangig einem politischen Zweck – der Niederringung eines unmenschlichen Regimes – untergeordnet wurde. Ab den 1980er-Jahren konnten junge Talente ihr Handwerk im vom Fotogra-

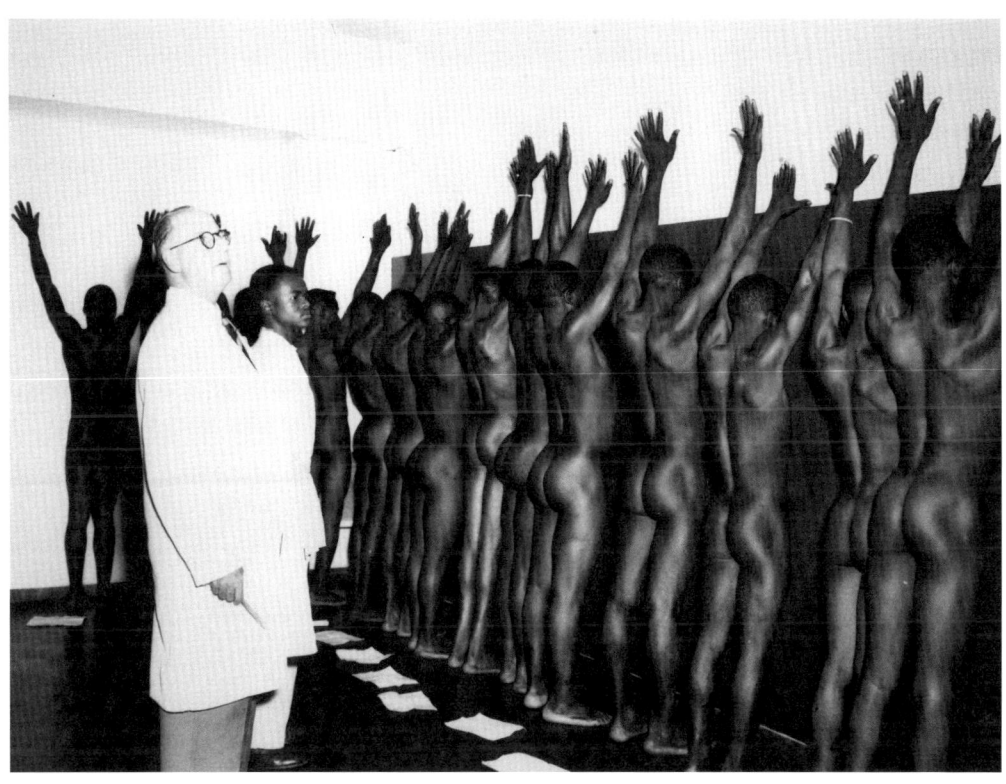

Struggle Photography: Untersuchung rekrutierter Minenarbeiter durch einen Betriebsarzt
© *Ernest Cole, Museum Africa, Johannesburg*

*Die Unmenschlichkeit der Arbeitsbeziehungen wird in diesem Foto von Ernest Cole
zum Ausdruck gebracht. In Gruppen werden die nackten Männer durch eine Abfolge
medizinischer Untersuchungen geschleust. Ihre Untersuchungsblätter sind auf dem Boden
hinter den Männern abgelegt, der Arzt hält bereits einen Bleistift in der rechten Hand,
mit dem er die Tauglichkeitsbefunde notieren wird. Tuberkulose war bei den Männern die
Krankheit, die am häufigsten zum Tode führte.*

fen David Goldblatt gegründeten Market Photo Workshop erlernen. Das bot denjenigen eine Chance, die aus dem Bildungssystem herausgefallen waren oder absichtlich herausgehalten wurden. Bereits 1982 war es unter Omar Badsha und Paul Weinberg zur Gründung der Fotoagentur Afrapix mit einer Bildbibliothek für die Medien und weltweit organisierten Solidaritätsgruppen gekommen. Afrapix trug bis zur Auflösung 1991 zur Globalisierung einer bis dahin weitgehend der südafrikanischen Öffentlichkeit – und auch da nur eingeschränkt – zugänglichen Bildwelt bei. Zahlreiche Fotos von mehr als 30 Fotografen, die Menschen heute noch vor Augen haben, wenn der Begriff „Apartheid" fällt, wurden von hier aus in Umlauf gebracht. Es ist sicher kein Zufall, dass sich Bilder von Kampf und Krieg durch die Agentur vermarkten ließen, während andere Sujets einer kleineren Bildöffentlichkeit vorbehalten blieben. Für die Erinnerung hinterlassen Fotografien meist tiefere Wirkung als Texte. Und ohne Bilder, unabhängig davon, wie wenig sie irgendeine Realität repräsentieren, gehen die Erinnerungen verloren. Die von Okwui Enwezor und Rory Bester kuratierte Ausstellung *Rise and Fall of Apartheid,* 2015 in Johannesburg gezeigt, brachte den Kampf gegen die Apartheid in aller Ausführlichkeit zum Ausdruck. Die Bilder prangerten an: unmenschliche Arbeitsverhältnisse, die stillen, aber bis ins Detail komponierten Demonstrationen der gut situierten Damen von Black Sash, einem Zusammenschluss von Frauen, die bei öffentlichen Demonstrationen schwarze Schärpen trugen, Beerdigungen, die zu öffentlichen Ereignissen wurden, die Grausamkeit der Arbeitsfähigkeitsuntersuchungen in den Minen, die Razzien auf Menschen, denen Passvergehen unterstellt wurden.

Jenseits des politischen Statements: Lebensgefühle, der persönliche Moment und die coole Pose als Produkt lukrativer Studiofotografie

Bilder von jenseits der unmittelbar politischen Sphäre dokumentieren, dass es in einer Zeit der Umbrüche und des Kampfes um Partizipation auch Raum für Lebensgefühle, den persönlichen Moment und die coole Pose gab. Mit der Fotografie wurde ein Archiv geschaffen, das der dominierenden schriftlichen Perspektive zu widersprechen und diese zu erweitern vermag. Es griffe zu kurz, Leben, Erfahrung und Alltag der afrikanischen Mehrheit

Struggle Photography: Stille, punktgenau inszenierte Demonstration, November 1956
© *Museum Africa, Johannesburg*

Die Frauen mit der schwarzen Schärpe, meist wohlhabenderen Familien entstammend, wussten ihren Widerstand gegen die Apartheid mutig und perfekt in Szene zu setzen. Dieses Foto eines unbekannten Fotografen entstand im November 1956, ein Jahr nach der Gründung der Nichtregierungsorganisation Black Sash. Vor dem Parlament standen Frauen, um gegen den sogenannten Senatsakt zu protestieren, der die als „Cape Coloured" klassifizierten WählerInnen aus dem Wählerverzeichnis strich.

auf Unterdrückung und Armut einerseits und offenen Kampf und Leiden andererseits zu reduzieren.

Der malische Fotograf Malick Sidibé, wahrscheinlich 1935 geboren und professioneller Studiofotograf, hielt beispielsweise die Zeit der Unabhängigkeit in Fotografien fest, die er im eigenen Studio und in Clubs machte. Als Fotoreporter berichtete er über alle wesentlichen gesellschaftlichen Events in Bamako und produzierte sonntagabends am Fluss zahlreiche Bilder – Porträts der Jugend, ihrer Freude am Tanz, der coolen Pose und der Vertrautheit von Verliebten. Die Fotos strahlen Stimmung aus und zeigen ihre Sujets in aller Individualität. Sidibé war lange Zeit in Mali und in benachbarten westafrikanischen Ländern bekannt, bevor André Magnin ihn und seine Bilder in den 1990er-Jahren für den internationalen Markt „entdeckte". Zu dieser Zeit war der ebenfalls malische Fotograf Seydou Keïta bereits „entdeckt" und seine Arbeiten wurden unter dem Etikett der „Porträtfotografie" vermarktet. Aus diesem Grund wurden für das globale Publikum aus Sidibés breitem Werk weniger die Porträts ausgewählt, sondern vor allem die Party-, Straßen-, Strand- und Festbilder. So ließ sich ein zweiter malischer Fotograf weltweit vermarkten, der ein sich von Keïta unterscheidendes Genre zu bedienen schien: die „ungestellte Fotografie". Auf dem außerafrikanischen Markt wartet Ruhm, doch dafür muss die komplexe Botschaft auf ein eindeutiges Etikett, eine „Marke", reduziert werden.

Malick Sidibé gelang es, unschätzbare und auch unwiederbringliche Momente im Bild festzuhalten bzw. sie für das Bild zu arrangieren. Denn dass auch Sidibés „ungestellte" Fotografien kunstfertig komponiert waren, liegt auf der Hand. Den Moment erhaschend, die Stimmung vorsichtig choreografierend, schuf er Erinnerungen, die über die zeitliche Distanz hinweg zu uns sprechen und uns helfen, jenseits von dem, was die Fotos für die Abgelichteten bedeuten, die Zeit der Unabhängigkeit zu imaginieren. Die Fotografie vermittelt Eindrücke, wie sich der Moment der Freiheit angefühlt haben mag. Träume, das Gefühl von Hoffnung und die Gewissheit, man selbst zu sein, stehen jedem Foto in die Choreografie geschrieben. Gleichzeitig sticht ins Auge, dass diese Jugend Teil eines globalen Lebensgefühls war. Die Posen, Kleidung und Tänze derjenigen, die in europäischen Städten und Dorfkneipen ihrem Erwachsensein entgegenwirbelten, haben sich kaum davon unterschieden. Sogar die fotografischen Inszenierungen der in Bamako Porträtierten mögen denen in anderen Weltgegenden ähneln.

Was ging in den Köpfen der Fotografierten vor? Die Kunden und Kundinnen investierten bewusst in den Glanz des Fotografen. Malick Sidibé hat die Erwartungen seiner Kundschaft über viele Jahre begleitet und dabei beobachtet, dass die Männer und Frauen, die zu ihm kamen, den Künstler sahen, nicht sein Medium. Sie kamen zu ihm mit dem Vertrauen, dass er sie ein wenig schöner mache und sie durch eine Abbildung ihrer selbst am Ruhm des schon berühmten und beliebten Fotografen teilhaben könnten. Das mag Nähe, aber auch die Grundlage für eine Geschäftsbeziehung geschaffen haben, die sich unter Umständen in dem Spiel zwischen Fotografierten und dem Fotografen widerspiegelt.

Gerade im westafrikanischen Kontext wird in der wissenschaftlichen Literatur die Bedeutung der Berufsfotografie als Geschäft diskutiert. Historisch gesehen, blieb die Fotografie nicht lang von Weißen und Eroberern monopolisiert, sondern wurde rasch zu einer Aktivität, der auch Afrikaner nachgingen und die einige, denen es gelang, sich ein Studio einzurichten, zum lukrativen Erwerb nutzten. Dass diese äußerst beliebte Fotografie der Aufmerksamkeit von Wissenschaftlern und dem globalen Markt so lange entging, liegt unter anderem daran, dass die Fotos, die französische und andere Kolonialbeamte oder Reisende machten, viel zahlreicher dokumentiert und archiviert sind, auch und vor allem in öffentlichen und kolonialen Archiven. Die Fotos afrikanischer Fotografen sind mühsamer aufzutreiben, denn sie sind Teile privater Sammlungen oder in Archiven wenig beachtet worden und deshalb oft in schlechtem Zustand.

Als Studioinhaber folgten afrikanische Fotografen in Städten wie zum Beispiel Freetown oder Dakar von Anfang an, also seit der zweiten Hälfte des 19. Jahrhunderts, den Wünschen ihrer Kunden, sie nicht als „Fakten" oder in aller „Realität" zu porträtieren, sondern insbesondere bildlich festzuhalten, was die Kundschaft *über sich* kommunizieren wollte. In der Motivwahl korrespondierten diese Fotografien deshalb häufig mit den ethnografischen Studien kolonialer Fotografen, produzierten unter Umständen aber anders nuancierte Bildinhalte. Die Arbeiten des Fotografen Alphonso Lisk-Carew aus Freetown, Sierra Leone, entstanden sowohl im Auftrag der Kolonialmacht wie auf Anfragen einer städtisch-afrikanischen Kundschaft. Als Berufsfotograf in einem Land, in dem der afrikanisch-europäisch-kreolische Kontakt diesseits und jenseits des Atlantiks Jahrhunderte zurückreichte, wusste Lisk-Carew, der sein Studio schon 1905 errichtet hatte, wie sich seine

Kundschaft zu inszenieren wünschte: Dominanz des weiten Raumes zählte für den Herzog und die Herzogin von Connaught, die öffentlich aufzutreten wünschten, Intimität und Schönheit der Beziehungen waren in Szene zu setzen für die anderen. Der Ausflug in der Rikscha, von Dienern gezogen, war manchen Familien genehm, andere bevorzugten das Ganzkörperporträt im weißen, bodenlangen und hochgeschlossenen Kleid, leicht abgestützt auf einem kunstvoll geschnitzten Ständer mit Schriftlichem in der Hand.

Das 19. Jahrhundert wird meist als Periode der „imperialen Fotografie" diskutiert. Händler, Reisende und Missionare fotografierten und archivierten. Afrikaner, seltener Afrikanerinnen, so viel wir wissen, fotografierten auch. Leider sind viel zu wenige Namen bekannt, und leider sind ihre Bilder nicht professionell archiviert, sodass wir viel öfter als bei der Kolonialfotografie mit dem Zerfall des Materials konfrontiert sind oder den Zugang zu privaten Archiven durch die Herstellung persönlicher Beziehungen erarbeiten müssen. Diese Rahmenbedingungen lassen die Arbeiten afrikanischer Fotografen persönlicher erscheinen, da sie das uns bekannte offizielle Bild und das lokal erinnerte Bild im Nachhinein wieder erweitern. Da das Koloniale allerdings gnadenlos dominiert, sind wir geneigt, in diesen Bildern eine unmittelbare Gegenperspektive zu suchen, die wir als eindeutig „afrikanisch" oder „kolonisiert" deklarieren können. Alphonso Lisk-Carew, 1887 geboren und damit 50 Jahre älter als ein Malick Sidibé, war aber auch Berufsfotograf an der Wende vom 19. zum 20. Jahrhundert. Seine Professionalität in der Polarität „afrikanisch" im Gegensatz zu „kolonial" aufzulösen, wäre genauso eine Reduktion, wie die Arbeiten eines Malick Sidibé auf nur einen Teil seiner Vielfalt zu reduzieren. In Lisk-Carews Werk laufen mehrere Bildphilosophien zusammen, die eine auslaufend, die andere auftauchend.

Seit den 1920er- und 1930er-Jahren gab es Studios entlang der Eisenbahnlinien und der Flüsse – dort, wo Reisende ihren Weg nahmen. Es waren lange Wege in die Studios von Mama Casset (1908–1992) in Senegal, August Azaglo (1924–2001) an der Elfenbeinküste oder Mountaga Dembelé (1919) in Mali, wenn man bei ihnen ein Porträt anfertigen ließ. Sowohl die Reise wie der Akt des fotografischen Porträtierens waren ein Ereignis, das sich nicht beliebig wiederholen ließ. Vor dem Hintergrund solcher Praktiken entstand in Senegal zwischen 1930 und 1960 das Genre der „Xoymet-Fotografie". Diese Bilder zeigten die offensichtlich aus dem Milieu aufsteigender, städtischer Mittelklasse stammende Braut am Vorabend ihrer Hochzeit auf dem Hochzeitsbett „drapiert", inmitten zahlreicher an die Wand gehefteter Porträtfotografien, die Familie und Freunde ihr geschenkt hatten. Der gerade Blick in die Augen des Betrachters hypnotisiert diesen geradezu. Ihm kann sich niemand entziehen als Resultat einer Nähe zwischen porträtierter Person und Fotograf, die der kolonialen Fotografie abging. Ineinander verwoben, werden hier Individualität, Beziehungen und coole Pose inszeniert. Letztere wurde meist aus einer Tafel verschiedener Möglichkeiten ausgewählt, die ein Studio im Angebot hatte. Sie bot Optionen, das Selbst auszudrücken, doch im Zentrum steht der geschmückte Körper, der in ein neues Haus und ein neues Umfeld eingebracht wird. So entsteht eine Person im Kontext ihres neuen, nun sichtbar gemachten Netzwerkes. Nach gängiger Auffassung in der Region hieß es, dass der Mann Kopf des Haushaltes war, die Frau Herrin des Schlafgemachs. Hier, so ging die Rede, war der Ort, an dem sie Einfluss auf ihren Mann und seine Entscheidungen zu nehmen vermochte. *Xoymet*-Fotografie war eine Mode der 1940er- bis 1960er-Jahre und wurde danach nicht fortgeführt.

Aus diesem Umgang mit Fotografie wird deutlich, dass Porträts von Personen nicht eindeutig dem Bereich des „Privaten" zugeordnet werden können, denn die Fotos wurden ausgetauscht, verschenkt und für andere bildwirksam platziert. Sie sind Eigentum der Frauen und deren Reichtum. Auf dem Körper wurden Eleganz, Wohlstand und Schönheit getragen, und das Foto brachte diese Auszeichnung entsprechend zur Geltung. Dies sollte aber nicht darüber hinwegtäuschen, dass der tatsächliche Besitz eines Hauses oder gleiche Besitzrechte wie für Männer Frauen meist nicht möglich waren.

Sophie Feyder beschreibt, dass auch in Südafrika in den 1950er-Jahren Studiofotografie ein Mittel für afrikanische Frauen darstellte, die in Städten lebten und sich als „modern" verstanden", sich selbst und ihre Weiblichkeit in Szene zu setzen. Die Studiofotografien stellen Frauen und Weiblichkeit anders dar, als *Drum* dies mit Bildern tat, die auffielen und um Sensation heischten. Sie stellten Männer, die in Minen arbeiteten, anders dar, als es beispielsweise David Goldblatt in seiner Serie *On the Mines* zusammengestellt hat, um Fragen nach Würde und Gewalt in Arbeitsverhältnissen aufzuwerfen. Es gab Bilder, die nicht für die Öffentlichkeit gedacht waren, sondern für Alben oder – ganz kleinformatig – für die Handtasche und den persönlichen Tausch. Sie wurden fast wie kleine Ikonen mit sich getragen, als Teil einer kollektiven Praxis der Selbststilisierung. Soweit es sich rekonstruieren lässt, waren es Männer, die für diese Fotografien zahlten, und Frauen, die mit ihnen soziale Netzwerke belebten. Auch hier gab es ausgewählte Fotografen wie beispielsweise Alpheus Mhlanga oder Ronald Majongwa Ngilima, die solche nachgefragten Dienstleistungen des Porträtierens anboten, gerade auch in der Nähe der Minen.

Das sogenannte „Normale" war auch Programm des südafrikanischen Fotografen Santu Mofokeng. Er übte seit den 1980er-Jahren Kritik an der fast unumgänglichen Dominanz der *Struggle Photography,* weil darüber das „normale Leben", wie er es nannte, in den Townships unsichtbar blieb oder unsichtbar gemacht wurde (anders als zu *Drum*-Zeiten). Statt sich in die politisch definierte Fotografie gegen die Apartheid einzureihen, wollte er im rassistischen Südafrika die Gleichheit afrikanischer Männer und Frauen betonen, nicht die Andersartigkeit, die in Wut, Armut, Entwürdigung oder Unterdrückung zum Ausdruck kam. So begab er sich zum Beispiel auf die Suche nach historischen Fotografien, auf denen sich Individuen und Familien inszenierten. In *The Black Photo Album/Look at Me: 1890–1950* setzt er sich mit Personen und Individualität auseinander. Auch in den von ihm abfotografierten Familienfotos und Porträts schauen die Porträtierten direkt in die Kamera. Sie fangen den Blick des Betrachters, als biete die Kamera die Magie, andere zu fesseln. Gegenseitig starrt man sich an. Gleitet der Blick auf die Art der Selbstinszenierung, erhebt sich die Frage, ob sich hier Menschen darstellen, deren Bewusstsein kolonisiert wurde, oder ob man von einer Afrikanisierung eines Genres sprechen kann, nämlich der Familienfotografie für das Album. Wem gehört die Pose? In welchem Kontext werden auf diesen Bildern Bereitschaft und Wille deklariert, genauso zu sein wie diejenigen, die die Mehrheit der Bevölkerung beherrschen? Von wem grenzen sich die so Porträtierten ab? Oder eifern sie doch nur nach?

Verwirrend wird sicherlich auch jede Vorstellung davon, was „das Normale" war, wenn man Bilder sogenannter *Évolués* aus Kongo betrachtet. Auch dort gab es Zeitschriften, die das Leben der 1950er- und 1960er-Jahre bildlich flankierten. Im Foto unten finden sich Repräsentanten einer aufstiegswilligen Elite, die häufig als Familie in Wohnzimmern abgelichtet wurden. *Évolué,* heute meist ein abwertender Begriff, war damals ein fast adelndes Prädikat, stand es doch für erreichte Leistung in einer neuen Gesellschaft, für westliche Bildung sowie für Vertrautheit mit europäischen Gewohnheiten

Jenseits des politischen Statements? Die „entwickelte Familie" als vorgeführtes Modell
© *RMCA Tervuren, HP.1956.32.978, collection RMCA Tervuren, Foto J. Makula (Inforcongo), 1956*

Dieses Foto zeigt eine sogenannte „entwickelte Familie" in Belgisch-Kongo, die 1958 mit einem Preis dafür ausgezeichnet wurde, die „bestentwickelte" Familie in Léopoldville, dem heutigen Kinshasa, zu sein. Das Foto zeigt, wie „Entwickelte", die unter der Kolonialmacht als die herzeigbare einheimische Elite des Landes galten, dem europäischen Modell haargenau nacheiferten. Vater und Sohn lesen, während ihnen gegenüber sitzend sich die Mutter einer Nadelarbeit widmet. Die strenge Formation, die sich von den zuvor gezeigten Fotografien durch die Erstarrung in der Pose gänzlich absetzt, lässt die Frage aufkommen, wie viel Spielraum solche Familien hatten, ihre Ideale unabhängig zu entwickeln. Das Foto diente Propagandazwecken.

und der Feinheit eines Städters. Diese für die koloniale Öffentlichkeit geeigneten Fotografien, die modellhaft zivilisiertes Leben demonstrierten, waren ein Baustein in dem Anspruch und manchmal auch in der Politik auf einen rechtlichen Sonderstatus, auf verbesserte Lebensbedingungen und generell mehr Mitsprache und Anerkennung. Im Vergleich zu den bisher gezeigten Fotos besticht die Inszenierung der *Évolués* durch die Starrheit und Unbeweglichkeit, die das Bild zum Ausdruck bringt. Hier wird ein Unterschied zwischen Öffentlichkeiten deutlich, denn die bisher gezeigten Fotos mögen kolonialen Vorbildern mit nachempfunden sein und sie in nur begrenztem Maße aneignen und wenden, doch in diesem Wohnzimmer ist alles angestrengt erstarrt. Hier kommt, auch wenn ein Bild freundliche Gesichter zeigt, eine Beziehung zwischen Darstellern und intendierten Betrachtern zum Ausdruck, die sich von anderer Fotografie deutlich abhebt. Die Ungleichheit zwischen den aufstiegswilligen „Kolonisierten" und denen, die den Aufstieg fordern, aber nicht zulassen, ist hier klar ersichtlich.

Navigation durch die Geschichte mithilfe von Landschaftsfotografie

Seit dem Ende der Apartheid gibt es auch eine neue Landschaftsfotografie, die zum Beispiel von Sabelo Mlangeni, aber auch durch Cedric Nunn repräsentiert wird. Beide beabsichtigen, mit ihren fotografischen Interpretationen eine Distanz zum politisch und gesellschaftlich dominierenden Trauma-Narrativ herzustellen. Persönlich und reflexiv wenden sie sich Landschaften zu, die ihnen viel bedeuten. Um sie zu verstehen, muss der Außenstehende diese Perspektive bzw. diese Interpretation erfragen bzw. sich darauf einlassen. Dargestellt wird zum Beispiel ein Weg, den jemand zur Schule ging, oder ein Fluss, der hinter dem Dorf verläuft. Die Bilder wirken auch, wenn sich die historischen und biografischen Tiefen, die mit ihnen verbunden sind, nicht explizit erschließen und diese einfach „nur" in die Wahrnehmung der Landschaft durch den Fotografen und die Aufnahmesituation eingegangen sind. Sie stellen aber auch eine Auseinandersetzung mit dem kolonial geprägten Genre der Landschaftsfotografie dar.

Cedric Nunn, geboren 1957, fotografiert Geschichte, insbesondere wie sich das Große und Überlagernde im Kleinen, in im Alltag aufzusuchenden Orten und in der Landschaft ausdrückt. Damit drückt er bildlich aus, was Geschichte in der Landschaft hinterlassen hat und wie der Faktor Mensch

Landschaftsfotografie neu definiert: Ngaphesgeya Komfula
© *Sabelo Mlangeni, 2007*

Ruhig fließt der Fluss dahin, vorne ein paar Gräser, in der Weite verliert sich der Blick in einer Biegung. Dahinter verschwimmt die Landschaft. Unter der Oberfläche und jenseits des unmittelbar Sichtbaren kann sich eine Geschichte verbergen, die in eklatantem Gegensatz zu dem Eindruck steht, den die fotografische Oberfläche im ersten Moment vermittelt. Landschaftsfotografie war im kolonialen Kontext ein „imperiales Genre", mit dem Fremde Land und Weite in Besitz nahmen. Hier bewegt sich dieses Genre neuen Ufern entgegen.

darin vorkommt. Nunns Bilder machen abstrakte Geschichte konkret sichtbar, weil sich in ihnen Stimmen und Zeiten überlagern. Nebeneinander, ineinander verknäult, überschrieben und fragmentiert, so liegen Reales und Erinnerung als unentwirrbares Ganzes da.

Landschaftsfotografie zeigte in der Regel Raum, der von Eroberern zur Aneignung ins Visier genommen wurde oder der – nach erfolgter Eroberung – bereits geordnet, beherrscht und mit Straßen, Wegen und Eisenbahn zugänglich gemacht oder gar geöffnet worden war. Cedric Nunns Fotografien eröffnen Erinnerungsspielräume. Mit der Benennung des Stadtfotos von Grahamstown nach jenem Ort, Ndhlambes Großem Kraal, der dort zerstört wurde, erhält die Gewalt erneut Präsenz, die noch 100 oder 150 Jahre nach der kolonialen Eroberung dem Raum innewohnt. Die vom Fotografen gesetzte Bildlegende moralisiert nicht. Aber Ruhe und Ordnung, die im Straßenbild transportiert werden, erhalten durch die Bildlegende den Hauch einer Todesruhe und eines durch strenge Ordnung unterdrückten Lebens. Das Dargestellte wirkt surreal. Es erstickt. Schauen Sie sich das Foto im Bildband oder im Internet an.

In beiden Formen der Landschaftsfotografie liegt die Dramatik unterhalb der Bildoberfläche. Sie wird sichtbar, wenn man die Geschichte dieser Orte kennt oder wenn man über das Bild mit denjenigen zu sprechen beginnt, deren Geschichte, Gegenwart und Erfahrung es dem Betrachter vorstellt. Landschaftsfotografie erhält so eine neue Komplexität, die die Bedeutung der einst dominierenden kolonialen Landschaftsfotografie relativiert.

Verfahren

Claudia und ich hatten uns verfahren. Wir waren unterwegs zu einer der Missionsstationen, zu deren Geschichte im 19. Jahrhundert ich meine Doktorarbeit schreiben wollte. Sie lag nahe Rustenburg, in einem der Kleinstgebiete, die später das zersplitterte Homeland Bophuthatswana ausmachten. Gespräche mit Nachfahren und Familien, die aus der Mission ausgetreten waren, hatten mich überzeugt, dass es sich lohnen würde, dort einmal hinzufahren und nicht nur im Archiv zu arbeiten. Man muss hinfahren und sehen, was da (heute) ist. Das war 1996, also zu einer Zeit, als in den Straßenkarten, die es beim großen Papierwarenhändler CNA gab, die ehemaligen Homelands noch weiße Flecken waren, als ob jenseits solcher Grenzen nur noch das Nichts existierte. Daher war es damals gar nicht so einfach, den Weg in dieses Bethanie zu finden, obwohl es in der Zeit, die mich interessierte, die zahlenmäßig erfolgreichste Missionsstation in der Gegend nahe Rustenburg gewesen war. Mithilfe uralter Missionskarten versuchten wir den Weg zu finden und hatten nicht das Gefühl, damit wirklich irgendwann irgendwo anzukommen. Menschen, die wir unterwegs nach dem Weg fragten, konnten uns auch nicht helfen. Oder sie wollten nicht. Oder sie verstanden uns nicht. Die Mission hatte in dieser Gegend – wo genau, wusste ich nicht – unfassbar viel Land gemeinsam mit den Chiefs gekauft.

Da die Mission selbst die Kaufpreise nicht aufbringen konnte, leisteten die Chiefs und die Dörfer den Kaufpreis. Registriert wurde das Land auf den Namen der Missionare, da es Afrikanern im 19. Jahrhundert gesetzlich verboten war, Land zu besitzen. Die Kollaboration der frühen Missionare mit den Ältesten wich später einer neuen, sehr viel gespannteren Beziehung zwischen einer jüngeren Generation von Christen und Konvertiten und den oft in Südafrika geborenen Söhnen der ersten Missionarsgeneration. Damals wurden auch Bodenschätze in der Region entdeckt. Die Mission nahm sich heraus, zu argumentieren, dass das Land an der Oberfläche den Tswana gehörte, ihre Vorfahren hätten ja den Kaufpreis aufgebracht, doch für alle Substanzen unterhalb der Oberfläche habe die Mission das Verwertungsrecht. Die Logik dieses Arguments hat sich mir nie erschlossen, führte aber dazu, dass die Mission für kurze Zeit Profit aus dem Land ziehen konnte, wo Minen errichtet wurden. Diese Minen sahen Claudia und ich aber nirgends und sie hätten uns bei der Orientierung auch nicht unbedingt geholfen. Später, sehr viel später, war das Land in die Treuhänderschaft des Apartheidstaates überführt worden, die dort eines der südafrikanischen Bantustans errichtete. Dann erlebten wir die riesige Überraschung: Unter unseren Missionsmaterialien, Karten, Fotos und Zeichnungen befand sich auch ein sehr altes Foto der damals übermäßig großen Kirche. Ihr Bau hatte unter den Nachbardörfern und bei den Missionarskollegen zu viel Neid geführt. Da sahen wir plötzlich diese Kirche. Sie sah immer noch so aus wie auf dem alten Foto. Wir waren da!

Literaturempfehlungen

Crooks, Julie: Alphonso Lisk-Carew. Imagining Sierra Leone through His Lens, in: African Arts 48: 3 (2015), S. 18–27.

Enwezor, Okwui/Bester, Rory (Hg.): Rise and Fall of Apartheid. Photography and the Bureaucracy of Everyday Life. München 2013. *(Ausstellungskatalog)*

Evans, Chloe: Portrait Photography in Senegal. Using Local Case Studies from Saint Louis and Podor, 1839–1970, in: African Arts 48: 3 (2015), S. 28–37.

Feyder, Sophie: A Space of One's Own. Studio Photography and the Making of Black Urban Femininities in the 1950s East Rand, in: Safundi 15: 2–3 (2014), S. 227–254.

Lamunière, Michelle/Sidibé, Malick/Brozgal, Lia: Ready to Wear, in: Transition 88 (2001), S. 132–159.

Magnin, André: Malick Sidibé. Zürich 1998. *(Interview und Fotografien)*

Mlangeni, Sabelo: Invisible Women. Hg. Warren Siebrits, Johannesburg 2014. *(Ausstellungskatalog)*

Mofokeng, Santu: The Black Photo Album. Look at Me: 1890–1950. Göttingen 2013. *(Fotografien)*

Mustafa, Hudita Nura: Portraits of Modernity. Fashioning Selves in Dakarois Popular Photography, in: Kaspin, Deborah/Landau Paul S. (Hg.): Images and Empires. Visuality in Colonial and Postcolonial Africa. Berkeley 2002, S. 172–192.

Nunn, Cedric: Unsettled. 100 Jahre Widerstand der Xhosa gegen weiße Landnahme und die Folgen bis heute. Hg. Indra Wussow und Ralf Seippel. Heidelberg 2015.

Viditz-Ward, Vera: Photography in Sierra Leone, 1850–1918, in: Africa 57: 4 (1987), S. 510–518. *(Fotografien)*

12. Schöne Dinge, höchst begehrenswerte Dinge

Karawanen, Tassen und Kabakas

In Richard Reids Darstellung der Geschichte des vorkolonialen Königreiches Buganda ist nachzulesen, dass sich unter dem obersten Herrscher, Kabaka Kyabaggu, um die Mitte des 18. Jahrhunderts der Tausch mit Waren von der Swahiliküste intensivierte. Kyabaggu blieb in der Region als erster Herrscher in Erinnerung, der „Tassen und Teller kaufte". Diese Formulierung wurde mündlich überliefert, muss aber nicht bedeuten, dass er diese Dinge tatsächlich anschaffte. Eher ist sie symbolisch so zu verstehen, dass er ausgewählte Handelssegmente für sich in Anspruch nahm. Leider ist nur wenig darüber bekannt, welche Güter tatsächlich gehandelt wurden. Einst kleinräumig unter einheimischen Händlern und Mittelsmännern organisiert, entwickelte sich der Handel zu einem Feld, in dem auch Fernhändler ihre Waren platzierten. Der Elite des Landes gelang es, die kostbaren neuen Waren allein für sich zu beanspruchen – eine wichtige Voraussetzung dafür, Herrschaft in der Region zu zentralisieren. Die königliche Familie verfügte nun über exklusive Waren, die sie einsetzen konnte, um einerseits Loyalitätsbeziehungen mit der Elite und anderen Aufsteigern einzugehen, andererseits diese exklusiv untermauerten Verbindungen auch zahlenmäßig knapp zu halten.

Im späten 18. Jahrhundert soll Kabaka Semakokiro der erste König gewesen sein, der „Baumwolltuche aus Karangwe" kaufte. Diese Wendung deutet eine Ausdifferenzierung des Warensortiments an, das weiterhin exklusiv von Eliten genutzt, aber auch von anderen durchaus zur Kenntnis genommen wurde, die der Führungsschicht nicht angehörten. Oft waren dies auch die bereits genannten kleinräumig aktiven Händler, deren Möglichkeiten beschnitten und reguliert wurden. Stärker als zuvor entschieden Status und politische Position darüber, wer an dem Handel neuer Reichweite teilhatte. Diese Teilhabe wiederum entschied über Status und politische Aufstiegsmöglichkeiten. In der Formulierung enthalten – anders als bei dem Hinweis auf Tassen und Teller – war auch ein Hinweis, dass der Handel weiter über Mittelsmänner geführt wurde.

Die ersten arabischen Händler tauchten 1844 am Königshof in Buganda auf. Sie brachten schöne und begehrenswerte Dinge: Baumwolltuche, Spiegel und Musikinstrumente, die nicht nur gegen Sklaven und Elfenbein eingetauscht wurden, sondern deren Wert sich insbesondere aus dem Sehnen und der Vorstellungskraft derjenigen ergab, die diese Dinge besitzen wollten und mit ihnen Herrschaft zur Schau stellten. Die kontrollierte Weitergabe band Individuen, Familien und Amtsträger in Loyalitäts- und Abhängigkeitsbeziehungen aneinander.

Kabaka Suna versuchte, die Handelskontakte an die Küste auszuweiten, die immer auch politische Auswirkungen hatten. Generell beabsichtigte er, seine Herrschaft zu stabilisieren. Sein Ziel war vor allem, die Handelsbewegungen in Richtung Norden zu unterbinden. Dort befanden sich rivalisierende Königreiche, die teilweise Beutezüge in die Randgebiete von Buganda unternahmen. Handelsmöglichkeiten veränderten das gesellschaftliche Gleichgewicht – zunächst einmal unter der Elite. Handel mit den Kaufleuten von der Küste verlieh Status und militärische Macht, auch an Rivalen und Feinde des Königs. Das machte die Händler zu einer starken Fraktion, die vom Kabaka streng kontrolliert wurde. Für die Händler wiederum lohnte es sich, eigenständig möglichst auch außerhalb der Herrschaftsreichweite des Kabaka ihre Waren abzusetzen. Die Bevölkerung erhielt zwar weder „Teller und Tassen" noch „Baumwolltuche aus Karangwe", dafür aber neue Pflanzen: Zwiebeln, Weizen, Reis, Guaven, Granatapfel-, Papaya- und Mangobäume. So sickerten Veränderungen durch den Handel auf die Alltagsebene der Bevölkerungsmehrheit durch. Von der kolonialen Expansion der Europäer blieb bis in die 1890er-Jahre dagegen wenig zu spüren.

An der Küste Westafrikas wurden im Zuge des Handels mit Europäern destillierter Alkohol, Stoffe, Waffen, Munition, Tabak und Eisenwaren eingeführt. Der Handel reichte weit ins 16. Jahrhundert zurück und wurde unter anderem über die *Seignares* organisiert. Das waren lokale Frauen europäischer Händler, zum Beispiel in Senegal, deren Familien und Allianzen Waren und später Sklaven an die Küste schafften. Sie versorgten die repräsentativen Häuser in den Faktoreien, den frühneuzeitlichen Handelsstützpunkten an der Küste, wenn die Handelsschiffe und deren Besatzungen nicht vor Ort lagen. Europäische Händler mussten sich quasi „nur" an den Endpunkten eines innerafrikanisch weitverzweigten Handels einklinken, um ungeheure Profite auch in einer Region zu machen, deren Klima und Mikrobenmilieu ihrer Gesundheit und der Gesundheit der Seeleute nicht besonders zuträglich waren.

Die Wertigkeit von Menschen, Dingen und Beziehungen

Im vorkolonialen Afrika, aber auch später wurden Beziehungen nicht allein durch materiellen Reichtum bestimmt, sondern auch durch Art und Intensität der Beziehungen, die eine Person einzugehen in der Lage war. Als reich galt, wer viele Beziehungen unterhielt und zahlreiche Menschen an sich zu binden wusste. Solche Beziehungen konnten über Eheschließungen und Gefolgschaften, aber auch durch Schuld und Knechtschaft hergestellt werden. Jedem Mensch, jeder Sache und jeder Beziehung wohnte ein Wert inne. Waren und deren Zirkulation spielten in diesen Arrangements eine wesentliche Rolle. Oft verschränkten sich solche Beziehungen, Abhängigkeiten und Wertigkeiten so ineinander, dass ein eindeutiger „Gegenwert" eines Gegenstandes oder einer Beziehung nur schwer zu definieren war.

■ *Deutlich wird das zum Beispiel in den Romanen des in Sansibar geborenen Schriftstellers Abdulrazak Gurnah, in denen Ambivalenz und Vielschichtigkeit solchen Reichtums fiktionalisiert wird. Im Roman* Das verlorene Paradies *gibt es einen Händler, der durch den Duft seiner fließenden Gewänder und die Münzen, die er Yusuf schenkt (dem zu Beginn des Textes zwölfjährigen Erzähler), die wunderbare Welt der Waren regelrecht auf der Haut trägt. Yusuf nennt diesen Mann Onkel Aziz – wie seine Eltern ihn nennen, bleibt ungesagt. Yusufs Vater, der schon immer gern sah, dass sein Sohn mit den Kindern des indischen Händlers anstatt mit nicht christlichen* washenzi *(Barbaren) spielte, „verschuldet" sich bei Onkel Aziz (so wenigstens deutet es ein Diener von Aziz, mit dem Yusuf später in einem Laden arbeitet), und er hat auch seinem Sohn keine besonderen Ausbildungs- und Wohlstandsperspektiven zu bieten. So kommt es, dass Yusuf bei einem Besuch des Onkels, der normalerweise damit hätte enden sollen, dass er wieder einige Münzen erhalten hätte, diesmal in die Obhut des Händlers gegeben wird, der ihn mit in die Stadt nimmt. Dessen Wohnhaus bleibt ihm verwehrt, und sein neuer Freund und Arbeitsgenosse Khalil sagt ihm, sein Onkel wünsche nun mit „Herr",* seyyid, *angesprochen zu* werden. Die Grenze zwischen Obhut und Verfügungsgewalt verschwimmt. Der Roman lebt von vielen nicht gesagten und entbehrten Dingen, alles bleibt in Schwebe und Mehrdeutigkeit. Klar ist allerdings, dass Yusuf zum Status des Onkels beiträgt, indem er in dessen Dienerschaft aufgenommen wird. Gleichzeitig erhält er so etwas wie eine Ausbildung und kommt aus den ärmlichen Verhältnissen seiner wenig erfolgreichen Eltern heraus. Er wird aber aus der Wärme der Familie und der liebenden Beziehung zu seiner Mutter in eine Randstellung im Haushalt des Händlers verfrachtet. Als Mädchen wäre er mehr wert gewesen, vermutet der klar blickende Khalil mit seinem ähnlichen Schicksal.

Auch in anderen Romanen von Abdulrazak Gurnah spielen Dinge, die übergeben werden, eine Rolle in der Bewertung der Beziehungen und Abhängigkeiten, die Menschen aneinander binden. Die Wertigkeit von Personen, Dingen und Beziehungen läuft praktisch in jeder Austauschhandlung wie in einem Punkt zusammen und bleibt den Beteiligten auch im Gedächtnis haften. Im Roman mit dem deutschen Titel Ferne Gestade steht ein weit über 60 Jahre alter Ich-Erzähler am Flughafen in London bei der Visumskontrolle an der Grenze zu einem neuen Leben, in das er ohne die richtigen Stempel nicht eingelassen wird. Kevin Edelman, dessen Vorfahren aus Rumänien gebürtig sind und der dadurch, nicht durch Dinge, seine Zugehörigkeit zu Europa untermauern kann, betrachtet die aus dem Koffer des Einreisewilligen genommenen T-Shirts und dessen Unterwäsche. Diese sind weder für den Erzähler noch für den Grenzbeamten in diesem Moment von Wert, da sich daran weder Beziehungen noch Geschichten knüpfen. Anders verhält sich das bei einem Kästchen, dessen Duft sofort eine Beziehung zum Kontrolleur herstellt, von ihm aber zunächst skeptisch beäugt wird. Für den Ich-Erzähler laufen in diesem mit wohlriechendem ud-al-qamari (Räucherwerk aus der Aloepflanze) gefüllten Gegenstand generationenumfassende Handels- und Familienbeziehungen aus einer Welt zusammen, die Arabien, Indien, Persien, Sansibar und China miteinander verknüpft. An der Grenze zu Großbritannien hat das keine Geltung, zumal der Einreisende vorgibt, außer den Wortbrocken „Flüchtling", „Asyl" und „Gnade" kein Englisch zu sprechen. Er kann also die vereinnahmenden Geschichten nicht teilen, die an dem Duftkästchen hängen. Dieses wird zur genaueren Prüfung am Flughafen konfisziert.

Neu ausgerichtete Beziehungen und neu auftretende Person

Eines veränderte sich nicht: Die schönen und höchst begehrenswerten Dinge, die konsumiert wurden, die Beziehungen herstellten und darüber hinaus auch einen Gebrauchswert besaßen (schließlich ist eine Seife auch zum Waschen da, Kleidung zum Tragen und ein Messer zum Schneiden), wurden außerhalb jener Gesellschaften produziert, die sie konsumieren wollten und sollten. Als die Zeit der Karawanen längst vorbei war, bestand ein großer Anreiz für Wanderarbeiter darin, aus den industriellen Zentren mit eigenem Geld Dinge zu erwerben, die sie nach Hause mitnehmen konnten. Im 18. und zu Beginn des 19. Jahrhunderts war das oft ein Gewehr, später gewannen andere Produkte an Attraktivität.

Die im 19. und 20. Jahrhundert nach Mosambik zurückkehrenden Wanderarbeiter brachten in Blechkisten oder Koffern, die sie während ihres Aufenthaltes in einem Laden lagern konnten, allerhand mit zurück: Messer, Stiefel, Stoffe, Tücher, Besteck und weitere Kochutensilien, Überwürfe, Tischleinen, Bürsten und Kämme, Uhren, vor allem auch Kleidung, bunte Krawatten, Schuhe, Hüte, Spiegel und kiloweise Seife. Besonders erwartungsfroh sah man in den Dörfern Nähmaschinen und Fahrrädern entgegen, aber auch Waren wie Tee, mit denen sich gleich eine bei den Kolonialherren „abgeguckte" Trinkzeremonie einführen ließ. Ebenso fanden Grammophone und später Radios ihren Weg in die Dörfer. All diese Gegenstände halfen den Arbeitern, bei ihrer Rückkehr schön zu erscheinen, als Person neu aufzutreten und dementsprechend in Beziehungen in den Dörfern zu investieren. Selbstbewusst ließen sich Status und Ansehen althergebrachter Funktionsträger herausfordern, manchmal zur Belustigung aller, manchmal zum leisen Erschauern der Älteren. Es gab die Alten, deren Status in der Tradition oder in der Unterstützung durch die Kolonialmacht ruhte. Neben sie traten die Rückkehrer, deren Status sich vom „Erfolg" in der Stadt ableitete und in Bargeld und mitgebrachten Dingen maß. Dabei war ihr Zugang zu diesen Dingen, die das Leben bereicherten, in den Städten und industriellen Zentren nicht ohne Probleme gewesen. An Orten wie Kimberley, wo auf geschlossenen Minengeländen gearbeitet wurde, mussten Arbeiter zu überhöhten Preisen in den Läden der Minenunternehmungen kaufen. In anderen industriellen Zentren genossen sie hingegen den Vorteil, nicht wie auf dem Land überhöhte Preise bei den wenigen und mit Konsumgütern schlecht bis mäßig ausgestatteten Ladenbesitzern bezahlen zu müssen. Die Konkurrenz der vielen städtischen Händler ließ sich gut ausnutzen, allerdings wussten diese, dass Migranten viel Bargeld zum Ausgeben hatten, und ersannen Mittel und Wege, sie als Kundschaft anzulocken.

Die mitgebrachten Dinge veränderten die zurückkehrende Person: Zum einen konnte sie in neuem Glanz erscheinen und den Haushalt mit neuen Gegenständen ausstatten. Zum anderen hatte das In-Umlauf-Setzen der schönen und höchst begehrenswerten Dinge Einfluss auf die materiellen und sozialen Beziehungen vor Ort. Beispielsweise konnten in Sambia Brautgaben immer häufiger auch in Form von Gegenständen oder Bargeld entrichtet werden. Besonders die Mütter der Bräute sahen das gern, da sie auf Vieh keinen Zugriff hatten. Dafür arbeiteten die angehenden Schwiegersöhne fortan weniger auf den Feldern der Familie der Braut. Feldbebauung zählte meist zu den Aufgaben der Frauen, die freilich auch durch Einführung des Pfluges – ein zwar „modernes", doch zu schweres Arbeitsgerät – keine bessere Bodenbearbeitung erzielen konnten. Generell verlor die erweiterte Familie ihre zentrale Rolle beim Zusammentragen des Brautgeldes, wenn dieses in Werten entrichtet wurde, die der Heiratswillige selbst besorgen konnte. Verwandte mussten sich andere Strategien überlegen, ihren Einfluss auf die einzugehenden Ehen geltend zu machen.

Läden

Neben Märkten und Handelswegen gewannen mit der Zeit Läden als Institutionen des Konsums an Bedeutung. Sie ermöglichten, die schönen und begehrten Dinge zu erwerben, und boten darüber hinaus oft weitere Dienstleistungen an, beispielsweise das Versenden von Geldbeträgen oder Briefen. Obwohl sie einen festen Ort in Dörfern, Siedlungen und Städten hatten und so etwas wie „ansässige Händler" darstellten, brachten sie Dynamik und Bewegung in jede Gegend. Ganz vordergründig brachten sie Waren in Umlauf, die ihre Käufer nutzten, um Beziehungen mit Familie, Dorfoberen oder Frauen einzugehen, deren Töchter sie heiraten wollten. Das brachte Schwung und Veränderung in soziale Gefüge. Außerdem gehörten Händler oft einer anderen Ethnie als der ihrer Kundschaft an – sie waren erkennbar als „von außen" kommend, brachten ihre eigenen Gewohnheiten mit oder provozierten Misstrauen unter den „Ansässigen". Wer sich mit Dingen des täglichen Lebens und besonderen Artikeln eindecken wollte, war nicht

Neue Beziehungen – neue Person: Vor einem Friseursalon in Masasi, Tansania
© *Birgit Englert, 2009*

Vor einem Friseursalon sitzt ein junger Mann, der neben seinem Handwerk auch Bongo Flava (tansanischen Hip-Hop) macht. Das Bild haben er und Freunde selbst gemalt. Die Sitzhaltungen des Mannes im Porträt und des Mannes davor harmonieren. Fast entsteht der Eindruck, der Künstler passe sich der Vorlage an. Ist bei dem einen das Hemd dunkelblau und die halblange Hose von leuchtendem Blau, verhält es sich bei dem anderen genau umgekehrt: Er trägt ein blaues Hemd und eine braungraue, auf jeden Fall mehrfach gewaschene halblange Hose. Während auf dem Mauerwerk die gemalte Figur in nagelneuen, coolen schwarz-weißen Turnschuhen, mit goldenem Armband und Halskette ein Ideal vorzugeben scheint, sitzt der Künstler gelassen vor seinem Werk – ohne Halskette und mit abgetragenen Flipflops, die unter seinem Plastikstuhl abgelegt sind. Wenn das Wandbild als eine Vorlage verstanden werden soll, in der bestimmte Konsum- und Modeartikel prominent glänzen, offenbart das Foto auch den kreativen und gelassenen Umgang mit diesen „Normen", die hier mit entspanntem Gesichtsausdruck angeeignet werden und denen nicht ruhelos hinterhergehetzt wird.

länger auf die vielen fahrenden und wandernden Händler angewiesen. In Südafrika wurden diese übrigens *smouse* genannt, vielleicht, weil sie – wie ihre Kunden vermuteten – so manchen „Schmu" erzählten. Oft waren diese Händler jüdischer Herkunft. Sie boten Kupfer- und Eisenwaren an, hatten Schmuck, Glas- und Silberwaren im Sortiment oder schnitten die Haare. Sie gehörten in die ländliche Welt, stachen aus ihr aber auch heraus und waren immer als Menschen mit besonderer Tätigkeit erkennbar. In anderen Regionen des Kontinents dominierten Inder, Libanesen oder Griechen das Kaufmannsgewerbe. Sie sind bis heute als Ladenbesitzer anzutreffen und deuten die Reichweite aller Handelsbeziehungen über Afrika hinaus an. In ihren kleinen Läden sind und waren die Preise meist hoch, da sie vor allem in kleinen Mengen verkaufen. Waren sie die einzigen Ladenbetreiber am Ort, hatten die hohen Preise andere Gründe. Deshalb fungierten ansässige Händler und Ladenbesitzer häufig auch als Kreditgeber ihrer Kundschaft, was sie in bestimmten Momenten beliebt, in anderen wieder sehr unbeliebt machte.

Überleben und florieren konnten Läden dann, wenn ihre Betreiber, ähnlich wie die Karawanenhändler, in weite soziale Netzwerke eingebunden waren. Dann wussten sie jederzeit, wo es Waren zu erstehen gab, die sie weiterverkaufen konnten. Kauften sie zu viel von anderswo und nicht aus der Umgebung, wuchsen die Vorbehalte von Käufern und deren Familien, die natürlich auch ihre eigenen Tiere oder Handarbeiten an die Läden verkaufen wollten – lokale Produkte standen allerdings meist nicht hoch im Kurs. Ladenbetreiber waren auf ein Netzwerk von Arbeitskraft und Familie angewiesen, insbesondere in den ländlichen Regionen, ohne die sie sich nicht hätten halten können. Tatsächlich überschritten Händler gerade in Ländern des südlichen Afrika, wo Siedlerregime und segregationistische Politiken zugunsten kleiner kolonialer Gruppen große Bevölkerungsteile benachteiligten, die vom Gesetz vorgegebenen Rassentrennungsschranken, speziell dort, wo Regelungsmechanismen des Staates und der Behörden nicht hinreichten. So war es nicht ungewöhnlich, dass ein Händler schottischer Abstammung eine Frau mit portugiesisch- und afrikanisch-stämmigen Eltern hatte und in diese Gemeinschaften hinein vernetzt war. Für ihr Ladenunternehmen taten sie sich unter Umständen mit einem Siedler zusammen, der mit einer afrikanischen Frau zusammenlebte. Manchmal heirateten die Kinder und Kusinen zwischen den Familien, wodurch das Netzwerk der Ladenbesitzer neu verknüpft wurde.

Läden: Ein Laden in einer Straße von Morogoro, Tansania
© *Birgit Englert, 2009*

Schon der Blick von der Straße auf diesen knallrot gestrichenen Laden mit seinen offen stehenden gelben Blechtüren verheißt, dass es hier viel zu kaufen gibt: Fahrräder, Kochgeschirr, Teppiche, Blechkisten, Gießkannen, Körbe, gekühlte Getränke und vieles mehr. Der Laden preist auch mehrere Kommunikationsmittel an. So werben Celtel, Tigo und auf der weiß gestrichenen Wand rechts Nokia für Mobilfunkgeräte und Zubehör. Celtel heißt inzwischen Zain und ist das erfolgreichste Mobilfunkunternehmen Afrikas. Es wurde von dem in Sudan geborenen Mo Ibrahim gegründet. Die Anzahl der Mobiltelefone überschreitet die Festanschlüsse mittlerweile um ein Vielfaches. Mobiltelefone eröffnen völlig neue Möglichkeiten der Kommunikation. So erhalten an HIV/Aids erkrankte Menschen SMS, die sie an die punktgenaue Einnahme ihrer Medikamente erinnern. Geldtransfers sind möglich ohne Bankverbindungen, die in vielen Ländern notorisch schlecht funktionieren. Nicht zuletzt stehen Mobiltelefone in Zusammenhang mit dem Kampf um Bürgerrechte. Soziale und politische Aktivisten können auf dieses Medium nicht mehr verzichten. Im sogenannten Arabischen Frühling brachte es Tausende auf die Straßen und Plätze, auch wenn sich die Macht, die Kritik und die Ansprüche der jungen Revolutionierenden langfristig nicht in politische Teilhabe umsetzen ließen. Auf eine weitere Form der Kommunikation wird in der Aufschrift über dem Ladendach hingewiesen: „Soma Quran Tukufu" heißt so viel wie „Leset den Koran". Auch mit dem Koran lassen sich Botschaften verbreiten, er regt aber auch zur inneren Einkehr an.

179

Ladenbesitzer bewegten sich nicht nur in Netzwerken, sondern agierten oft auch an der Schnittstelle zwischen segregierten Bevölkerungsgruppen. In Sambia standen zu Beginn des 20. Jahrhunderts indische Händler zwischen europäischen Großhändlern und afrikanischen Konsumentinnen. Sie intensivierten die Geldökonomie im Land, womit sie sich durchaus im Interesse der Kolonialregierung einbrachten. Von lokalen Händlern und Siedlern wurden sie deswegen weniger geschätzt, weil diese ihre eigenen Läden betrieben und ihre eigene Preisgestaltung durchsetzen wollten. Händler, die sich bereits in Nyasaland (heute Malawi) erfolgreich etabliert hatten, waren auf der Suche nach Expansionsmöglichkeiten. Sie kauften lokale Produkte auf und brachten westliche Produkte in Umlauf. In Sambia, wo Siedler hartnäckig ihre Vorrechte verteidigten, durften sie jedoch nur an afrikanische Kunden verkaufen, dies allerdings direkt, während in von europäischen Kaufleuten geführten Läden die Ware für Menschen afrikanischer Herkunft meist nur durch ein Seitenfenster zu erwerben war.

Der so etablierte Handel und das entstandene Kaufgewerbe führten kaum zu Investitionen vor Ort, weil Gesetze verhinderten, dass diese ökonomisch aufstrebende Schicht Land kaufen konnte. Die Händler machten Profit, zogen ihn aber aus den Dörfern und Städten wieder ab. Auch die Karrieremöglichkeiten für lokal rekrutierte Angestellte blieben begrenzt. Sie konnten höchstens vom Ladenjungen und Verkäufer zum Ladenbesitzer aufsteigen, allerdings gerade in den Städten kein Land erwerben. Ein Geschäft war deshalb nur so lang abgesichert, als es von den Behörden geduldet wurde – die Ladenbesitzer stiegen nicht in eine unabhängige „Mittelschicht" auf. Trotzdem beeinflussten ihre Waren und das Sehnen danach Formen lokaler, regionaler und internationaler Mobilität ebenso wie die Mikropolitiken der Geschlechter- und Generationenverhältnisse, und sie trugen auch zu Gewinn und Verlust im sozialen Status einzelner Konsumenten und Konsumentinnen bei.

Die Welt des Konsums, der Waren und der Werbung: Seife, Schnaps und SMS

Seit Beginn des 20. Jahrhunderts benötigten Ladenbesitzer eine allgemeine Handelslizenz für den Verkauf importierter Waren. Nach dem Ende des Zweiten Weltkrieges wurde gerade in den Städten die afrikanische Kundschaft als Klientel „entdeckt", die Waren konsumierte, die „Moderne" suggerierten. Mit diesem neuen Markt gewann auch Werbung an Bedeutung, die vermeintliche Standards definierte und das Verlangen auf bestimmte Waren steigerte. Von solcher Werbung, die häufig europäische Normen abbildete und ein „europäisch-modernes" Lebensgefühl vermittelte, sollten entsprechende Konsumgewohnheiten übernommen werden. Wie überall, schuf Werbung Bedürfnisse. Sie trug aber auch dazu bei, dass eine Bevölkerung, die lange Zeit als Problem wahrgenommen wurde, weil sie als „unzivilisiert" oder widerständig galt, anders eingeschätzt wurde. Plötzlich galt sie als kaufkräftig, konsumfreudig und anpassungsbereit – eine Bevölkerung, die im Getriebe einer kolonial strukturierten Gesellschaft fein funktionieren und ihr Geld für die „richtigen" Dinge ausgeben würde.

In der Geschichte der „Renner" neuartiger Konsumartikel steht Seife ziemlich an der Spitze. Sie wurde in großen Mengen gekauft und benutzt, wie Timothy Burke in seiner anregenden kulturgeschichtlichen Studie betont, war leicht herzustellen und konnte gut transportiert werden. Ideologisch war sie mit Vorstellungen von der bürgerlich nachempfundenen Kernfamilie verbunden: Das Ideal verlangte, dass „neue" Familien monogam und sauber lebten. In den Haushalten sorgten insbesondere die klug und sparsam waltenden Haus- und Ehefrauen mit allem Nachdruck für die Erreichung von Sauberkeit. Schmutzig und schmierig waren immer die Anderen mit dem großgeschriebenen A. Von ihnen setzte sich ab, wer etwas auf sich hielt. Sauberkeit, so die Erinnerung mancher Zeitzeugen, stand in christlich geprägten Gesellschaften in mehr als einer Familie unmittelbar neben der Gottesfurcht, die auch Teil der Erwartung an jeden Heranwachsenden war. (Randbemerkung: In muslimisch geprägten Gesellschaften hat das Gebot der Sauberkeit aufgrund der zentralen Bedeutung des Waschens als Teil religiöser Handlungen einen weniger stark kolonial durchwirkten Charakter.) Farbige Körperöle und Fette, die bis zum Siegeszug der Seife genutzt wurden, um vor Verschmutzung und Hautverbrennung zu schützen, verschwanden allerdings nicht ganz von der Einkaufsliste. Vaseline, farblos und in Dosen vermarktet, wird bis heute unglaublich gern gekauft und sogar in Heilungszeremonien großzügig verwendet.

Anders als zum Beispiel Schnaps oder „modische" Kleidung erregte Seife keinen öffentlichen Anstoß. Waschen und Sauberkeit harmonierten mit den Vorstellungen moderner und durchgesetzter Kolonialstaatlichkeit. Daher forderte das Produkt den Staat nicht heraus, denn in der Kolonialzeit wurde

Sauberkeit auch mit Staatsgehorsam und der Annahme kolonialer Wertehorizonte assoziiert. So lässt sich argumentieren, dass Seife ideologisch zu jenen Produkten zählte, die lokale Kultur und lokale Produkte unterwanderten und Gesellschaften allmählich auf westliche Formen des Konsums einschworen. Als häufig benutztes Alltagsprodukt kolonisierte sie nicht nur das Bewusstsein, sondern wirkte in realen Gewohnheiten. Das zumindest lässt sich als Botschaft von den Werbeplakaten ablesen, die eine enge Verbindung zwischen kolonialen Diskursen und Werbebotschaften nahelegen. Wie Seife allerdings tatsächlich integriert und angeeignet wurde, ist nur wenig untersucht.

Die ebenfalls sehr anregende Studie von Dmitri van den Bersselaar zu holländischem Schnaps in Westafrika versucht, die Perspektive der Konsumierenden in Bezug auf ein anderes langzeithistorisch relevantes Handels- und Konsumgut herauszuarbeiten. Im Gegensatz zu Produkten wie Tee, Kaffee oder Schokolade in Europa wurde Schnaps in Afrika nicht von einem Spezial- und Luxusgut zu einer Massenware, sondern es verhält sich umgekehrt. Hochprozentiger Gin aus Holland wurde im 19. Jahrhundert zunächst sehr breit konsumiert: bei geselligen Anlässen, für rituelle Handlungen bei Hochzeiten und Beerdigungen, als zur Schau gestelltes, „Moderne" anzeigendes Element oder als Währungsersatz. Im Lauf der Zeit kam er nur noch bei ausgewählten, meist rituell definierten Feiern zum Einsatz. Schnaps, so das Argument des Sozial- und Kulturhistorikers, wurde als Produkt nicht nur aufgenommen und verbreitet, sondern seine Bedeutung kulturell adaptiert. Das hing auch damit zusammen, dass seit den 1920er-Jahren der sich durchsetzende Kolonialstaat die Alkoholeinfuhr einschränkte, in der Annahme, dass hochprozentiger Schnaps gesellschaftlich zahlreiche Probleme verursachen würde. Auch als Währung wurde er zu diesem Zeitpunkt längst nicht mehr benötigt. Aufgrund der früheren Verwendung in nachkolonialer Zeit bei Ritualen und lokalen Festivitäten erhielt importierter Schnaps das Etikett der „Tradition". Erst mit der wachsenden Bedeutung konservativer christlicher Bewegungen, des Christentums der Wiedergeburt *(born-again Christianity),* geriet Schnaps seit den 1980er-Jahren als für „Traditionelles" verwendetes Gut in die Kritik.

Alle Produkte wurden intensiv beworben, sodass Werbung eine wichtige Quelle darstellt, um aus heutiger Sicht Geschichte und Bedeutung der Produkte zu rekonstruieren. Eine Auswahl von Werbeplakaten zum Abschluss des Kapitels weist auf weitere begehrte Produkte hin.

Die Welt des Konsums ...: Eingang zu einem Restaurant in Dodoma, Tansania
© *Birgit Englert, 2009*

An diesem Eingang zu einem Restaurant wird auffällig fröhlich für Bier geworben. Die
Männer und Frauen, die hier gut gelaunt das Produkt genießen, sehen erfolgreich, modern,
jung und schön aus. Sie tragen neue Kleidung und die Damen dezenten Hals- und
Ohrschmuck. Die am rechten und linken Rand des Eingangs als Staffage aufgestellten
Holzgiraffen mögen der Szenerie ein Stück Lokalkolorit beifügen, indem sie Natur, den
Reichtum des Landes, symbolisieren, wirken aber auch etwas kitschig. Bei dem Plakat
in der Mitte des Eingangs handelt es sich um eine Werbung für Kondome: „kinga kamili"
heißt „*Schütze (dich) ordentlich*".

... der Waren ...: Werbung für Kinderprodukte, Douala Markt, Kamerun
© *Katharina Gartner, 8. 2. 2014*

Während auf der Straße Kleider und Schuhe feilgeboten werden, prangen an hohen Masten Plakate, die auf Kinder zugeschnitten sind: nach Milch oder Kaugummi schmeckende Lutschbonbons, die Sehnsüchte der Kinder ansprechen, sowie Cremes für das Kleinkind, das noch gewickelt und gebadet wird.

… und der Werbung: Drop that Yam! Ho, Ghana
© *Katharina Gartner, 11. 2. 2015*

Die auf tiefblauem Grund konzipierte Tigo-Kampagne „Drop that Yam" animierte
zum Tausch des alten Mobiltelefons gegen ein neues Smartphone. Der Aufruf wurde
mit großer Begeisterung aufgenommen und ging in die Alltagssprache der Jugend über.
Die Bezeichnung „Yam" für Prä-Smartphone-Telefone setzte sich durch. Oft wird der
scherzhafte Ausdruck sogar erweitert, indem Menschen ihre nicht ganz topaktuellen
Telefone „Cassava" nennen. Die Unschärfe des Fotos resultiert daher, dass es während
des Harmattans – des trockenen Nordostwinds von der Sahara zur Küste – aufgenommen
wurde.

Kaffeegeschirr aus China

Auf dem Markt in Omdurman stehe ich staunend vor den vielen Kartons, in denen Kaffeekannen „Made in China" feilgeboten werden. Sie glänzen in Silber und sehen praktisch aus, dennoch bezweifle ich ihre Qualität. Das mag meinen Vorurteilen geschuldet sein – die Menschen vor Ort kaufen sie. Auf den Kartons ist noch eine Information zu lesen: „Produziert für Omdurman". Es handelt sich also um Waren, die in China speziell für den sudanesischen Markt hergestellt werden. Im Sudan sind Kaffee- und Teezeremonien, anders als im südlichen Afrika, sicher nicht auf koloniale Einflüsse und Genussprodukte zurückzuführen. Die kunstvoll ausgeführte Zubereitung erinnert an Äthiopien. Fast scheint es, als würde diese Zeremonie nun „kolonisiert", indem sie mit chinesischen Billigprodukten ausgeführt wird. Vielleicht sitze ich auch nur einer verschrobenen Vorstellung von Authentizität auf, weil im Handel die Verbindung mit „Neuem" und Dingen von außen immer inbegriffen ist.

Literaturempfehlungen

Burke, Timothy: Lifebuoy Men, Lux Women. Commodification, Consumption and Cleanliness in Modern Zimbabwe. London 1996.

Gurnah, Abdulrazak: Paradise. London 1994. *(Roman)*

Gurnah, Abdulrazak: By the Sea. London 2001. *(Roman)*

Harries, Patrick: Work, Culture and Identity. Migrant Laborers in Mozambique and South Africa, c. 1860–1910. Johannesburg 1994.

Hunt, Nancy Rose: Bicycles, Birth Certificates, and Clysters. Colonial Objects as Reproductive Debris in Mobutu's Zaire, in: Van Binsbergen, Wim/Geschiere, Peter L. (Hg.): Commodification. Things, Agency, and Identities. (The Social Life of Things Revisited). Münster 2005, S. 124–141.

Kalusa, Walima T.: Advertising, Consuming Manufactured Goods and Contracting Colonial Hegemony on the Zambian Copperbelt, 1945–1964, in: Ross, Robert/Hinfelaar, Marja/Peša, Ivar (Hg.): The Objects of Life in Central Africa. The History of Consumption and Social Change, 1840–1980. Leiden 2013, S. 143–165.

Reid, Richard J.: Political Power in Pre-Colonial Buganda. Economy, Society and Warfare in the Nineteenth Century. Oxford 2002.

Van den Bersselaar, Dmitri: The King of Drinks. Schnapps Gin from Modernity to Tradition. Leiden 2007.

13. Mode und Textilien – Schnitte über den Leib

Eine Ausstellung in Wien

In den Händen halte ich eine Postkarte, die mir meine langjährige Kollegin Brigitte Reinwald, von mir wegen ihres Auges für außergewöhnliche Mode, Stoffe und Farben geschätzt, aus Wien mitgebracht hat. Dort kuratierte vom Oktober 2010 bis Februar 2011 das Museum für Völkerkunde eine Ausstellung mit dem Titel African Lace, *die gewerbliche Kunststickerei thematisierte, durch die das österreichische Vorarlberg mit Nigeria verbunden ist. Pink knallt es mir von dieser Postkarte entgegen. Auf dem Foto sind, an langen Tischen sitzend, die Gäste einer Festgesellschaft zu sehen. Frauen dominieren das Bild. Bis auf einzelne Ausnahmen, ganz junge Frauen, sind alle 40 bis 50 Frauen in Wolken von Rosa gehüllt: leuchtend rosa die locker fallenden Hemdblusen, leuchtend rosa die wahrscheinlich knöchellangen Röcke, soweit sie sichtbar sind, und leuchtend rosa vor allem die kunstvoll drapierten Kopfbedeckungen aus gleichem Material. Viele Frauen – vom Alter her könnten sie alle verheiratet und Mütter, Tanten und gar Großmütter sein – tragen sogar Schmuck in abgestimmtem Pink. Auch ihre auf dem Tisch ruhenden Handtaschen sind pink. Noch eindrucksvoller macht die hier abgelichteten Erscheinungen, dass es sich bei ihren zu Kleidung geschneiderten Stoffen um kunstvoll gewirkte Lochstickerei handelt. Die Muster sind bei jedem Ornat individuell. Sie schimmern und glänzen, verleihen dem Raum den Glamour angesehener Damen. Der Kontrast zu meiner Umgebung könnte kaum krasser sein, denn während ich die wunderbare Postkarte betrachte, sitze ich bei einer unserer monatlich stattfindenden Dienstbesprechungen in einem Raum, der seit mindestens zehn Jahren nicht mehr gestrichen wurde und vor dessen Fenstern farblich nicht mehr definierbare Vorhänge hängen. Selbst hier hinein prunkt die selbstbewusst gewirkte Schönheit dieser Frauen. Sie sind eine Augenweide. Mehr als ein Jahr später ziehe ich nach Wien. Die Museumslandschaft der Stadt erkundend, gehe ich zuerst in den*

Museumsshop und kaufe den Ausstellungskatalog, der weitere atembe-
raubende Abbildungen von Stoffen, ihren Trägern und Trägerinnen sowie
ihrer Inszenierung enthält und den ich bis heute gern in die Hand nehme.

Das Gewerbe der Lochstickerei wurde in Form des Verlagswesens im Bre-
genzerwald und in der Schweiz vor etwa 200 Jahren aufgebaut. Erste Stick-
aufträge eines Handelshauses in St. Gallen wurden 1753 über den Rhein
nach Lustenau geschickt, wo die Stickerinnen bis zu 30 Prozent niedrigere
Löhne erhielten als auf der schweizerischen Seite. Trotzdem erwies sich
diese Arbeit für viele in Vorarlberg als lukrativ. In großen Schritten lässt
sich durch die Geschichte schreiten. 1865 gelangte die Kettenstichmaschine
in die Region und vervielfachte die Leistung einer Stickerin. Ab Anfang des
20. Jahrhunderts fand die Klöppelspitze Verwendung, mit dem Aufkommen
von Wirkwaren aus Trikotage und Kunstseide verringerte sich die Verwendung von Stickereispitze. Mit dem Ersten Weltkrieg kamen die Geschäftsbeziehungen zur Schweiz fast völlig zum Erliegen und erholten sich auch mit
der Besetzung der Rheinbrücken in den 1930er-Jahren nicht. Schließlich veränderte sich die Mode. Der Zweite Weltkrieg verschlechterte die Situation
nach einem kurzen Hoch weiter. Die Branche überlebte mit Armeeaufträgen.
Nach dem Krieg mangelte es an Arbeitskräften, Devisen und Rohstoffen.
So litt das Gewerbe unter Absatzschwierigkeiten, als in den 1960er-Jahren
nigerianische Händlerinnen und Händler dieses Produktionsgebiet für ihren
Markt entdeckten. Besuche Lustenauer Geschäftsleute in Lagos hatten
Gegenbesuche der nigerianischen Geschäftspartner in Österreich zur Folge.
Bis heute bleiben die Geschäftsbeziehungen persönlich und werden oft von
den Nachfahren der „Gründer" fortgesetzt. Bemerkenswerterweise waren
die Partner auf der nigerianischen Seite meist Geschäftsfrauen, die sich als
Großimporteurinnen betätigten.
    Heute werden aus Asien importierte Garne und Stoffe auf in der Schweiz
hergestellten Maschinen von Menschen türkischer Herkunft zu exquisiten
Luxustextilien verarbeitet, die in der „Nationalkleidung" der Nigerianer und
Nigerianerinnen eine entscheidende Rolle spielen – so formulieren es Bar-
bara Plankensteiner und Nath Mayo Adediran in ihrer Vorstellung des Projekts im Ausstellungskatalog. Dass diese erst nach 1960 modisch gewordene
Bekleidung als „traditionell" bezeichnet werde, allenfalls als ein Produkt aus
europäischer Herstellung in afrikanischem Umfeld, fange die Komplexität

der Handelsbeziehungen, die dieser Kleidung zugrunde liege, bei Weitem nicht ein. Zwar gab es Vorläufer, die den heute als traditionell konnotierten Gewändern ähnelten, aber sie waren deutlich anders. Allein dass sich in den Stoffen der 1960er-Jahre Motive wie Rolls Royce oder Peugeot, aber auch Radios oder Motorräder großer Beliebtheit erfreuten, deutet auf die Gegenwartsbezogenheit dieser in nur unzulänglicher Weise als traditionell deklarierten Kleidungsstücke hin. Im Moment der Unabhängigkeit wurden tatsächlich zahlreiche „Traditionen" erfunden, damit sich junge Nationen erfolgreich von kolonialer Bevormundung und Unterdrückung befreien konnten. Was sie zusammenhielt, mussten sie erst noch definieren. Sie wollten das „Eigene" betonen, ein ambitioniertes Projekt im heterogenen Nigeria, in dem – anders als in den meisten europäischen Nationalwerdungen – Vielfalt nicht eingeebnet werden sollte und Massenauswanderung nach Nordamerika oder das Abschieben nicht konformer Untertanen in koloniale Gebiete historisch keine Optionen mehr darstellten. Auch ein unmittelbarer Rückgriff auf das Vorkoloniale war kaum möglich, wenn es begrifflich auch so konzipiert wurde. Die Zeit war längst fortgeschritten, neue Eliten mit eigenen Vorstellungen von Zukunft waren am Ruder. Wie noch deutlich werden wird, gab es viele regionsspezifische und geschichtsabhängige Möglichkeiten, das „Eigene" zu behaupten.

Wandel in Bekleidungspraktiken resultierte aus einer Fülle von Begegnungen, zu denen unter anderem Kolonialisierung und Verwestlichung zählten. Möglichkeiten, Stoffe zu erstehen, die Propagierung ideologischer Konzepte sowie das, was Individuen als schön für die Gestaltung ihrer Körper erachteten, aber auch die Auseinandersetzung um Geschlechterrollen oder die Vermittlung städtischer Moden auf dem Land prägten in steter Veränderung das Erscheinungsbild von Individuen und Gruppen. Insofern sind Mode und die Schnitte, die Menschen an Stoffe anlegten, ein facettenreiches Prisma, durch das eine Vielzahl gesellschaftlicher Wandlungen blinkt und blitzt.

Stoffhandel als Facette des atlantischen Austauschs

Gerade die Vielzahl kleiner und größerer Königreiche in Westafrika kann auf eine jahrhundertelange Historie des Handels mit und der Herstellung von Stoffen zurückblicken. Vor der Ankunft von Europäern an den Küsten wurden neben Gold, Salz, Pferden und Kolanüssen auch Berberstoffe über den Transsaharahandel eingetauscht. Dieser Handel band die politisch äußerst differenziert ausgebildeten Reiche und Staaten an den Mittelmeerraum an. Wichtigste Handelszentren waren Timbuktu und Djenné, in denen sich die Nord-Süd-Wege zum Mittelmeerraum mit jenen kreuzten, die den Handel zwischen West- und Ostafrika ermöglichten. Europäer klinkten sich an strategisch günstigen Positionen von den nord-, west- und ostafrikanischen Küsten her in diese Handelsnetzwerke ein.

Durch den Atlantikhandel verlagerte sich im Verlauf des 18. Jahrhunderts der Austausch allmählich an die Küsten, wo verschiedene Kolonialmächte wie Portugal, die Niederlande, Dänemark, Großbritannien und Frankreich um Vormachtpositionen konkurrierten. Außerhalb der Schiffe waren die Überlebenschancen für Europäer allerdings nicht besonders hoch. Eine zentrale Rolle in diesem Wirtschaftsbereich übernahmen daher freie einheimische Frauen, oft Händlerinnen wie beispielsweise die *Seignares* in Senegal oder die sogenannten *Eurafricans,* deren Aktivitäten George Brooks detailliert beschrieben hat. Stoffe aus Europa und Indien fanden bald ihren Weg in die lokalen Produktions- und Handelsnetze, wurden von dort auch ins Hinterland gehandelt. In Reiseberichten aus dem 17. und 18. Jahrhundert werden aus einheimischer Baumwolle gesponnene, unter anderem indigoblau gefärbte und in 10 bis 15 Zentimeter breite Streifen gewebte Stoffe erwähnt, die aneinandergenäht wurden. Auch Erdfarben wurden vielfach für die Herstellung bestimmter Muster benutzt. Wenn vorhanden, wurden europäische Garne, gern rote, eingewebt, denn diese Farbe war lokal schwer herzustellen. Reisende konstatierten, dass die Qualität mancher Stoffe in Westafrika strapazierfähiger als die der englischen „Billigprodukte" war. Aber auch mindere Qualität lässt sich einführen. Stoffe dienten seit Jahrhunderten oft auch als Zahlungsmittel, wenn Währungen wie Eisenstäbe oder Kaurischnecken nicht zur Hand waren. Zu diesem Zweck wurden sie wie Filmrollen aufgewickelt.

Von hier aus gelangten Stoffe wie etwa der aufwendig gearbeitete *bogolan* Anfang des 20. Jahrhunderts auch in die Museen Europas in Paris, Basel oder München. In den 1980er-Jahren rückte der in Mali gefertigte *bogolan* in die Topliste der von Touristen nachgefragten Produkte. Er wurde von Männern gewebt, und anschließend trugen ältere Frauen mit selbst gefertigten Färbemitteln die geometrischen Muster auf, die teilweise altes Wissen oder Rätsel, Überlieferungen und andere Geschichten abbildeten. Viele dieser Stoffe wie *bogolan* oder *kente* werden in historisch gewandelter Form heute unter dem Etikett „traditioneller" Textilien in Europa und Nordamerika touristisch vermarktet. Die alten Stoffe sind fast ganz verschwunden, die heute bei Touristen und städtischer Bevölkerung beliebten Stoffe sind längst nachgemacht und die Muster abstrahiert. Wie die genannten Kangas in Ostafrika spricht auch der Bogolan inzwischen eine neue Sprache. Außerdem dominieren heute gerade in den Städten junge männliche Studenten, die vom Staat kaum noch Stipendien für ihren Bildungserwerb erhalten, die Produktion der Stoffe. Auch die aus Indonesien importierten *waxprints* als „typisch afrikanisch" zu deklarieren, suggeriert die Regionalität eines Handelsgutes, dessen Verfügbarkeit in Westafrika historisch das Resultat globaler Handelsvernetzungen ist. Dass die Klassifizierung sowohl von Bogolan wie auch der *waxprints* als traditionell eher den global ungleichen Machtverhältnissen und den seit dem 19. Jahrhundert fortgeführten stereotypisierenden Diskursen als einem tatsächlichen „Anders-Sein" im Vergleich zu Mode geschuldet ist, arbeitet Victoria Rovine, Museumskuratorin für die Künste Afrikas, Ozeaniens und Amerikas, überzeugend heraus.

In politisch stark hierarchisierten, durch soziale Unterschiede und die Existenz zahlreicher Handwerksgilden geprägten Gesellschaften hat Kleidung traditionsgemäß eine große Rolle gespielt. Der hohe Anteil von Sklaven in west- wie ostafrikanischen Gesellschaften trug zur weiteren Differenzierung im Bereich der Kleidung bei. Mitte des 18. Jahrhunderts sollen 30 bis 50 Prozent der Bevölkerung in Westafrika Sklavenstatus gehabt haben, der allerdings rechtlich sehr unterschiedlich definiert war. Sklaven durften sich nicht so kleiden wie ihre Herren und Herrinnen. Insbesondere das Tragen von Schuhen und Kopfbedeckungen (inklusiver langer Haare) war ihnen verwehrt.

Nach der Sklavenbefreiung in Ostafrika war befreiten Sklaven dort daran gelegen, durch Kleidung ihr neues Ich und einen veränderten Rechtsstatus zu signalisieren. Die früh einsetzende Beliebtheit des Kanga auf Sansibar ist auf dieses Bestreben zurückzuführen. Insbesondere für städtische Frauen war dies ein Kleidungsstück mit Chic, einer schnell wechselnden Mode unterworfen, was Farben und Muster anging – und von Arbeitgebern und Sklavenbesitzern ihren Noch-Sklavinnen zur Auszeichnung übergeben. Beziehungen zwischen Angehörigen unterschiedlicher Schichten wurden angesichts einer anstehenden rechtlichen Unabhängigkeit auf diese Weise modifiziert nach außen hin sichtbar fortgeführt. Grundsätzlich heißt es, dass in Gesellschaften, in denen ethnische Zugehörigkeit über die Väter definiert wird, Frauen sich oft experimentierfreudiger bei der Übernahme neuer Kleidungsstile zeigen, während Männer auf der Beibehaltung althergebrachter Kleidungsformen bestehen, da sie enger und dauerhafter mit der Symbolik und der Verkörperung ethnischer Privilegien verbunden sind.

Kleiderverbrennung als disziplinarische Maßnahme auf einer Missionsstation in Pretoria

So differenziert wie in vielen Gesellschaften in West- oder Ostafrika war die Welt der Stoffe, Tuche und Schnitte südlich des Limpopo-Flusses nicht. Dennoch wurde hier auf einer kleinen Missionsstation eines der aufsehenerregendsten Kapitel der Kleidergeschichte geschrieben. In Pretoria hatte im Oktober 1875 ein Missionar, der ursprünglich aus Godow in Schlesien (heute Polen) stammte und mehrere Jahre lang in Berlin ausgebildet worden war, die Nase voll davon, dass in seinem Gottesdienst aus seiner Sicht zu aufgeputzte Frauen in Krinolinen erschienen. Er befahl ihnen, alle langen Röcke und Unterkleider aus den Häusern zu holen und auf einen Haufen vor der Kirche zu stapeln, sodass er Feuer an diese Versuchungen eitler Weiblichkeit legen konnte. Gewalt und Spektakel verschmolzen in der Hitze der Flammen. Tatsächlich bemühten sich Missionare stetig, die von ihnen seelsorgerisch und kulturell betreuten Christen von ihrer Nacktheit abzubringen. Die Stoffe, die aus den Missionsmetropolen, in diesem Fall Berlin, angeliefert wurden, waren nicht immer zweckoptimal oder gar modisch. Raue und kratzende Hemden erfreuten sich bei Konvertiten nur geringer Beliebtheit, und dicken Wollsocken konnten selbst Missionare meist nichts abgewinnen. Vor allem in städtischen Missionsstationen setzten sich daher Kleidungsgewohnheiten und später auch Mode aus Pretoria und Johannesburg durch. Diese fanden aufgrund der Wanderarbeit, in die im 19. Jahrhundert vorrangig Männer eingebunden waren, ihren Weg auch in ländliche Regionen. In Pretoria verdienten Frauen schon um 1875 eigenes Geld – der Grund dafür, dass sie auf der genannten Missionsstation besonders diszipliniert wurden.

Streit um Kleidung gehörte zum Missionsalltag, in dem insbesondere „Mode"-Erscheinungen mehr als umstritten waren. Im südafrikanischen Transvaal waren Missionen nicht nur angetreten, das Christentum zur Grundlage ethischen und moralischen Handelns zu machen, sondern wollten unter den Sotho und Tswana eine Volkskirche errichten. In einer solchen sollte Kleidung nicht die Gewohnheit der Kolonisierer oder „fremder" Völker kopieren, schon gar nicht vorübergehenden Trends unterworfen sein, sondern sich aus der besonderen kulturellen Verfasstheit afrikanischer Christengemeinden dauerhaft ableiten. Das koloniale Projekt bestand nicht zuletzt auch darin, Dinge festzuschreiben, Menschen zu fixieren und ihnen Wandlungsfähigkeit abzusprechen. Tatsächlich lieferten Missionare zunächst ausführliche und vor allem wertfreie Beschreibungen von vorkolonialer Kleidung und von Körperschmuck an die Missionszentrale. Über die Nachfrage nach Stoffen konnten die Missionare in den Anfangsjahren keine Klage führen, waren sogar recht zufrieden, als die Männer begannen, den Frauen ansehnliche Kleider zu schneidern. Mit Lehm beschmierte Köpfe wurden gewaschen und mit einem Kopftuch versehen. Ob in den ersten Jahren auch Männer die von den Missionarsfrauen eingerichteten Nähschulen besuchten oder ob dorthin die Frauen gingen, die ihren Männern anschließend die Schnitt- und Nähneuerungen vermittelten, ist nicht überliefert. Am Sonntag jedenfalls wurden die besten Kleidungsstücke zum Gottesdienst getragen, sei dies nun ein Wintermantel oder ein Wollschal. Das gefiel den Missionaren.

Mit zunehmender Arbeitsmigration und der Entwicklung eines eigenen christlichen Bewusstseins intensivierte sich unter afrikanischen Christen die Tendenz, Kleidung mit eigener Bedeutung zu versehen. In einem Umfeld, in dem es zwischen Buren und Briten ideologisch und im Habitus deutlich sichtbare Unterschiede gab (Buren tragen bis heute gern bis unters Knie reichende Wollsocken!) fanden es afrikanische Christen attraktiv, sich den Stil der Briten aus dem städtischen Milieu anzueignen. Dies traf bei den deutschen Missionaren einen wunden Punkt, die in der Regel ländlicher Herkunft waren und missionsspezifisch ein Projekt der Traditionalisierung verfolgten. Zunächst belustigten sie sich darüber, dass die mitgebrachten Kleidungsstücke ihrer Meinung nach nicht regelkonform oder nicht dem Status angemessen getragen wurden. Gerade männliche Statusüberschreitungen kritisierten sie, wenn beispielsweise ein Konvertit Gamaschen trug, aber kein Pferd besaß, wenn am Revers Uhrketten glänzten, ohne dass eine Uhr Teil der Staffage war. In dem Maß, wie sich Selbstbewusstsein und Kreativität bei Konvertiten festigten, gerieten die Missionare in Zorn oder zeigten sich zumindest entrüstet. Geradezu aufgebracht reagierten sie auf die Neuerungen, die immer wieder junge Männer und später auch Frauen auf die Stationen brachten, weil hier die Weisungsbefugnis der Älteren, der Väter und *chiefs* ebenso wie der Missionare, in Frage gestellt wurde. Die militärischen Uniformen oder Fracks, Westen mit Uhrketten ohne Uhr oder die bunten Regenschirme, in denen Gottesdienstbesucher erschienen, provozierten zum Ende des 19. Jahrhunderts Empörung bei den Missionaren. Solche Aufmachungen wurden als „Auftritte" abqualifiziert, ihrer Meinung nach gespeist von Luxusdenken oder äußerer Zivilisation.

Um die Kontrolle über modische Neuerungen zu bewahren, wurden Preisobergrenzen für Stoffe eingeführt, die bei Hochzeiten verwendet werden durften. Schnittmuster mussten von den Missionarsfrauen genehmigt werden, um die Exzesse einer „Pariser Mode" zu verhindern. Hier bestimmten Vorstellungen von sogenanntem Anstand den Diskurs, und es kam zu dem Moment, in dem die Vorstellung von Kleidung, die ein Leben halten sollte, konflikthaft in Diskurse über Mode und Geschmack überführt wurde, die kurzlebiger waren. Zu stoppen war der Wandel nicht. Zum Ende des Jahrhunderts wurde allerorten Kritik auch an weiblicher Kleidung lauter. Es wurde kolportiert, dass die Kleidung der aus den Städten zurückkehrenden Arbeitsmigrantinnen fein sei, sie darunter jedoch meist eine uneheliche Schwangerschaft verbargen. Insofern war die Kleiderverbrennung in Pretoria ein zeitlich früher Moment einer regionsspezifischen Kleidergeschichte, in der Autorität bestätigt und zeitgemäßer Chic in alle Winde verstreut werden sollte.

Kitende in Kongo, *sañse* in Senegal

Zu einigem Ruhm gekommen sind seit den 1960er-Jahren die aufgrund ihres eleganten und oft teuren Kleidungsstils auffallenden Sapeurs in Brazzaville und Kinshasa – zwei Städte, deren Länder nicht gerade berühmt für den Erfolg ihrer Ökonomien sind. Diese Mode-Hedonisten, die ihre Bezeichnung von der *Société des Ambianceurs et des Personnes Élégantes* (Gesellschaft für Unterhalter und elegante Menschen) ableiten, als „fesch" zu bezeichnen, wäre eine glatte Untertreibung. Bis heute tragen sie elegante Kleidung und sehen gut aus, prägen Stil und – zumindest ist das ihr Anspruch – wirken mit ihrem guten Aussehen auf ihre Umgebung zurück. Der Stil der Sapeurs ist mit der *lingala*-Musik verbunden. Papa Wemba, ein nicht nur für afrikanische Rumba bekannter Musiker des damaligen Zaire, popularisierte ihn in den späten 1970er- und frühen 1980er-Jahren. Er soll gesagt haben, dass weiße Leute zwar die Kleidung erfunden, die Menschen in Kongo aber eine Kunst daraus gemacht hätten. Die Fans seiner Musik stellen sich für alle sichtbar schöner als die Fans anderer Gruppen und Richtungen dar. Sapeurs nehmen außerdem für sich in Anspruch, sich wie John Travolta bewegt zu haben, lange bevor es ihn gab.

Das Eigene dieser Kunst betonend, erhielt dieser Kult des Tragens von Kleidung sogar einen eigenen Namen: *kitende*. Meist sind die Sapeurs aus Frankreich oder Belgien zurückgekommen. Sie pflegen Bewegungen, die exakt choreografiert sind oder einfach nur cool aussehen, damit die teuren Socken zur Geltung kommen oder die im Innenfutter des Jacketts angebrachten Seidenlabels zu sehen sind. Dabei darf natürlich nicht geschwitzt werden. Gerade einmal sehen soll man alles – im Tanz und beim Gesang. Fast wird die Kleidung damit zur Person, und in derselben Bewegung wird die Person, die sie trägt, zur Kleidsamkeit selbst. Heute geht es vielfach darum, bei grundsätzlich bleibender Kreativität besonders teure Kleidung zu tragen, von Politik und Autoritäten Abstand zu halten und sich nicht einzumischen. Warum jemand mit leeren Taschen in so teurer Ausstattung für Tausende von amerikanischen Dollars oder britischen Pfund durch die Gegend paradiert, erschließt sich nicht jedem. Die Sapeurs wiederum betonen, dass sie Mensch nur bleiben, weil sie Geld für Luxus und nicht nur für die überlebensnotwendigen Dinge des Lebens ausgeben. Außerdem – das wäre ein Argument, das die Sapeurs selbst nicht ins Spiel brächten – verdecken sie mit den beeindruckenden Gewändern ihre Marginalisierung. Mit einer solchen Logik des Kleidertragens unterscheiden sie sich von ihren Vorfahren aus dem 19. und frühen 20. Jahrhundert, die Kleidung nutzten, um Macht zu demonstrieren.

Selbstverständlich entstand *kitende* in den 1960er-Jahren nicht aus dem Nichts heraus. Die Aneignung von Stilen datiert mindestens in die 1920er-Jahre, als in den Städten die ersten Klubs und Vereine entstanden. Damals erhielten Kongolesen ihre Kleidung auch von ihren Arbeitgebern, teils als abgelegte Kleidung, oft als Teil der Bezahlung. Ihre Träger erhöhten das eigene Prestige und gleichsam das der Geber. Um zu demonstrieren, wie viele schöne Sachen sie sich auf den Leib geben konnten, legten sie manchmal gleich mehrere Schichten übereinander an. So entstanden komplexe Beziehungen, denn ein solches Kleidungsgebaren demonstrierte nicht nur die Schönheit der Träger, sondern auch das Prestige des kolonialen Arbeitgebers, das wiederum durch die Würde des Trägers erhöht wurde. Die regional- und zeitspezifisch begründeten Komplexitäten einzelner Kleidungs-„Gewohnheiten" sind im von Jean Allman herausgegebenen Sammelband zur Modegestaltung Afrikas in zahlreichen Einzelbeiträgen im Detail nachzulesen.

Kleidung galt nicht nur in den Gesellschaften Zentralafrikas als öffentliche Demonstration von Wohlstand, den man anderen zu verdanken hatte und durch den man im Gegenzug anderen verpflichtet war. Hinter der Möglichkeit, sich schön zu kleiden, standen zum Beispiel Frauenverbände, die füreinander sparten. Mitglieder eines Vereins zahlten ihre Beiträge in eine Gemeinschaftskasse ein, die schließlich als Gesamtsumme an eine Person ausgeschüttet wurde, damit diese sich etwas Schönes kaufen oder gar in ein eigenes Geschäft investieren konnte. So wurden Philosophien von Hilfsbereitschaft und gegenseitiger Verpflichtung umgesetzt. In anderen Situationen gaben Mäzene aus der Politik oder wohlhabende Ehemänner ihren Frauen Kleidung, die diese bei öffentlichen Anlässen trugen, um das Prestige eines Dritten, des Einladenden, zu erhöhen. Im multiethnischen Kaolack in Senegal zum Beispiel gab einst die Frau eines Politikers ihre Stoffreste an eine Händlerin weiter, die diese auf dem Markt an Weberinnen und Schneiderinnen verkaufte, die daraus wiederum Kleidung für ihre Stammkundinnen und Freundinnen machten. Solange der Stoff zumindest im Kleinen in Accessoires oder Applikationen und eingenähten Streifen sichtbar war, ließ sich immer noch am Reichtum einer politisch-bürokratischen Elite partizipieren, deren Macht auch davon abhing, dass sie effektvoll nach außen wirkte. Die so getragenen Stoffe stehen aber auch für Freundschaftsbande zwischen Frauen, die prestigebehaftete Stoffreste im eigenen Kreis umverteilen. Die Kunst, sich stilvoll zu kleiden, heißt in Senegal *sañse* und bezeichnet gut gestärkte Kleidung, die in zahlreiche Falten fällt und ein farbenfrohes Gewand inklusive passender Kopfbedeckung und reichen Schmucks abgibt. Wie *kitende* ist auch *sañse* eine meist teure Angelegenheit. Diesen Stil muss man durch (kleinen) Wohlstand, politische Affinität und persönliche Beziehungen erreichen. Bloße Imitation dagegen steht für schlechten Stil.

Auch in den 1960er-Jahren folgte das Kleidertragen einer eigenen Philosophie. Distinktion und Selbstbestätigung erreichte man damals primär über das Verhalten und das Auftreten im öffentlichen Raum. In den Zeiten der

Afrikanisierung Zaires barg das Kleidungsgebaren der Sapeurs sogar Anflüge von Widerständigkeit, denn während sich fast alle in afrikanischen Druckstoffen zeigten, egal wie aufwendig gearbeitet, übertrumpften die Sapeurs die ehemaligen Kolonisierer. Dafür wurden sie bei Konzerten durchaus auch mit Tritten traktiert.

Kleidung, Nationalbewusstsein, Miniröcke

Widerständigkeit in Mode und Kleidungsgebaren ist ein Thema, das aus dem Kontext kolonialer Erfahrung und früher Distanzierung von Fremdbeherrschung nie ausgeblendet werden kann. Schon in den 1930er-Jahren eigneten sich Menschen in Angola westliche Kleidung an, die sie in Kombination mit herkömmlichen *panos*, Wickeltüchern, trugen. Sie betonten dabei weniger das Westliche oder Kolonisierende, sondern explizit das Städtische. Auch wenn sich dahinter keine unmittelbaren und offenen Widerstandsaktionen verbargen, signalisierten Männer und Frauen ihre Präsenz in einer Umgebung, in der afrikanische Frauen und Männer keine stabilen Bleibe- und Aufenthaltsrechte genossen. Ihre Körper trugen die Botschaft, dass eine Stadt wie Luanda sichtbar afrikanisch war, weil jedes Individuum durch seine Bewegungen, auch wenn diese – anders als später bei den Sapeurs – unchoreografiert blieben, Selbstbewusstsein in Szene setzte. Mit dem Tragen afrikanisch-europäisch versetzter Kleidung nahmen Menschen in Luanda sogar billigend in Kauf, dass sie öffentliche Busse nicht besteigen durften. In den 1950er-Jahren signalisierte die Mischung der Kleiderstile, dass kein Widerspruch darin bestand, „gebildet" und gleichzeitig „afrikanisch" zu sein. Durch die Formulierung einer Philosophie der *angolanidade* erhoben sie Anspruch auf Zugehörigkeit zur angolanischen Kultur, die mit portugiesischer Herrschaft nicht gleichzusetzen war. Während und nach der Unabhängigkeit wurde in Angola kein dem Zaire Mobutus gleichendes Programm der Authentizität initiiert. Dennoch war allen klar, dass „westliche" Kleidung von Schneidern in Angola weiter be- und verarbeitet worden war. Hier gab es nicht einmal Vorbehalte gegenüber Miniröcken.

Miniröcke? Sie sorgten in der Tat im Rahmen der Unabhängigkeit in mehreren Ländern für Debatten. Dieses Kleidungsstück, das den jungen Frauen Luft um die Beine herum verschaffte, erhitzte bei seiner Einführung auch in europäischen und nordamerikanischen Ländern die Gemüter. Auf dem afrikanischen Kontinent kam hinzu, dass Kolonien unabhängig wurden und sich auf der Suche nach Selbstvergewisserung durch eigenständige Kulturen und Traditionen befanden. In Dar es Salaam war zwischen 1969 und den frühen 1970er-Jahren der TANU Youth League (TYL), deren führende Mitglieder meist männlich waren, daran gelegen, Kleidungsstile junger Frauen im Namen einer auch hier neu entstehenden tansanisch-nationalen Kultur zu kontrollieren. Junge Frauen sollten keine Miniröcke tragen, da diese als von außen importiert galten. Um dieses Ziel zu erreichen, wurde die sogenannte *Operation Vijana* gestartet, was sich mit „Jugend" übersetzen lässt. Dabei handelte es sich um eine in Gesetz gegossene und von den Printmedien aufgegriffene Maßnahme der TYL gegen weibliche Jugend und die von ihnen besonders favorisierten, Körper und Sex betonenden Kleidungsstücke. Kleidung geriet zum Forum, in dem Geschlechterverhältnisse der jungen Nation ausgehandelt wurden. Bemerkenswert war, dass eine nach Geschlecht differenzierte Jugend dabei als Zielscheibe und zugleich als Ausführende fungierte. Das ist in gewisser Weise nicht ungewöhnlich, denn Nationsbildung, wie aus der europäischen Geschichtserfahrung hinlänglich bekannt, beschreibt einen Prozess, bei dem Frauen aus dem öffentlich-politischen Raum verdrängt werden und ihnen eine Rolle zugewiesen wird, die sie systematisch der Autorität des durch den Nationsbildungsprozess erst ermächtigten Mannes unterstellt. Auch dass die Debatte in Bezug auf den Körper junger und nicht älterer Frauen geführt wurde, erstaunt nur mäßig, denn Frauenkleidung verändert sich im biografischen Verlauf. Junge Frauen kleiden sich anders als Mütter und die Akzeptanz von Normen nimmt mit dem Lebensalter zu. Kleidung wird dann zum Ausdruck von Respektabilität, während junge Menschen Kleidung auch zur Abgrenzung und als Form der Widerständigkeit nutzen.

Nach der Revolution in Sansibar 1964 versuchte die neue politische Elite, durch die Betonung von Disziplin neue Bürger zu schaffen und diese am Aufbau der Nation zu beteiligen. Kleidungsstile, die durch Kino, US-amerikanische Filme und Kapitalismus inspiriert waren, wurden unterbunden. Die parallel zur Gestaltung der Unabhängigkeit aufkommenden Schlaghosen und Miniröcke wurden hier ebenso wie auf dem Festland Tanganyika zum Stein des Anstoßes. Staatlicherseits wurden die Einfuhrmengen drastisch begrenzt, was aber die jungen Männer und Frauen nicht daran hinderte, mit erstandenen Uniformen und Stoffen zum Schneider zu gehen, der daraus etwas Pfiffiges zauberte. Revolutionäre Ästhetik setzte sich bei den Massen nicht durch. Dabei gab sich der Staat Mühe, Entbehrung und Einfachheit mit der Anwartschaft auf den Bürgerstatus bzw. der Ausfüllung des Bürgerstatus gleichzusetzen. Diese Generation frönte nicht notwendigerweise einem ungebremsten Konsumkult, sondern positionierte sich mit ihrem Verhalten in einer transnationalen und zeitgemäßen Jugendkultur. Durch ihr Aussehen wollte sie ihren Bürgerstatus und ihre Zugehörigkeit zur Nation in Sansibar allerdings gerade nicht unter Beweis stellen, dafür gab es andere Möglichkeiten. 1968 wurden erste Gesetze gegen eng anliegende Hosen erlassen, sogenannte *bottleneck pants, suruali za chupa,* wie sie zum Beispiel die Beatles trugen. Weitere Verordnungen 1973 waren dazu gedacht, die Ehre und Gepflogenheiten der Nation zu schützen. Frauen war es verboten, Kosmetika zu benutzen, sich mit langen Fingernägeln zu schmücken oder Perücken aufzusetzen. Auch Miniröcke, kurze Hosen und durchsichtige Blusen waren tabu. Für die Männer erweiterte sich die Liste der unerwünschten Kleidungsstücke auf eng anliegende Hemden, Hochschaftstiefel und T-Shirts, auf denen als respektlos erachtete Ausdrücke wie beispielsweise „Küss mich" standen.

Altkleider, nicht nur in Sambia

Ein Großteil der von Afrikanern und Afrikanerinnen getragenen Kleidung war stets aus zweiter Hand. In dem Maß, wie Kolonialismus und Kapitalismus Märkte durchdrangen, überfluteten sie diese mit günstigen Stoffen und Kleidern. Altkleider tauchen hierzulande als Thema immer wieder einmal in den Medien auf, zumal wenn Schränke ausgemistet werden, um Platz für die Modelle der neuen Kollektion zu machen. Gegenstand einer kontroversen Diskussion ist, ob man Kleider in die Container wirft, in die Container welcher Verwerter man sie wirft, ob Raum für ehrenamtliches Engagement geschaffen, andernorts aber Arbeitsplätze und Handwerk vernichtet werden. Viele wollen mit Altkleidern helfen, was sie damit „anrichten", ist unterschiedlich einzuschätzen. Ruanda beispielsweise zählte vor 1994 zu den größten Importeuren von Altkleidern. Dort gab es keine einheimische Textilindustrie, sodass der Import dem Staat Steuern bescherte und Jobs in der Verteilung und im Verkauf dieser Waren geschaffen wurden. Dies läuft dem häufig vereinfachend in den Medien gezeichneten Bild entgegen, dass der Handel mit Altkleidern einheimische Textilwirtschaft zerstöre. Anders verhält sich das natürlich in Ländern und Regionen, in denen die Textilwirtschaft einen wichtigen Wirtschaftsfaktor darstellt.

Sambia, das zwischen den 1960er- und 1980er-Jahren sogar über eine eigene, allerdings reglementierte Textilindustrie verfügte, galt viele Jahre lang als Knotenpunkt, über den tonnenweise Altkleider in Umlauf gebracht wurden. Mit dem aus dem Bemba abgeleiteten Begriff *salaula*, der so viel wie „kramen" oder „wühlen" bedeutet, werden Menschen bezeichnet, die aus einem Haufen etwas herausziehen. Die Liberalisierung des Handels öffnete in den 1980er-Jahren Tür und Tor für alte Kleider, die in vormals regulierte Importregime geradezu einfielen. Trotzdem wäre es zu einfach, den Handel mit Altkleidern für den Verfall der sambischen Textilindustrie allein verantwortlich zu machen. Diese war schon vorher am Ende: abhängig von importierten Materialien und aufgrund der notwendigen Kapitalintensität in der Branche nicht in der Lage, technologisch auf dem Stand zu bleiben, kompetentes Management einzustellen und ausgebildete Arbeitskraft zu entlohnen. Schutz- und Industriekleidung ließ sich noch halbwegs rentabel produzieren, die zwei relevanten Firmen wurden aber in den 1990er-Jahren von Chinesen übernommen. Zudem verschärften billige Druckstoffe aus Südostasien den Konkurrenzdruck.

In Länder des subsaharischen Afrika eingeführte Secondhand-Kleidung kommt aus den USA, gefolgt von Deutschland, den Niederlanden, Belgien und Luxemburg sowie Großbritannien. In jedem dieser Länder sind Wohltätigkeitsorganisationen die größten Verwerter dieser Ware. So wie Sansibar einst die Einfuhr von Miniröcken verbot, hat Mali inzwischen die Einfuhr von Altkleidern verboten, doch diese Einfuhrverbote verhindern nicht den Handel von Secondhand-Kleidung aus anderen afrikanischen Ländern. Lusaka ist somit der größte Umschlagplatz, auf dem 30 bis 40 Firmen von Libanesen und Eignern aus Asien und Afrika dominieren. Dieser Entwicklung wurde Vorschub geleistet, weil es nur zwei Textilfabriken gab, die Kleidung in schlechter Qualität und zu hohen Preisen produzierten. Deshalb versorgten sich zwischen 80 und 90 Prozent der Menschen in Sambia schon lange auf *salaula*-Märkten, auf denen auch Gewerkschafter und Arbeiter ein klein wenig verdienen konnten und deshalb keinen Konflikt mit diesem Geschäft anstrebten. Ganz wie in vorkolonialen Zeiten und wie zu Zeiten des Trägerhandels wurde Stoff zum Teil auch wieder als Währungsersatz eingesetzt, entweder zum Bezahlen oder zum Tauschen, um beispielsweise an Getreide zu gelangen.

Wo mit alten Kleidern gehandelt wird, sind Schneider gefragt. Diese ziehen in die städtischen Zentren, um aus alten Kleidern flotte, vermarktungsfähige Kleidung zu zaubern. In den 1950er-Jahren gehörte das Tragen von Kleidern, die ursprünglich aus dem Westen kamen oder zumindest so aussahen, zum guten Stil in der Stadt. Sambia handelte damals solche gewünschte Kleidung über Kongo ein, wo Griechen und Afrikaner den Handel dominierten – in die andere Richtung wurde getrockneter Fisch gehandelt. Auch aus Bulawayo kamen Leute nach Kongo, um Secondhand-Kleider zu kaufen, die sie wiederum auf lokalen Märkten oder im Haus-zu-Haus-Verkauf an die Kundschaft brachten. Wo Altkleider in riesigen Mengen umgeschlagen werden, schafft der Transport neue Jobs. Leider gibt es kaum Untersuchungen dazu, was die Konsumenten an dieser Kleidung so reizt, und insofern auch keine Strategie, dieses Marktsegment gewinnbringend für die sambische Bevölkerung auszubauen.

Nacktheit

Körperoberfläche ist ein Ort, auf dem soziale und politische Haltungen ausgehandelt werden können, und „nackte" von bekleideten Gesellschaften zu unterscheiden, ist keine kolonial erfundene Perfidie. So trugen beispielsweise im Norden des heutigen Ghana die Dagara und Talensi, Gesellschaften ohne zentral ausgeprägte Herrschaft, Felle, Häute und Schmuck, aber keine gewebten Stoffe, die sie durchaus von muslimischen Händlern und Händlern der Mossi hätten erwerben können. Auch bei der Ankunft der Europäer verhielten sie sich in Bezug auf Kleidung zögerlich, während staatlich organisierte Gesellschaften wie beispielsweise die Akan im Süden – sie bezeichneten aus dem Norden kommende Sklaven als „nackt" – relativ schnell Gefallen an den neu erhältlichen Produkten fanden. Letztlich waren die „Bekleideten" leichter unter britische Herrschaft zu bringen, sodass der Diskurs über Nacktheit und die als Gegenpol gewertete, angeblich an Kleidung ablesbare Zivilisiertheit unter kolonialem Einfluss fortgesetzt wurde. Als Akt der Zivilisation wurde auch das Geben von Kleidern verstanden, eine Handlung, die wiederum mit dem Missionsdiskurs korrespondierte und im 19. Jahrhundert die Bereitschaft voraussetzte, für Kleidung Geld auszugeben. Für die Menschen im Norden kam die Kolonisierung – zugespitzt gesagt – in Form von Kleidung und Tuchen, nicht zuletzt auch, weil sich die von den Briten ernannten *chiefs* von ehemals legitimierten Würdenträgern durch neue fließende Roben und Gewänder inklusive rotem Fez unterschieden.

Um 1910 gab es insgesamt mehr Männerkleidung als Frauenkleidung, denn Männer begaben sich in die Notwendigkeit der Arbeitsmigration, während Frauen in ihrer „traditionellen" Nacktheit in den Dörfern blieben. Aufgrund ähnlicher Vorbehalte gegenüber unabhängig agierenden Männern, wie sie für Südafrika beschrieben wurden, verschob sich auch hier in den 1930er- und 1940er-Jahren der koloniale Diskurs. Die Nacktheit der Frauen wurde von den Kolonialbehörden plötzlich mit Würde und Reinheit gleichgesetzt, während die Kleidung der Männer als Traditionsbruch und fehlgeleitete Individualisierung interpretiert wurde.

Zur Zeit der Unabhängigkeit schwang im Diskurs um Nacktheit ein neues Bewusstsein mit: Sie sei gleichbedeutend mit Armut und könne angesichts überall sichtbarer Modefreude nicht mehr als zeitgemäß gelten. Hörbar wurde hier wie in anderen Ländern nach der Unabhängigkeit die Gender-Dimension: Frauen müssten das Ansehen der neuen Nation heben und dürften dabei nicht „nackt" sein. Hannah Kudjoe rief eine Initiative ins Leben, die alle Frauen zum Tragen von Kleidung zu bewegen versuchte. Auch das Tragen von Secondhand-Kleidung war erwünscht. Das politische Argument war moralisch, indem es hieß, Nacktheit schicke sich nicht für das Ansehen der neuen Nation, und es war ökonomisch, indem es Armut nicht akzeptierte. Dabei hatten Befragungen zuvor ein komplexeres Bild ergeben: Frauen wollten Kleider nicht wegen der Mode oder Moral tragen, sondern weil Männer gekleidet waren und weil, wenn sie nackt gingen, zwischen Männern und Frauen wertende Unterschiede gemacht wurden. Diese Klage verwies auf das zentrale Problem des Zugriffs auf ersehnte Güter und deren Umverteilung in einer Gesellschaft mit knappen Ressourcen. Männer bezahlten grundsätzlich nicht die Kleidung ihrer Frauen, weil sie nach Entrichtung der Brautgabe an die Familie der Frau diese auch für deren Kleidung verantwortlich hielten. Am Streit um Nacktheit brachen sich althergebrachte Entscheidungsprozesse, die neuerdings Probleme verursachten.

In Kulturen, in denen so viel Wert auf Kleidung gelegt wird, hat Nacktheit ein hohes Widerstandspotenzial. Judith Byfield berichtet, das in Südostnigeria das Entkleiden ebenso politisch sein konnte wie das Tragen bestimmter Kleidung. Im „Krieg der Frauen" 1928/29 entkleideten sich ältere Frauen vor den Autoritäten, um diese zu beschämen, ihre Absetzung oder sogar den Tod zu verursachen. Es galt als Tabu, alte Frauen nackt zu sehen. Sich vor dem Herrscher zu entkleiden, war als direkter Angriff auf seine Autorität zu verstehen.

Literaturempfehlungen

Allman, Jean (Hg.): Fashioning Africa. Power and the Politics of Dress. Bloomington 2004.

Brooks, George E.: Eurafricans in Western Africa. Commerce, Social Status, Gender, and Religious Observance From the Sixteenth to the Eighteenth Century. Athens 2003.

Hansen, Karen Tranberg: Salaula. The World of Secondhand Clothing and Zambia. Chicago 2000.

Heath, Deborah: Fashion, Anti-Fashion, and Heteroglossia in Urban Senegal, in: American Ethnologist 19: 1 (1992), S. 19–33.

Plankensteiner, Barbara/Adediran, Nath Mayo (Hg.): African Lace. Eine Geschichte des Handels, der Kreativität und der Mode in Nigeria. Wien 2010. *(Ausstellungskatalog)*

Rovine, Victoria L.: Bogolan. Shaping Culture Through Cloth in Contemporary Mali. Washington 2001.

Rüther, Kirsten: Heated Debates over Crinolines. European Clothing on Nineteenth-Century Lutheran Mission Stations in the Transvaal, in: Journal of Southern African Studies 28: 2 (2002), S. 359–378.

14. Schluss

Wir kommen zum Ende. Bald werden Sie das Buch beiseitelegen. Sie sind am Ziel. Sind sie das? Themen wie *African Time,* Migration und Grenzen, Rhythmen der Stadt, Jugend, Religion und Gesundheit waren Zugriffe auf einen Gegenstand, den zu betrachten – genauer zu betrachten – lohnenswert ist. Sonden wurden in das komplexe Gewebe afrikanischer Geschichtsdynamiken eingeführt und Orientierungsmarken für das fast unmögliche Thema „Afrika" vorgeschlagen. Auf ihrem Weg durch das komplexe Gewebe afrikanischer Gesellschaftsentwicklung kreuzten sich diese Sonden mit weiteren, die Themen wie Bildung, Familie, Fotografie, Konsumgegenstände oder Mode berührten. Allgemeine Erläuterungen wurden gegeben sowie persönliche Erfahrungen der Autorin vermittelt, und an manchen Stellen konnten Sie in literarische und künstlerische Arbeiten hineinschnuppern.

Als ich den ersten Textentwurf im Kreis der bei mir Promovierenden vorstellte, erhielt ich genügend Zuspruch, um daran weiterzuarbeiten. Doch es kam auch die klare Ansage: „So viel ist nicht gesagt. So viel müsste man noch sagen." Ein Kapitel zum Thema Umwelt wäre passend gewesen, ebenso eines zur Bedeutung neuer Medien – das stimmt. Ich selbst hätte gern noch ein Kapitel zu Sexualität, zumindest noch eines zu Individualität und Person eingebaut, doch jede Darstellung muss sich auch beschränken. Und jede Expertise einer einzelnen Afrikawissenschaftlerin ist begrenzt. Wir haben lang darüber diskutiert, was es bedeutet, einem Buch im Umfang von nicht mehr als 200 Seiten zu viel oder zu wenig Stoff zuzumuten, und was es bedeutet, Dinge zu sagen und zugleich nie alles, nie genug zu sagen. Ich hoffe, dies ist ein Anfang. Wenn die angegebenen Literaturempfehlungen zum Weiterlesen motivieren, wird sich mehr finden. Und wenn darüber hinaus weitere gute Bücher zu Afrika in die Hand genommen würden, wäre das ein noch größerer Erfolg. Wenn Sie dieses Buch mit der Erkenntnis beiseitelegen, eine neue oder tiefere Sicht auf etwas gewonnen zu haben, wofür Sie sich zu Beginn der Lektüre interessierten, ist das eigentlich schon mehr als genug.

Diese Geschichte(n) ließe(n) sich natürlich auch ganz anders aufziehen. Deshalb lohnt sich immer noch ein weiterer Blick abseits einschlägiger Klischees. Afrika ist komplex, darüber zu erzählen, braucht viele Geschichten. Überhaupt liegt die Erklärung oft in vielen Geschichten, wie es auch im Roman *Born on a Tuesday* von Elnathan John heißt. In diesem Buch sollten Menschen lebendig und sichtbar werden, die das Strukturelle, das Große und Ganze stemmen. Sie faszinieren als Individuen und sie ermöglichen darüber hinaus einen Blick auf das Strukturelle, den es nicht gibt, wenn man Afrikanerinnen und Afrikaner nicht als Personen, Akteure und Individuen betrachtet. Sie zu betrachten, bildet wiederum die Voraussetzung dafür, dass überhaupt neue und differenzierte Bilder in den Köpfen derjenigen entstehen, die lesen und wissen wollen.

Afrikanerinnen und Afrikaner, so viel ist klar geworden, sind aushandelnde und handelnde Menschen, die nicht auf eine Opferrolle festgelegt sind. Selbstverständlich sind sie auch keine Heldinnen und Helden, sondern ein Gemisch aus Menschen, das streitet, Kompromisse eingeht, erfinderisch mit den Herausforderungen von Alltag und Politik umgeht. Das gibt dem eingangs als „fast unmöglich" bezeichneten Thema „Afrika" Gesichter, Dynamik und Struktur. Die Auseinandersetzung mit Handelnden eröffnet Möglichkeiten, den Blick unter die Oberfläche, vielleicht gar hinter die Fassaden zu richten – wenn wir Zeit und Aufnahmebereitschaft mitbringen. Unter solchen Voraussetzungen gibt es viel zu erkennen.

„Alltag", ein fast ebenso unmögliches Thema wie „Afrika", konstituiert Geschichte immer mit – nicht nur im Kleinen, sondern auch im Großen. Jede Geschichte des Kleinen ist damit immer auch mehr als ein Bruchteil des Großen. Betrachtungen im Kleinen geben Anstoß, über das Große und Ganze neu nachzudenken und es auch neu – und quer gedacht – zusammenzusetzen. Kolonialismus zum Beispiel kann nicht allein damit definiert werden, dass eine fremde Macht über afrikanische Gesellschaften herrschte oder Widerstandskämpfer es mit dieser Macht aufnahmen. Kolonialismus wurde auch in Familien gelebt und umgesetzt, drang dorthin unter Umständen später vor als auf die politische Bühne und blieb, angeeignet und verwoben mit zahlreichen Alltagshandlungen, in Mentalitäten und Verhaltensmustern erhalten, nachdem die politische Unabhängigkeit längst erreicht war. Zu wissen, was Kolonialismus bedeutet, heißt, mehr als ein Buch über Freiheitskämpfer und erste Staatspräsidenten unabhängiger afrikanischer Nationen zu lesen.

Damit fragen wir nach dem Prozess der Annäherung, in dem Wissen entsteht. Wissen ist nicht einfach gegeben, es braucht einen kommunikativen, vielschichtigen und fortgesetzten, stets neu ausgehandelten Prozess, in dem um Deutung und Orientierung gerungen wird. Im Verlauf dieses Prozesses kann man miteinander und mit denen reden, deren Geschichte Gegenstand beiderseitigen Interesses ist. Ein wenig muss man dabei immer auch von sich preisgeben – im wahrsten Sinn des Wortes. Man kann und sollte zudem lesen und sich informieren. So bleibt Wissen im Fluss, wird zu mehr als bloßer Impression, und so setzt sich Wissen über „Afrika" im besten Fall neu zusammen.

Zentral bleibt das Hören und Erspüren unterschiedlicher Stimmen aus vielerlei Quellen. Ohne diese Vielfalt und die Widersprüche, die sich daraus ergeben, wäre Wissenserwerb nur halb so spannend, und unser Wissen bliebe unvollständig. Die nigerianische Schriftstellerin Chimamanda Ngozi Adichie hat in einem viel zitierten TED Talk 2009 einem gespannt lauschenden Publikum die Gefahren einer *single story,* einer einfachen und eben nicht mehrfach perspektivierten Geschichte, vor Augen geführt. Es lohne sich, sich mit allen Geschichten eines Ortes auseinanderzusetzen und verschiedene erzählte Geschichten auszutarieren. Die Vielheit aller verfügbaren Geschichten zu sammeln, genügt natürlich nicht. Die Autorin plädiert deshalb für „geordnete Multiperspektiven" – ein Ziel, dem sich auch dieses Buch verschrieben hat.

Im Roman *Elizabeth Costello* von J. M. Coetzee heißt es, es sei keine gute Idee, den Erzählfluss zu oft zu unterbrechen. Eine Geschichte zu erzählen basiere darauf, Leser oder Zuhörer einzulullen und sie in einen Zustand des Träumens zu verführen, der das allzu Reale ausblende. Das habe ich insofern ernst genommen, als ich versucht habe, einzelne Aspekte darzulegen, ohne Sie als Leser am Ende eines solchen Stückes einfach stehen zu lassen. Vielmehr lag mir daran, den Wechsel zwischen Aspekten und Geschichten zu moderieren. Wir leben in einer Welt der Komplexitäten, in denen die Dinge nicht von Anfang bis Ende in einem Strang zu erzählen sind, weder in der Literatur noch in der Wissenschaft. Wir leben in einer Zeit, in der selbst beim Zeichnen grober Striche Sachverhalte nicht auf eine These oder ein Argument reduziert werden können, denn wir müssen mit der Vielschichtigkeit umgehen lernen. Daran führt kein Weg vorbei.

Letzte Literaturempfehlungen

Adichie, Chimamanda Ngozi. The Danger of a Single Story, TEDGlobal 2009, gefilmt im Juli 2009, www.ted.com/talks/chimamanda_adichie_the_danger_of_a_single_story?language=en

Coetzee, J.M. Elizabeth Costello. London 2003.

John, Elnathan. Born on a Tuesday. London 2015.